utb 5975

AF708181

Eine Arbeitsgemeinschaft der Verlage

Brill | Schöningh – Fink · Paderborn
Brill | Vandenhoeck & Ruprecht · Göttingen – Böhlau · Wien · Köln
Verlag Barbara Budrich · Opladen · Toronto
facultas · Wien
Haupt Verlag · Bern
Verlag Julius Klinkhardt · Bad Heilbrunn
Mohr Siebeck · Tübingen
Narr Francke Attempto Verlag – expert verlag · Tübingen
Psychiatrie Verlag · Köln
Ernst Reinhardt Verlag · München
transcript Verlag · Bielefeld
Verlag Eugen Ulmer · Stuttgart
UVK Verlag · München
Waxmann · Münster · New York
wbv Publikation · Bielefeld
Wochenschau Verlag · Frankfurt am Main

Psychologie für Lehramtsstudierende

herausgegeben von Heike M. Buhl und
Katrin B. Klingsieck

Axel Grund · Gabriele Steuer

Motivation und Selbstregulation

Theoretische Grundlagen und ihre Anwendung in Lernkontexten

BRILL | SCHÖNINGH

Die Autor:innen:

Axel Grund hat an der Universität Mannheim Diplom-Psychologie studiert und sich nach einem kurzen Aufenthalt an der TH Karlsruhe an der Universität Bielefeld provomiert (2012) und habilitiert (2019). Seit 2020 lehrt und forscht er an der Universität Luxemburg. Sein Lehrschwerpunkt liegt seit Jahren in der Vermittlung psychologischer Inhalte in der Lehramtsausbildung. Seine Forschungsschwerpunkte liegen in den Bereichen Lernmotivation, Selbstregulation und akademisches Wohlbefinden.

Gabriele Steuer hat an der Otto-Friedrich-Universität in Bamberg Diplom-Psychologie studiert. Sie promovierte an der Universität Augsburg (2014) und arbeitet aktuell an der Universität Bielefeld. In der Lehre ist sie vorwiegend im Bereich Lehrkräftebildung tätig. Ihre Forschungsschwerpunkte sind der Umgang mit Fehlern in der Schule und selbstreguliertes Lernen, wobei sie insbesondere der Bereich der Motivationsregulation interessiert.

Umschlagabbildung: https://stock.adobe.com/de/images/wachstum-in-teamwork-farbige-mannchen-ziehen-zusammen-einen-pfeil-hoch-vektor-freigestellt/152561709

Bücher, Online-Angebote oder elektronische Ausgaben sind erhältlich unter **www.utb.de**

Bibliografische Information Der Deutschen Nationalbibliothek

Die Deutsche Nationalbibliothek verzeichnet diese Publikation in der Deutschen Nationalbibliografie; detaillierte bibliografische Daten sind im Internet über https://www.dnb.de abrufbar.

www.brill.com

Printed in Germany.
Herstellung: Brill Deutschland GmbH, Paderborn
Einbandgestaltung: siegel konzeption | gestaltung

UTB-Band-Nr: 5975
ISBN 978-3-8252-5975-4
eISBN 978-3-8385-5975-9

Inhaltsverzeichnis

Vorwort der Herausgeberinnen

Lehrkräfte haben eine Vielzahl von Aufgaben. Unter anderem unterstützen sie Schülerinnen und Schüler beim Lernen, sie motivieren sie zu mehr Anstrengung, sie berücksichtigen die besonderen Fähigkeiten, das Vorwissen und den Entwicklungsstand der Lernenden, sie diagnostizieren ihren Lernfortschritt, sie kooperieren mit anderen Lehrkräften sowie Eltern – kurz, Lehrkräfte arbeiten mit und für Menschen. Daher ist die Psychologie, die Lehre vom Erleben und Verhalten der Menschen, ein zentraler Bestandteil im bildungswissenschaftlichen Teil des Lehramtsstudiums. Viele Elemente aus der Psychologie fließen beispielsweise auch in die Erziehungswissenschaften, die Didaktik und die Sozialpädagogik ein. Die Reihe „Psychologie für Lehramtsstudierende" bringt diese psychologischen Grundlagen professionellen Lehrerwissens und -handelns in mehreren Bänden auf den Punkt. Alle Bände werden von Expert*innen mit einem breiten Erfahrungshintergrund in der psychologischen Forschung und Praxis geschrieben, beziehen sich konsequent auf die Anwendung des psychologischen Wissens im Berufsalltag von Lehrkräften und regen dazu an, das eigene Denken und Handeln zu reflektieren. Zielgruppe der Buchreihe sind dabei Lehramtsstudierende sowie Referendar*innen und Lehrer*innen.

Alle Bände stehen für sich und können unabhängig von den anderen Bänden gelesen werden. Es wird jeweils praxisnah ein Schwerpunkt gesetzt, der für Studium und Beruf relevant ist. Die Bände sind so konzipiert, dass sie sowohl für die Verwendung in Lehrveranstaltungen als auch für das Selbststudium und die Prüfungsvorbereitung sowie als Nachschlagewerk im Berufsalltag geeignet sind. Dabei wird kein psychologisches Wissen vorausgesetzt, alle zentralen Begriffe werden eingeführt und erläutert. Durch Fallbespiele und Reflexionsanlässe wird konsequent Praxisbezug hergestellt. Gleichzeitig wird durch die Erläuterungen von Theorien, Methoden, Befunden und ihrem Zusammenspiel in das psychologische Denken und Arbeiten eingeführt.

Im vorliegenden Band „Motivation und Selbstregulation" unterstreichen die Autor*innen, Axel Grund und Gabriele Steuer, das aus psychologischer Forschung empirisch gestützte Wissen über Motivation und Selbstregulation als einen wichtigen Teilaspekt professioneller Kompetenz von Lehrkräften und den Schulkontext mit seinen Besonderheiten der Lernmotivation und des selbstregulierten Lernens. Darauf aufbauend geben sie einen Überblick über allgemeine Motivationstheorien, spezifische Ansätze zur Lern- und Leistungsmotivation, Veränderung von Motivation durch direkte und indirekte Maßnahmen sowie auch zur Selbstregulation und ihrer Förderung. Im Abschlusskapitel führen sie Motivation und Selbstregulation zusammen und werfen vor diesem Hintergrund noch einmal einen vertieften Blick auf Implikationen für die Forschung und Praxis. Eine Besonderheit des Bands ist die nicht alleinige Fokussierung auf Lernende, sondern das konsequente Mitdenken der Motivation und Selbstregulation der Lehrkräfte.

1. Einführung: Die Herangehensweise in diesem Buch

Eine ganz normale Klasse!?
Die Klasse 8b der Kurt-Lewin-Gesamtschule könnte in jeder Stadt zu Hause sein. Sie umfasst 28 Schüler*innen unterschiedlicher Herkunft und wird betreut von Herrn Müller als Klassenlehrer, einem Mann im mittleren Alter, der Fachlehrer für Englisch und Sport ist und darüber hinaus Vertrauenslehrer an der Schule. Bevor Herr Müller seine Tätigkeit an der Kurt-Lewin-Schule begonnen hat, war er bereits an einem Gymnasium beschäftigt. Er hat zwei eigene Kinder im schulpflichtigen Alter und fährt in seiner Freizeit gerne mit dem Mountainbike durch die nahegelegenen Wälder. Außerdem interessiert er sich für Fußball und Astronomie.
Wenn Herr Müller über die Leistungsfähigkeit und das Arbeitsverhalten seiner Klasse nachdenkt und wie er als Lehrperson darauf reagiert, dann kommt ihm das meiste recht unauffällig vor. Natürlich ist Englisch nicht das Lieblingsfach aller und es bestehen gewisse Leistungsunterschiede, die sich vermutlich auch durch seinen Unterricht nicht vollständig auflösen lassen. Allerdings fragt er sich schon manchmal, wie es kommt, dass das Engagement seiner Schüler*innen so unterschiedlich ist. Schließlich brauchen doch heutzutage alle gewisse Grundkenntnisse in Englisch. Warum sind dann nicht alle gleichermaßen fleißig, wenn es um die Bearbeitung der Hausaufgaben geht? Von nichts kommt schließlich nichts! Er ist sich sicher, dass einige vom Potential her deutlich bessere Noten erzielen könnten, wenn sie im Unterricht aufmerksamer wären und zu Hause etwas mehr Zeit in die Vor- und Nachbereitung seines Unterrichts investieren würden. Auch wundert er sich manchmal, wie schwankend einige Schüler*innen in ihrem schulischen Engagement sind. Lejan, eines seiner Sorgenkinder, hatte zu Beginn der fünften Klasse im Unterricht sehr gut mitgemacht. Bei Esila hingegen hat sich in letzter Zeit ihre Mitarbeit deutlich verbessert. Von Kati weiß er, dass sie bei Frau Meier in Mathematik sehr gut mitmacht, nicht jedoch in seinem Unterricht.
Wenn Herr Müller ehrlich ist, dann fällt ihm auch bei ihm selbst auf, dass er bestimmte Themen und Aufgaben lieber bearbeitet als andere. Und wie oft war er schon frustriert, wenn seine Bemühungen bei den Schüler*innen nicht zu fruchten schienen oder die Wertschätzung seiner Arbeit von Seiten der Jugendlichen, Eltern und Vorgesetzen ausblieb.

Ohne dass der Begriff „Motivation“ bisher in diesem Abschnitt gefallen ist, schwebte er bei der Lektüre vermutlich doch immer mal wieder vor Ihrem geistigen Auge. Es ist offensichtlich, dass Art und Ausmaß unseres Handelns nicht nur von unserem *Können* abhängen, sondern auch von unserem *Wollen*, also unserer Motivation. Im Verlaufe dieses Buches werden wir immer wieder auf einzelne Charaktere und Episoden innerhalb der Klasse von Herr Müller zu sprechen kommen, um Ihnen beispielhaft alltagsnahe Perspektiven auf Motivation und ihre Veränderung vorzustellen. Auch werden wir auf diese Weise grundlegende Prozesse der (motivationalen) Selbstregulation illustrieren.

Wichtig ist uns dabei der Gedanke, dass sich prinzipiell sehr unterschiedliche theoretische Ansätze zur Erklärung recht ähnlicher Verhaltensphänomene eignen (z.B. Engagement bei Hausaufgaben). Diesen Sachverhalt versuchen wir Ihnen zu verdeutlichen, indem wir mitunter dieselbe Beispielsituation aus unterschiedlichen Perspektiven beleuchten. Ein Vorteil dieses Vorgehens ist, dass Sie bereits Erfahrungen mit solchen oder vergleichbaren Unterrichtssituationen gemacht haben, sei es als Lehrperson im Praktikum, als bereits praktizierende Lehrperson, im Rahmen einer Nachhilfe oder aber in Ihrer eigenen Schulzeit. Es sollte Ihnen also gut gelingen, sich in die beschriebenen Episoden innerhalb unserer Klasse hineinzuversetzen.

Im Folgenden erläutern wir, warum die beiden Themenbereiche des Buches, Motivation und Selbstregulation, von großer Bedeutung für Lehrer*innen sind. Anschließend gehen wir auf die Ziele des Buches ein und erläutern die besondere Sichtweise der Psychologie als empirische Wissenschaft. Letzteres ist wichtig um zu verstehen, wie die im Buch vorgestellten Ansätze und die hierauf basierenden Praxisimplikationen zu Stande gekommen sind.

1.1 Warum Motivation und Selbstregulation für (angehende) Lehrer*innen?

Die Auseinandersetzung mit Fragen der Motivation ist ein Schlüssel zum Verständnis des Erlebens und Verhaltens von Menschen. Insofern ist Motivation bzw. ihre Abwesenheit auch omnipräsent in der Schule. Woran erkenne ich, ob meine Schüler*innen den Unterricht interessant finden? Warum investiert Esila mehr Zeit in die Vorbereitung auf eine Klassenarbeit als Lejan? Warum verspüre ich in diesem Schuljahr weniger Lust auf die Vermittlung der Biologie-Inhalte? Würden meine Schüler*innen sich weiterhin anstrengen, wenn ich keine Noten mehr verteile? Wie kann ich erreichen, dass Lejan sein Potential in Biologie mehr ausschöpft, in dem er aufmerksamer während des Unterrichts ist? Wie wir noch erläutern werden (vgl. Kapitel 3), sind dies alles Fragen, die im Kern motivationaler Natur sind.

Im Schulkontext dreht sich zu Recht vieles um Fragen der Didaktik und des Lernens. Diese Thematiken sind jedoch untrennbar verbunden mit Fragen der Motivation. Anders ausgedrückt: Lernerfolge werden sich kaum einstellen, wenn nicht ein Mindestmaß an Motivation

Primat der Motivation

vorhanden ist (Baumeister, 2016; Dresel & Lämmle, 2017). Esila kann noch so intelligent sein, Frau Meier kann den Unterricht noch so fundiert vorbereiten; wenn auf Seite der lernenden Personen kein Grund besteht, der dafür spricht, sich mit dem Lernstoff auseinanderzusetzen, dann werden sie vermutlich nichts oder nur sehr wenig lernen.

Darüber hinaus betrifft Motivation nicht nur das Lernverhalten von Schülerinnen und Schülern: Warum ist Lejan so zurückhaltend, wenn es darum geht, seine Interessen durchzusetzen? Was wird passieren, wenn ich Klassenregeln gemeinsam mit den Schüler*innen entwickle und nicht mehr vorgebe? Wie erreiche ich es, dass sich die Schüler*innen untereinander mehr helfen? Alle diese Fragen lassen sich auch aus einer Motivationsperspektive beleuchten.

Sie sehen: Viele Fragen, die Sie sich als (angehende) Lehrer*innen vermutlich stellen und zu denen Sie Antworten suchen, betreffen Aspekte der Motivation. Dieses Buch hat das Ziel, Sie auf die Beantwortung solcher und ähnlicher Fragen vorzubereiten.

"21st Century skills"

Der zweite Schwerpunkt des Buchs ist eng verknüpft mit Fragen der Motivation und betrifft das sogenannte selbstregulierte Lernen. Dieses Thema hat im Zuge der Debatte um lebenslanges Lernen in den letzten Jahren immer stärker an Bedeutung gewonnen (Götz & Nett, 2017; Heckman & Rubinstein, 2001; Spiel et al., 2011). Dahinter verbirgt sich die Annahme, dass in einer Welt, in der Menschen Berufe häufig wechseln, in der sich Technologien rasend schnell entwickeln und bekannte Dinge und Prozesse mitunter von einem Tag auf den anderen obsolet werden oder sich zumindest verändern, Schüler*innen in die Lage versetzt werden müssen, eigenverantwortlich zu lernen. Da Schule letztlich auf etwas Unbekanntes vorbereiten muss, sind generelle Schlüsselkompetenzen gefragt, die dabei helfen, die äußere Hilfe beim Lernen mehr und mehr überflüssig zu machen. Es geht nicht mehr alleine darum, einen bestimmten Wissenskanon zu vermitteln, sondern das *Lernen an sich* zu beherrschen, mit allen Komplexitäten, die damit einhergehen; also letztlich auch den motivationalen Prozessen, die dem Lernen zu Grunde liegen.

Statt zu fragen, wie *Sie* Lejan dabei helfen können, sich ein neues Thema zu erschließen oder sich mehr anzustrengen, geht es also darum, *Lejan selber* dazu zu ermächtigen, geeignete Lernstrategien zu kennen, auszuwählen und anzuwenden und beispielsweise auch Einfluss auf seine Motivation zu nehmen. Spätestens beim Wechsel von der weiterführenden Schule auf die Hochschule wird deutlich, dass im Bereich des selbstregulierten Lernens eine Entwicklung von Kompetenzen stattgefunden haben sollte. Im Studium wird vieles an eigener Organisation, Ausgestaltung und Prüfung des Lernprozesses vorausgesetzt. Die Grundlagen dazu müssen also schon vorher, in der

Chancen und Risiken der Selbstermächtigungsdebatte

Schule, gelegt werden. Dies beinhaltet für das Individuum sowohl Chancen als auch Risiken. Eine große Chance ist, dass den lernenden Personen größere Freiheiten im Lern- und Entwicklungsprozess eingeräumt werden (müssen). Wer wann wie und wieviel (und teilweise auch was) lernt, bleibt ihm oder ihr zu großen Teilen selbst überlassen. Ohne diese Freiheit wäre der Begriff der *Selbst*regulation eine bloße Worthülse. In genau dieser größeren Eigenverantwortung liegt aber umgekehrt auch ein Risiko. Am Ende kommt es auf das Individuum an, ob es erfolgreich lernt und handelt oder eben nicht (Weiner, 1995). Strukturelle Hindernisse gelten aus dieser Perspektive nicht mehr als Ausrede, denn jede und jeder kann es mit Hilfe von Selbstregulationskompetenzen schaffen, so der Grundgedanke. Beides, größere Freiheit bei gleichzeitig weniger Eigenverantwortung, geht schlecht zusammen. Ob und wie dieser Spagat gelingen kann und wie Selbstregulation unterstützt werden kann, auch darum geht es in diesem Buch.

1.2 Ziele des Buchs

1.2.1 Verbindung von Theorie und Praxis

Ausgehend von der Prämisse, dass es „nichts praktischeres als eine gute Theorie gibt“ (zugeschrieben wird dieses Bonmot übrigens Kurt Lewin, einem berühmten Sozialpsychologen und Namensgeber „unserer“ Schule), versuchen wir, wissenschaftliche Erkenntnisse zu Phänomenen der Motivation und Selbstregulation so aufzubereiten, dass ihre Relevanz für das praktische Handeln im (schulischen) Lernkontext unmittelbar ersichtlich werden sollte und Sie zudem Ideen entwickeln können, ob und wie Sie diese Prozesse beeinflussen können.

Spätestens an dieser Stelle begegnen uns Studierende in unseren Veranstaltungen mit einer gewissen Skepsis. Ist der Praxisbezug nicht ein Versprechen, das nahezu jede Dozentin und jeder Dozent macht, das aber selten tatsächlich eingelöst wird? Ein Teil dieser Skepsis ist vermutlich berechtigt. Wir glauben, dass ein zweiter, entscheidender Teil jedoch einem zu eingeschränkten Verständnis, von dem was typischerweise als „Praxisbezug“ verstanden wird, geschuldet ist.

Haben Sie bei einigen der eingangs aufgeführten Fragen innerlich genickt, vielleicht weil Sie eine ähnliche Frage selbst schon mal hatten oder weil Sie voll Sorge vor solchen Herausforderungen auf Ihre zukünftige Tätigkeit blicken? Dann sollte damit bereits deutlich geworden sein, dass diese Fragen von hoher Praxisrelevanz für pädagogische Kontexte sind. Denn wenn psychologische Theorien und

Befunde einen Beitrag zur Beantwortung solcher Fragen liefern, dann sind sie praxisrelevant. Die dargestellten Fragen spiegeln die allgemeinen Ziele von Wissenschaft wider (Hussy, 2018): Beschreiben, Erklären, Vorhersagen und Verändern, welche in einer gewissen Abhängigkeit zu einander stehen. So kommt das *Verändern* in der Regel ganz zum Schluss, wenn bestmögliche Klarheit darüber herrscht, wie ein bestimmter Sachverhalt zustande gekommen ist (*Erklären*) bzw. wenn man möglichst genau weiß, was, unter bestimmten Bedingungen, passieren wird (*Vorhersagen*). Erklären und vorhersagen kann man Sachverhalte aber nur, wenn man sie zunächst genau *beschrieben* hat.

Arten der Praxisrelevanz von Theorien

Diese Ziele skizzieren nicht nur den idealtypischen Prozess von wissenschaftlichem Erkenntnisgewinn, sie stehen auch für vier verschiedene Formen von Theorie-Praxis-Bezügen. Nach Beck und Krapp (2006) sind dies differenziertes Wahrnehmen (*Beschreibung*), rückschauendes Begreifen (*Erklärung*), vorsorgliches Folgenabschätzen

Abbildung 1: Vier Arten von Theorie-Praxis-Bezügen (vgl. Beck & Krapp, 2006)

(*Prognose bzw. Vorhersage*) und zielerreichendes Handeln (*Technologie*[1]). Was jeweils genau unter diesen Theorie-Praxis-Bezügen zu verstehen ist, behandeln wir im Folgendem am Beispiel der oben aufgeworfenen Fragen. Wir starten, anders als im wissenschaftlichen Erkenntnisprozess üblich, entsprechend *Abbildung 1* im Uhrzeigersinn mit der Technologie, da sie vermutlich von vielen als prototypisch für die Praxisrelevanz von Forschung und Wissenschaft betrachtet wird.

***Zielerreichendes Handeln (Technologie)*:** Wenn man vor einem Problem steht, dann will man in der Regel eine passende Lösung dazu parat haben. Wenn es brennt, dann rufen wir die Feuerwehr oder greifen zum Feuerlöscher. Wir tun dies, weil wir davon ausgehen, mit unserem Handeln effektiv eine Lösung des Problems herbeiführen zu können. Wenn Sie das Gefühl haben, Ihre Klasse ist „unmotiviert“, dann wollen Sie verständlicherweise eine Technik anwenden, die den Motivationsmangel beheben oder zumindest abschwächen kann. Solche Probleme folgen dem Prinzip der Frage: *Was muss ich tun, um ein bestimmtes Ziel zu erreichen?* Die passende Frage von oben hierzu wäre: „Wie kann ich erreichen, dass Lejan sein Potential in Biologie mehr ausschöpft, indem er aufmerksamer während des Unterrichts ist?“ Sofern Theorien oder Forschungsbefunde einen Beitrag zur Lösung dieser Frage liefern, sind sie praxisrelevant. In alltäglichen sozialen Situationen sind die Probleme aber in der Regel komplexer als im Feuerlöscherbeispiel. Das liegt daran, dass es typischerweise immer mehrere Ursachen gibt, die ein bestimmtes Phänomen herbeiführen (= Multideterminismus, vgl. Hussy, 2018). Deshalb sind typischerweise auch die Lösungen vielschichtiger bzw. jede einzelne ist weniger wirkungsmächtig. Gerade beim komplexen Thema Motivation sollten wir daher nicht davon ausgehen, dass es im Einzelfall für jedes Problem eine passende Technologie gibt. In jedem Fall setzt ein fundiertes Technologiewissen eine gute Prognose, Erklärung und Beschreibung voraus.

***Vorsorgliches Folgenabschätzen (Prognose)*:** Nicht immer stellt die Technologie den relevanten Praxiszugang dar. Im Gegenteil: Häufig will man nicht etwas verändern, sondern etwas verstehen oder vorhersagen. Gerade wenn Lehrer*innen ihren Unterricht planen, dann fragen sie sich: *Was wird als Folge von X passieren?* Werden die Schüler*innen das Gesagte verstehen? Werden sie die Übung mögen? Werden sie mit Engagement dabei sein oder von der Methode gelangweilt sein? Weiter oben haben wir gefragt: „Würden meine Schüler*innen sich

1 Der Begriff Technologie ist hier nicht gleichzusetzen mit „technischen“ Lösungen, wie sie z.B. in den Ingenieurwissenschaften oder in der Informatik entwickelt werden, sondern meint eine bestimmte pädagogisch-psychologische Technik oder Methode.

weiterhin anstrengen, wenn ich keine Noten mehr verteile"? Die Meinungen zu dieser Frage sind sicherlich vielschichtig. Einige würden sagen, die Schüler*innen blühen dann auf, da sie keinen Leistungsdruck mehr verspüren. Andere würden hingegen sagen, die Schüler*innen reduzieren ihr Engagement, da sie keinen Lernanreiz mehr wahrnehmen. Beide Laientheorien beziehen sich auf motivationale Prozesse, wie wir weiter unten noch sehen werden. Welche Theorie (eher) zutrifft und unter welchen Bedingungen, soll hier zunächst nicht zentral sein. Wichtiger ist die Erkenntnis, dass solche Prognosefragen im (Lehrer*innen-) Alltag häufig vorkommen und dass Theorien, die einen Beitrag zur Klärung solcher Fragen leisten, somit praxisrelevant sind.

Rückschauendes Begreifen (Erklärung): Ähnlich häufig wie Prognosefragen kommt es im Alltag vor, dass man verstehen will, *warum ein bestimmtes Ereignis eingetreten ist.* Häufig sind wir überrascht von einem Sachverhalt, weil er unseren Erwartungen widerspricht. Wenn Ihre Einser-Schülerin plötzlich eine Vier in einer Klassenarbeit schreibt, dann wollen Sie vermutlich wissen, wie es dazu kommen konnte. Die Frage, „Warum investiert Esila mehr Zeit in die Vorbereitung auf eine Klassenarbeit als Lejan?", könnte Sie zum Beispiel deshalb besonders beschäftigen, weil Sie beide für gleichermaßen begabt halten. Vermutlich suchen Sie deshalb eine Antwort auf die Frage, weil Sie letztlich eine Lösung (vgl. *Technologie*) finden möchten, die Lejan hilft, sein Potential auszuschöpfen. Sie sehen, wie eng hier zwei Theorie-Praxis-Bezüge verbunden sind, denn ohne eine angemessene Antwort auf die Erklärungsfrage, werden Sie vermutlich auch keine zielführende Lösung finden. Je nach vermuteter Ursache müssten Sie eine andere Technologie wählen.

Differenziertes Wahrnehmen (Beschreibung): Dieser Theorie-Praxis-Bezug ist der vielleicht am meisten unterschätzte. Tatsächlich beschäftigt sich ein Großteil der Wissenschaft zunächst damit, die Dinge präzise und möglichst differenziert zu beschreiben. Aber wie sollen Ihnen diese theoretischen Spitzfindigkeiten helfen, die Herausforderungen des Schulalltags zu bewältigen? Ganz einfach: (Motivations-) Theorien helfen Ihnen zuallererst dabei, Probleme überhaupt zu identifizieren, zu ordnen und voneinander zu unterscheiden. Mit jeder neuen Theorie, jeder terminologischen Unterscheidung, erweitert und differenziert sich Ihr Blickfeld. Wenn Sie beispielsweise nicht wissen, was genau extrinsische von intrinsischer Motivation unterscheidet (vgl. Abschnitt 3.1.4), und warum es sinnvoll sein kann, verschiedene Formen extrinsischer Motivation nochmal voneinander abzugrenzen (vgl. Abschnitt 3.2.5), dann fehlt Ihnen die Möglichkeit, die Erlebens- und Verhaltensmuster zweier Schüler*innen voneinander zu unterscheiden, die auf den ersten Blick vielleicht recht ähnlich erscheinen. Letztlich fehlen Ihnen dann sowohl Möglichkeiten der Erklärung, Vorhersage als auch der Veränderung. Ähnlich ist es mit einer unserer Eingangsfragen: „Woran erkenne ich, ob meine Schüler*innen meinen Unterricht interessant finden?" Wenn Sie nicht wissen, was mit „Interesse" genau gemeint ist (vgl. Abschnitt 4.3.4), dann können Sie auch Ihre Frage nicht beantworten. Auch wenn die in diesem Buch beschriebenen Theorien, Ansätze und Befunde vermutlich nicht auf alle Ihre Fragen eindeutige Antworten geben, so sollte die Auseinandersetzung mit dem hier Beschriebenen zumindest Ihr Wahrnehmungsspektrum erweitern und ausdifferenzieren und in diesem Sinn einen Beitrag zu Ihrer Professionalisierung leisten.

1.2.2 Ein Beitrag zur Professionalisierung von Lehrer*innen

Zweifel an der „Lehrerpersönlichkeit"

Es besteht ein weitverbreiteter Irrglaube, dass man für den Lehrerberuf „geboren" sein muss – auch unter Lehrerinnen und Lehrern selbst (Bromme & Haag, 2008). Solide Befunde, die eine spezifische „Lehrerpersönlichkeit" bestätigen könnten, existieren allerdings kaum (Wisniewski, 2019). Vielmehr spricht vieles dafür, dass man lernen kann, lernförderlichen Unterricht zu machen und sich dabei nicht emotional komplett aufzureiben (Kunter & Trautwein, 2013).

Professionelle Kompetenz

Überspitzt formuliert bedeutet Professionalisierung für den Lehrerberuf, dass praktizierende Lehrer*innen es nicht viel anders machen, als die Wissenschaft selbst. Sie analysieren zunächst komplexe Situationen (differenziertes Wahrnehmen, rückschauendes Begreifen), schätzen auf dieser Basis ab, was zielführend sein könnte (vorsorgliches Folgenabschätzen), um dann entsprechende Schritte einzuleiten (zielreichendes Handeln) und diese wiederum in einem kontinuierlichen Kreislauf weiter zu reflektieren und zu verfeinern (vgl. Mortensen & Cialdini, 2010). Was auf den ersten Blick überzogen wirken mag, stellt sich bei genauerer Betrachtung als typischer Alltagsprozess dar. Wenn Sie vor einer konkreten Herausforderung stehen, werden Sie ganz automatisch diese Abfolge, oder zumindest Teile davon, durchlaufen. Die entscheidende Frage ist aber, auf welche Informationsgrundlagen Sie bei diesem Prozess zurückgreifen.

Wie entscheiden Lehrer*innen?

Nach Imhof (2020) lassen sich mindestens fünf verschiedene Informationsquellen für Entscheidungen von Lehrerinnen und Lehrern unterscheiden:

- Eigene Erfahrungen (z.B. in früheren ähnlichen Situationen als Lehrperson)
- Autoritäten (z.B. auf Basis der Schulordnung oder auf Empfehlung)
- Tradition (z.B. anhand von eingespielten Routinen in einer bestimmten Schule)

- Mehrheitsmeinung (z.B. wie die meisten Lehrer*innen ein Problem aktuell handhaben)
- Wissenschaftliche Erkenntnisse (z.B. anhand wissenschaftlicher Theorien und daraus abgeleiteter Empfehlungen)

Gerade beim Einstieg in den Beruf ist Ihr Schatz an *eigenen Erfahrungen*, was wie „funktioniert“, noch relativ begrenzt. Deshalb liegt es nahe, sich zunächst auf die Meinung von *Autoritäten* (z.B. eine erfahrene Kollegin), der vermuteten *Mehrheit* („Das machen alle so“) oder der *Tradition* („So wurde es hier schon immer gemacht“) zu verlassen. Alleine die Fülle neuer Aufgaben und Problemstellungen zwingt Sie dazu, Entscheidungen auf Basis dieser Quellen zu treffen. Bei genauerem Hinsehen und Reflektieren und mit etwas Abstand wird dann aber vermutlich deutlich, dass es DIE Mehrheit gar nicht gibt. Jede und jeder macht „es“ etwas anders. Vielleicht fällt Ihnen auch auf, dass eine gewachsene Tradition stark von der spezifischen Kultur einer bestimmten Schulform oder einer früheren Schulleitung geprägt ist, die Sie in Ihrem Unterricht nicht vollkommen vertreten können oder wollen, etwa auf Basis zugewonnener eigener Erfahrungen oder vor dem Hintergrund dessen, was Sie an aktuellen pädagogischen und psychologischen Inhalten in Ihrer Ausbildung an der Universität kennen gelernt haben.

Gegenüber allen anderen Informationsquellen besteht neben ihrer Innovationskraft der besondere Vorteil *wissenschaftlicher Erkenntnisse* darin, dass Sie Ihre Entscheidungsfindung etwas weiter weg von Intuition und Nachahmung, hin zu einem systematischen Erkenntnisgewinn verschieben können. Das heißt im Umkehrschluss nicht, dass andere Entscheidungsquellen keine Rolle mehr spielen sollten. Selbstverständlich müssen Sie im Laufe Ihrer Karriere bestimmte Routinen ausbilden, die Ihnen den Alltag erleichtern. Tempo und Vielschichtigkeit der auf Sie einstürmenden Herausforderungen verlangen dies geradezu. Professionalisierung bedeutet aber, dass Routinen, Intuition und Nachahmung vor dem Hintergrund wissenschaftlicher Erkenntnisse kontinuierlich und differenziert beleuchtet sowie im Hinblick auf ihre Sinnhaftigkeit und Effektivität kritisch überprüft werden. Insbesondere dann, wenn empirische Befunde nicht mit der eigenen Erfahrung übereinstimmen, lohnt sich die (erneute) Selbstreflektion, denn das subjektive Empfinden kann auch fehlerhaft und unvollständig sein (Wisniewski, 2019).

Selbstverständlich können auch wissenschaftliche Erkenntnisse nur eingeschränkt gültig oder unzutreffend sein. Der entscheidende Unterschied zu der Gültigkeit eigener oder fremder Erfahrungen besteht darin, dass wissenschaftliche Erkenntnisse von vorneherein einer systematischen Prüfung unterzogen worden sind und auch weiterhin unterzogen werden. Das ist die Aufgabe von Wissenschaft – und in gewissem Maße auch von Ihnen als praktizierende Lehrer*innen. Ohne kontinuierliche Reflektion Ihres Verhaltens, z.B. im Austausch mit anderen, in Fortbildungen, durch Lektüre von Sachbüchern oder in einer ruhigen Minute alleine mit sich selbst, handeln Sie nicht professionell.

1.3 Der spezielle Blick der Psychologie als empirische Wissenschaft

Die Psychologie, als empirisch geprägte Wissenschaft, hat in den letzten Jahrzehnten, spätestens seit dem sogenannten „PISA-Schock" (OECD, 2021), aufgrund ihrer besonderen methodischen Herangehensweise einen erheblichen Beitrag zur empirischen Wende in der Bildungswissenschaft und Bildungspolitik geleistet. Auch das vorliegende Buch ist geprägt von diesem empirischen Hintergrund und steht damit möglicherweise in Konflikt zu dem typischen Zerrbild von Psychologie, das vielfach noch geprägt ist von einer psychoanalytischen und gesprächsbasierten Praxis: Sigmund Freuds Couch, Hypnose zur Offenlegung des Unbewussten oder Traumdeutungen. Andere mögen bei Psychologie an Hirnforschung oder an die Manipulation menschlichen Verhaltens denken, beispielsweise in der Werbung oder bei der „Big-Data"-Analyse unseres Nutzerverhaltens in sozialen Medien oder im Internet allgemein.

Psychologie als empirische Wissenschaft

Was für die heterogene Wissenschaft Psychologie aber vor allem kennzeichnend ist, ist ihr empirische Zugang. Das bedeutet, dass die

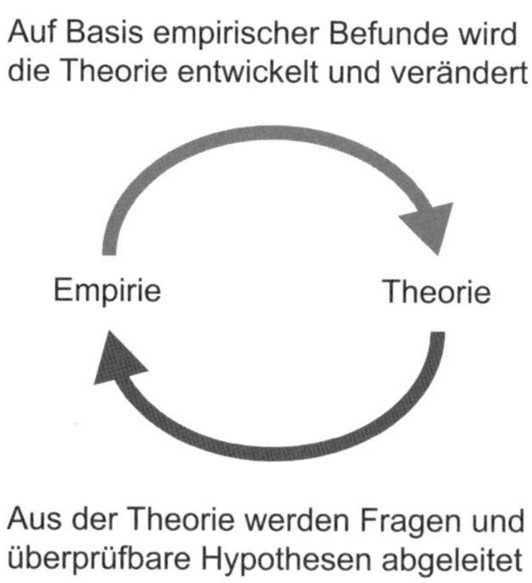

Abbildung 2: Das Wechselspiel aus Empirie und Theoriebildung in der Psychologie (vgl. Imhof, 2020)

gewonnenen Erkenntnisse abgeleitet werden aus der systematischen Sammlung von *Erfahrungen*, basierend auf Hypothesengenerierung und -testung (vgl. Imhof, 2020). Wie im vorangegangenen Abschnitt bereits angedeutet basieren also auch die Schlüsse einer empirischen Wissenschaft auf Erfahrungen. Entscheidend ist jedoch die *Systematik der Sammlung und Prüfung* dieser Erfahrungen. Dies geschieht üblicherweise mit einem deutlich größeren Aufwand als im Alltag und geradezu mit dem Ziel, Fehler und Unvollständigkeiten in den Schlussfolgerungen aufzudecken. So entsteht ein Wechselspiel aus dem Aufstellen von Vermutungen über einen spezifischen Sachverhalt oder Prozess (z.B. „Wenn wir Schulnoten abschaffen, werden sich Schüler*innen vertiefter mit den L erninhalten auseinandersetzen"), die auf gewissen theoretischen Vorüberlegungen basieren, und der systematischen Prüfung dieser *Hypothesen* anhand von Empirie (vgl. *Abbildung 2*).

1.3.1 Zusammenhangsstudie und Experiment

Die Psychologie nutzt zwei vorherrschende Forschungsparadigmen, die jeweils unterschiedliche Stärken und Schwächen im Hinblick auf die Messung von Erfahrungen und die Testung von vermuteten Zusammenhängen und Abfolgen mit sich bringen: die Zusammenhangsstudie und das Experiment.

Zusammenhangsstudie: In einer Zusammenhangsstudie geht es um die Frage, ob und wie (mindestens) zwei verschiedene Merkmale miteinander in Verbindung stehen. Zum Beispiel könnte man sich dafür interessieren, inwiefern die Motivation von Schülerinnen und Schülern systematisch mit ihrem Lernerfolg zusammenhängt. Dazu werden die Merkmale der interessierenden theoretischen Konstrukte zunächst genau herausgearbeitet, definiert und operationalisiert (Hussy, 2018). Operationalisierung meint in diesem Zusammenhang, die „Übersetzung" bzw. „Messbarmachung" eines theoretischen Konstrukts in eine quantifizierbare Größe. Wenn Sie wissen wollen, wie „motiviert" Ihre Schüler*innen sind und wie viel sie „gelernt" haben, dann müssen Sie zunächst versuchen, Motivation und Lernerfolg systematisch zu erfassen (in Kapitel 2 werden Sie noch etwas mehr darüber erfahren, welche besonderen Herausforderungen gerade bei der Messung von Motivation bestehen). Typische Erfassungsformen im Kontext der Schulforschung sind die Befragung per Fragebogen, Leistungstests und die (Video-) Beobachtung. Bei der Operationalisierung von Motivation kann es sowohl um ihre Erscheinungsformen (z.B. Fragen wie: „Aus welchem Grund machst du Hausaufgaben?") als auch um ihre Ausprägung gehen (z.B. Fragen wie: „Wie gerne lernst du für

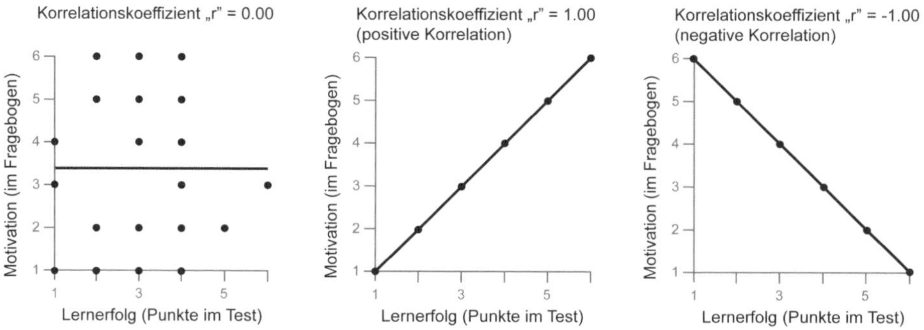

Abbildung 3: Veranschaulichung von Zusammenhängen über den Korrelationskoeffizienten (vgl. Hussy, 2018)

Mathematik?“). Wenn wir Motivation genau messen können, dann könnten wir zum Beispiel sagen, *wie stark* eine Schülerin motiviert ist oder *auf welche Art* ein Schüler motiviert ist. Um den Lernerfolg zu messen, könnten wir zum Beispiel Punkte in einem Leistungstest heranziehen. Angenommen, wir finden nun, dass in einer Klasse mit 20 Schüler*innen eine höhere Motivation mit einem höheren Lernerfolg (= eine höhere Punktezahl) systematisch zusammenhängt (d.h., in einem statistisch bedeutsamen Ausmaß), dann hätten wir einen positiven Zusammenhang zwischen beiden Merkmalen nachgewiesen (je mehr ..., desto mehr ..., vgl. *Abbildung 3*). Achtung: Da in Deutschland typischerweise niedrige Noten eine „gute“ Leistung ausdrücken (und umgekehrt), müssen wir hier bei der Interpretation empirischer Zusammenhänge häufig „umdenken“ (je mehr ..., desto weniger ...).

Der Korrelationskoeffizient *r* reicht von -1 bis 1, wobei „-1“ einen perfekten negativen Zusammenhang beschreibt (d.h., je mehr ..., desto weniger ...) und „1“ einen perfekten positiven Zusammenhang (d.h., je mehr ..., desto mehr ...). Typische Korrelationen sind jedoch deutlich kleiner.

Beschreibungs-zusammenhang

Ein Vorteil einer solchen Zusammenhangsstudie kann darin gesehen werden, dass recht große Stichproben untersucht werden können, die auch im Hinblick auf die Repräsentativität der Befunde aussagekräftig sind (oder sein können). So umfassen groß angelegte Schulleistungsstudien nicht selten tausende, wenn nicht zehntausende Schüler*innen, die im Hinblick auf eine bestimmte Grundgesamtheit (z.B. unterschiedliche Schulformen oder Bundesländer) charakteristisch ausgewählt wurden. Außerdem können die relevanten theoretischen Konstrukte sehr differenziert beschrieben und erfasst werden. So könnte man zum Beispiel unterschiedliche Formen der Motivation unterscheiden und in ihrem Zusammenhang zu Schulnoten vergleichen (vgl. Howard et al., 2021). Häufig geht es aber nicht nur um die Beschreibung eines Zusammenhangs. Gerade wenn zwei Konstrukte miteinander in Verbindung gesetzt werden, liegt diesem Zusammenhang typischerweise eine vermutete Richtung zugrunde. So könnte man vermuten, dass Schüler*innen deshalb bessere Noten haben, *weil* sie motivierter sind, oder aber genau den umgekehrten Fall: Gute Note motivieren. Aus verschiedenen Gründen lassen sich solche Schlüsse jedoch nicht direkt aus einer Zusammenhangsstudie ableiten. Für die Testung solcher Annahmen über die Wirkrichtung zwischen zwei Merkmalen (sogenannte Kausalannahmen) wird daher das Experiment als wissenschaftlicher „Goldstandard" angesehen.

Experiment: Auch in einem Experiment müssen (mindestens) zwei theoretische Konstrukte zunächst systematisch definiert und operationalisiert werden. Der entscheidende Unterschied zur Zusammenhangsstudie besteht darin, dass eine dieser beiden Merkmale, die sogenannte *unabhängige Variable (UV)*, nicht gemessen, sondern in ihrer Ausprägung oder Erscheinungsform von den Forscher*innen festgelegt bzw. „manipuliert" wird. Wollte man zum Beispiel die Vermutung (bzw. Hypothese) testen, dass hohe Motivation zu besseren Lernerfolgen führt, dann müsste man versuchen, eine Bedingung zu schaffen, in der die Schüler*innen besonders motiviert sind (die sogenannte *Experimental-* oder *Treatment-Gruppe*) und diese mit einer Bedingung vergleichen, in der die Motivation niedriger ausgeprägt sein sollte (die sogenannte *Kontrollgruppe*, vgl. *Abbildung 4*). Sollte man dann finden, dass die Schüler*innen der Experimentalgruppe systematisch bessere Lernergebnisse aufweisen (in diesem Fall die sogenannte *abhängige Variable, AV*) als diejenigen der Kontrollgruppe, dann hätte man einen

Erklärungszusammenhang

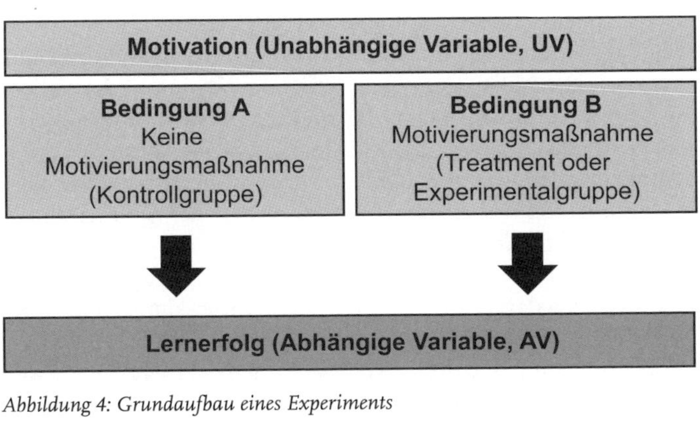

Abbildung 4: Grundaufbau eines Experiments

Beleg für die Vermutung (Hypothese) geliefert, dass die Motivationsstärke den Lernerfolg tatsächlich *beeinflusst*.

Aber auch das Experiment ist bestimmten Einschränkungen unterworfen. Eine wichtige Vorbedingung ist, dass sich die Zusammensetzung der Experimental- und Kontrollgruppe im Hinblick auf relevante Charakteristika, die den Lernerfolg ebenfalls beeinflussen könnten, nicht unterscheiden sollte. Denn dann könnten wir nicht mit Sicherheit sagen, dass es die Manipulation der UV war, die den Unterschied in der AV herbeigeführt hat. Der Unterschied in der AV könnte bereits in bestehenden Unterschieden in der Gruppenzusammensetzung angelegt gewesen sein, die nicht berücksichtigt wurden. Dieses Problem zeigt sich im Forschungskontext Schule häufig dann, wenn wir beispielsweise zwei verschiedene Schulklassen miteinander vergleichen. Auch wenn wir in einer Klasse unsere Motivierungsmaßnahme durchführen würden (= Experimentalgruppe) und in der anderen Klasse nicht (= Kontrollgruppe), könnte es sein, dass ein später gefundener Lernvorteil der Experimentalklasse ausschließlich darauf beruht, dass diese bereits mehr Vorwissen besaß, bessere Lernstrategien kannte, oder, oder, oder ..., . Um dieses Problem zu vermeiden, wird typischerweise mit einer zufälligen Zuweisung von Versuchspersonen zur Experimental- und Kontrollgruppe gearbeitet. Eine solche *Randomisierung* sollte dafür sorgen, dass etwaige relevante Ausgangsunterschiede, die die verschiedenen Schüler*innen mitbringen, sich gleichmäßig auf beide Gruppen verteilen und somit keinen systematischen Einfluss auf den abschließenden Vergleich beider Gruppen ausüben.

Randomisierung als Qualitätsmerkmal

Generalisierbarkeit

Ein anderes dem Experiment inhärentes Problem ist das der *Generalisierbarkeit*. Anders als in einer Zusammenhangsstudie ist die Teilnehmerzahl typischerweise eingeschränkt. Wir wissen also nicht, ob das Ergebnis in einer anderen Stichprobe (z.B. jüngere Schüler*innen) möglicherweise anders ausgefallen wäre. Außerdem hängt das Ergebnis von der spezifischen Operationalisierung der UV ab. Wenn wir keinen Effekt gefunden haben, könnte dies auch damit zu tun haben, dass es uns nicht wirklich gut gelungen ist, Motivation in der Experimentalgruppe zu erhöhen. Bei einem anderen Ansatz, Motivation zu erhöhen, hätte das Ergebnis ganz anders ausfallen können. Umgekehrt: Angenommen, wir finden einen Effekt; woher wissen wir, dass unsere Manipulation nur die anvisierte Motivation der Schüler*innen verändert hat und nicht auch etwas anderes?

Die genannten Einschränkungen von Zusammenhangsstudie und Experiment deuten darauf hin, wie schwierig es sein kann, solide Hinweise für eine bestimmte Vermutung und Maßnahme zu gewinnen. In der Forschungspraxis zieht typischerweise jedes Ergebnis eine weitere Forschungsfrage nach sich. Im Alltag ist das aber nicht anders. Die in diesem Buch zusammengetragenen Hinweise basieren zudem nicht auf Einzelstudien, sondern wir tragen den aktuellen Stand des wissenschaftlichen Konsenses, gewonnen aus vielen, manchmal sogar hunderten von Studien mit tausenden von Teilnehmer*innen, zusammen (vgl. Exkurs: Meta-Analysen). Auf diesem Weg gewinnt die Psychologie einen Wissenskanon, der dazu beitragen kann, die Professionalisierung von Lehrer*innen zu stärken.

Exkurs: Meta-Analysen

Zur Fundierung einer bestimmten Vermutung wird in der Bildungsforschung mittlerweile verstärkt auf sogenannte Meta-Analysen zurückgegriffen. In einer Meta-Analyse werden viele empirische Studien (u.a. Zusammenhangsstudien und Experimente) zu einem bestimmten Sachverhalt zusammengetragen und so versucht, einen Zusammenhang oder einen Effekt besser zu belegen und zu verstehen. So haben beispielsweise Howard et al. (2021) an über 344 Stichproben mit insgesamt 223,209 Teilnehmer*innen (in der Mehrzahl Schüler*innen) zeigen können, dass Motivation nicht nur substantiell damit zusammenhängt, wie ausdauernd eine Person lernt (Persistenz) und wie gut sie abschneidet (akademische Leistung), sondern auch, wie es ihr dabei geht (Wohlbefinden). Zentral war dabei der gemeinsame Befund, dass unterschiedliche Formen der Motivation in unterschiedlichem Maße förderlich für Persistenz, akademische Leistung und Wohlbefinden zu sein scheinen (vgl. auch Abschnitt 3.2.5).

1.3.2 Psychologiewissen als Teilaspekt professioneller Kompetenz

Professionelle Kompetenz

Das empirisch gewonnene Wissen bildet als Teil des allgemeinen pädagogischen und psychologischen Wissens eine Kompetenzsäule von Lehrerinnen und Lehrern (vgl. Kunter & Trautwein, 2013), neben Ihrem Fachwissen (z.B. was Sie als Mathelehrer*in über Mathematik wissen) und Ihrem fachdidaktischen Wissen (z.B. was sie als Biologielehrer*in über die Vermittlung biologischer Inhalte wissen, vgl. *Abbildung* 5). Auch in diesen Bereichen arbeiten Wissenschaftler*innen kontinuierlich daran, den Stand der Erkenntnis zu erweitern und zu verfeinern.

Darüber hinaus liefert die empirische Psychologie aber noch weitere wichtige Bausteine zu Ihrer Professionalisierung, denn im Lehrerberuf (wie in allen anderen Berufen) geht es nicht nur um den Aufbau und die Anwendung von Wissen. Nach Baumert und Kunter (2006) geht es auch darum, bestimmte Grundhaltungen und -überzeugungen zu entwickeln

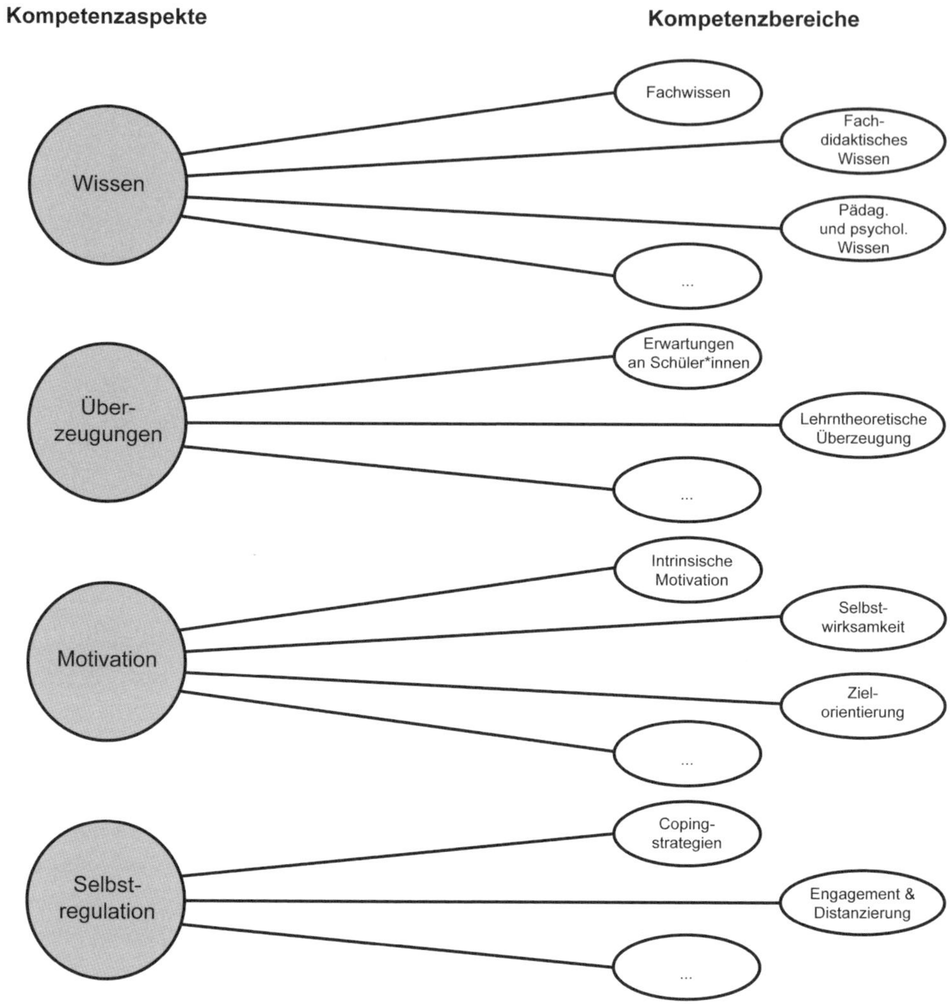

Abbildung 5: Ordnung professioneller Kompetenzen einer Lehrperson (vgl. Kunter & Trautwein, 2013)

und zu reflektieren (z.B. „Welches Bild habe ich vom Lehrerberuf?", „Wie sehe ich meine Rolle als Lehrperson?", „Was glaube ich, wie Wissensvermittlung funktioniert?", „Was sollte das Ziel von Unterricht sein?"), die eigene Motivation zu prüfen und zu hinterfragen (z.B. „Warum bin ich Lehrer*in geworden"?, „Was ist mir wichtig in diesem Beruf?") sowie die berufliche Selbstregulation zu stärken. Letzteres umfasst zum Beispiel die Kenntnis und den Ausbau persönlicher Ressourcen und gewinnt vor dem Hintergrund von Themen wie Burnout und häufiger Frühpensionierung zunehmend an Bedeutung. Aus diesem Grund geht es in diesem Buch nicht nur um die Motivation und Selbstregulation von Schüler*innen, sondern auch um die Motivation und Selbstregulation von Lehrer*innen (vgl. Abschnitte 3.3, 4.5.4 und 5.4).

1.4 Zum Aufbau und Umgang mit diesem Buch

Das vorliegende Buch ist in aufeinander aufbauende Kapitel strukturiert. Daher empfehlen wir grundsätzlich ein lineares Lesen, um den größtmöglichen Erkenntnisgewinn anzuregen. Sollten Sie aber wenig Zeit haben oder lediglich an spezifischen Theorien und Modellen der Motivation und Selbstregulation interessiert sein, dann können Sie auch die Kapitel 3 (Motivationstheorien) und 5 (Selbstregulation) getrennt voneinander und in beliebiger Reihenfolge lesen. Gleiches gilt, wenn Sie vor allem an Fragen der Motivation (Abschnitt 3.3) und Selbstregulation (5.4) von Lehrer*innen interessiert sind. Sollten Sie sich jedoch auch für die Veränderung von Motivations- und Selbstregulationsprozessen interessieren, dann empfehlen wir Ihnen, sich jeweils zunächst die theoretischen Grundlagen zu erarbeiten, bevor Sie sich dann der Anwendungsperspektive widmen (Kapitel 4 und Abschnitt 5.1.5). Da wir davon ausgehen, dass Fragen der Motivation und Selbstregulation stark miteinander verbunden sind (z.B. setzt Selbstregulation immer eine gewisse Motivation voraus), bilden die Kapitel 2 und 6 eine verbindende Klammer zu beiden Themenkomplexen, die durch den Hinweis auf bestehende Forschungsfragen in Kapitel 6 in gewisser Weise offenbleibt.

Lernhilfen im Buch

Bei der Aufbereitung der Inhalte haben wir einige didaktische Elemente wiederholt eingesetzt, die Ihnen die Auseinandersetzung mit den Inhalten erleichtern und Ihren Lernerfolg sichern sollen. Im Einzelnen sind das die folgenden Bausteine:

1. *Definitionen*: Zentrale Definitionen werden für Ihre Orientierung im Text hervorgehoben.
2. *Schlüsselbegriffe*: Schlüsselbegriffe, die besondere Merkmale und Sachverhalte eines Themas illustrieren, werden in der Randspalte auf Höhe der entsprechenden Textstelle wiederholt. Sie dienen der Orientierung entlang zentraler Kernthemen bei der Nachbearbeitung der Inhalte.
3. *Beispiele*: An vielen Stellen leiten alltagsnahe Beispiele aus unserer fiktiven Klasse einen Abschnitt ein. Außerdem greifen wir im Fließtext Situationsbeschreibungen zu einzelnen Charakteren wieder auf. Beides dient dazu, die Anschaulichkeit der Inhalte zu erhöhen und Verbindungen zu Ihrem zukünftigen und vergangenen Alltag herzustellen.

4. *Denkanstöße und Übungen*: Zur weiterführenden Auseinandersetzung mit den Inhalten geben wir Denkanstöße, die Sie animieren sollen, das Beschriebene mit eigenem Vorwissen und eigenen Erfahrungen zu verknüpfen. Übungen gehen darüber hinaus, denn hier geben wir Ihnen die Gelegenheit, vertiefende Aufgaben zu bearbeiten. Dafür skizzieren wir in der Regel die Übung im Text. Teilweise stehen Ihnen auch eigens für die Übung entwickelte Arbeitsblätter zur Verfügung (siehe hierzu www.utb.de/doi/book/10.36198/9783838559759 unter „Bonusmaterial") oder Sie können mit Hilfe der vorgegebenen Struktur ein eigenes Arbeitsblatt entwerfen und bearbeiten.
5. *Exkurse*: An einigen Stellen haben wir Exkurse eingebaut, die einen bereits skizzierten Sachverhalt nochmals ausführlicher illustrieren, zum Beispiel anhand einer ausgewählten Studie.
6. *Take-Home Messages*: In Ergänzung zu schriftlichen Zusammenfassungen bilden stichpunktartige Take-Home Messages an vielen Stellen den Abschluss längerer (Unter-)Kapitel. Hier fassen wir die Essenz der vorangegangenen Abschnitte plakativ zusammen. Die Reflexion der Take-Home Messages eignet sich daher gut, um einen groben Überblick zu erlangen (z.B. falls man einen Abschnitt beim Lesen übersprungen hat) oder um das eigene Verständnis nach der Lektüre eines Abschnitts zu prüfen.
7. *Fragen und Aufgaben zum Selbsttest*: Zum Abschluss eines jeden Kapitels haben wir Fragen und Aufgaben formuliert, anhand deren Sie überprüfen können, inwieweit Sie die zentralen Inhalte des Kapitels bereits verinnerlicht haben.
8. *Weiterführende Literatur*: Für eine vertiefende Auseinandersetzung mit den Inhalten eines Kapitels verweisen wir am Ende jeweils auf einschlägige Texte.

1.5 Zum Abschluss

Take-Home Message

- Fragen und Prozesse der Motivation und Selbstregulation sind im Alltag einer Lehrperson allgegenwärtig.
- Ansätze und Modelle, die einen Beitrag zur Beschreibung, Erklärung, Vorhersage und zielgerichteten Veränderung von Motivation und Selbstregulation leisten, sind insofern äußerst praxisrelevant für angehende Lehrer*innen.
- Professionelles Handeln setzt die Fähigkeit und Bereitschaft voraus, das eigene Denken und Handeln als Lehrperson kontinuierlich zu hinterfragen; wissenschaftliche Erkenntnisse bieten hierzu einen zentralen Anstoß.

- Zusammenhangsstudie und Experiment sind in der Psychologie zwei typische Forschungszugänge zur systematischen Sammlung von Erfahrungen (Empirie) und Prüfung von Hypothesen. Beide Zugänge weisen jeweils typische Stärken und Schwächen auf.

Fragen und Aufgaben zur Anregung und zur Überprüfung

- Was glauben Sie, wie gut haben Sie die Inhalte in diesem Kapitel verstanden?
- Welche Art von Praxisbezug war Ihnen im Vorfeld der Lektüre besonders wichtig? Wie stehen Sie nun dazu?
- Welche Rolle sollten aus Ihrer Sicht wissenschaftliche Erkenntnisse im Schulalltag spielen? Wo sind diese besonders wichtig, wo eher zu vernachlässigen?
- Formulieren Sie vermutete Zusammenhänge zwischen zentralen Variablen im Schulkontext (z.B. lernbezogene Unterstützung im Elternhaus und schulbezogene Leistungsentwicklung eines Kindes). Ist der vermutete Zusammenhang positiv oder negativ? Wie stark (groß) ist der vermutete Zusammenhang? Gehen Sie von einer bestimmten Wirkrichtung aus? Welche anderen Variablen könnten in dem Kontext ebenfalls eine Rolle spielen? Mit welchem Versuchsaufbau würden Sie die vermuteten Zusammenhänge/Einflüsse untersuchen?
- Welche Vor- und Nachteile weisen Experiment und Zusammenhangsstudie auf?
- Prüfen Sie, wo Sie selbst Lücken im Verständnis der Inhalte des Kapitels erkennen. Was könnten Sie tun, um diese Lücken zu schließen?

Weiterführende Literatur

Beck, K. & Krapp, A. (2006). Wissenschaftstheoretische Grundfragen der Pädagogischen Psychologie. In A. Krapp & B. Weidemann (Hrsg.), *Pädagogische Psychologie* (5. Aufl., S. 35–72). Beltz.

Hussy, W. (2018). „Einführung: Begriffe, Geschichte und Methoden". In A. Fritz, W. Hussy & D. Tobinski (Hrsg.), *Pädagogische Psychologie* (3. Aufl., S. 12–37). Reinhardt.

Imhof, M. (2020). *Psychologie für Lehramtsstudierende* (5. Aufl.). Springer. (insb. Kap. 1)

Kunter, M. & Trautwein, U. (2013). *Psychologie des Unterrichts*. Schöningh. (insb. Kap. 6)

Wisniewski, B. (2019). *Psychologie für die Lehrerbildung* (3. Aufl.). Klinkhardt. (insb. Kap. 0)

2. Der Schulkontext: Besonderheiten der Lernmotivation und des selbstregulierten Lernens

Während des gesamten ersten Kapitels wurde der Begriff „Motivation" immer wieder genannt, aber wir haben noch nicht geklärt, was damit eigentlich genau gemeint ist. Offenbar liegt es jedoch in der Natur der Sache, dass sich Lehrer*innen insbesondere dafür interessieren, wie und warum Schüler*innen in der Schule bzw. für das Lernen in der Schule „motiviert" sind und wie man ihnen dabei helfen kann (Fromm, 2017; Matteucci et al., 2008). Auch für Eltern und die Schüler*innen selbst dreht sich im Alltag viel um Fragen der Lernmotivation, da dem Erfolg in der Schule typischerweise eine hohe Bedeutung zugeschrieben und nicht ohne Grund davon ausgegangen wird, dass dieser wiederum entscheidend davon abhängt, wie motiviert die Schüler*innen sind, um zu lernen (Casillas et al., 2012; Köller et al., 2001; Pintrich, 2000; Robbins et al., 2004). Zum anderen wurde die Fähigkeit zur Selbstregulation als Grundlage des lebenslangen Lernens bereits als wichtige Schlüsselkompetenz identifiziert, die schulisches Lernen erleichtert, gleichzeitig aber auch in der Schule angebahnt werden muss (Dignath & Büttner, 2008).

Bevor wir uns jedoch den Fragen widmen können, wie Lernmotivation entsteht (Kapitel 3), wie sie beeinflusst werden kann (Kapitel 4) und wie Lernende selbst in ihren Lernprozess eingreifen können (Kapitel 5), sollten wir uns zunächst klar darüber werden, dass Motivation und Selbstregulation im Kontext schulischen Lernens bestimmten Rahmenbedingungen unterworfen sind, die diese allgemeinen psychologischen Prozesse auf eine besondere Weise prägen.

Lernmotivation = Motivation für das Lernen in institutionalisierten Bildungskontexten

Genau genommen gibt es DIE Lernmotivation eigentlich gar nicht. Vielleicht gibt es sie auf alltagspraktischer Ebene, so wie es die „Arbeitsmotivation" oder die „Tanzmotivation" gibt. Auf theoretischer Ebene unterliegt „Lernmotivation" aber allgemeinen Regelhaftigkeiten, wie jede andere Art der Motivation auch. Es ist lediglich das Zielverhalten, dass hier spezifisch gesetzt wird: die Auseinandersetzung mit Lerninhalten, die in der Schule (oder auch in anderen Lernkontexten wie der Universität oder dem Unternehmen) behandelt werden.

Gerade wegen dieser besonderen Festlegung lohnt es sich also darüber nachzudenken, was die Besonderheiten sind, denen Motivation und Selbstregulation im Kontext von Schule und formalem Lernen unterworfen sind. Im Folgenden definieren wir zunächst, was man unter

Motivation im Allgemeinen verstehen kann, bevor wir dann genauer auf das besondere Anwendungsfeld der Lernmotivation, wie es typischerweise innerhalb der Pädagogischen Psychologie untersucht wird, eingehen. Ausgehend von der allgemeinen Definition beschreiben wir hierzu zwei Besonderheiten der Beschäftigung mit Lernmotivation, die uns auch dabei helfen werden, spätere Fragen des selbstregulierten Lernens besser einzuordnen. Zum einen geht es um den Pflichtcharakter von schulischem Lernen, der das Spannungsfeld zwischen eigener und fremder Motivation kennzeichnet. Zum anderen geht es um das Verhältnis der Lernmotivation zu anderen „Motivationen" der Person, die ebenfalls von Bedeutung für die Persönlichkeitsentwicklung sind.

2.1 Was ist Motivation?

Über die „Lust" auf Vokabeltests.
Heute Morgen kam Herr Müller schlecht in die Gänge. Zunächst gab es Streit am Frühstückstisch innerhalb seiner Familie und dann dachte er an seine erste Schulstunde, in der er einen Vokabeltest vorgesehen hatte. Aus Erfahrung wusste er, dass es wieder einige Vieren und Fünfen geben würde, weil sich nur wenige Schüler*innen gezielt auf solche Tests vorbereiten. Auch er selbst kann sich sinnvollere didaktische Maßnahmen vorstellen, aber in Englisch gehören Vokabeltests nun mal dazu. Seine Lust auf seine Arbeit hielt sich deshalb an diesem Morgen in Grenzen. Ging es ihm da vielleicht ähnlich wie seinen Schüler*innen, so sein Gedanke, als er sich dennoch auf den Weg in die Schule machte.

Wenn wir im Alltag von „Motivation" oder „motiviert sein" sprechen, dann beziehen wir uns in der Regel auf einen inneren Zustand, der in seiner Stärke variiert. Wir sprechen dann davon, dass wir heute irgendwie „unmotiviert" sind oder aber große „Lust" auf etwas haben, dass uns etwas sehr „reizt" oder dass wir einen bestimmten Sachverhalt als besonders „wichtig" erachten (z.B. sich in der Schule anzustrengen).

Denkanstoß
Probieren Sie es doch selbst einmal aus und notieren Sie alle Begriffe, die Art und Intensität Ihrer *Bewegung* und *Antriebe* charakterisieren, denn das lateinische Verb „movere" meint genau das: bewegen und antreiben. Durch welche Qualität und Quantität war Ihre Motivation im Hinblick auf solche Vokabeltests charakterisiert? Bei welcher Gelegenheit war es ganz anders? Sicherlich fallen Ihnen viele Beispiele und Begriffe ein.

Motivation als Alltagsbegriff

Das Problem mit dieser Alltagsnähe ist jedoch, dass zwei Menschen selten genau dasselbe meinen, wenn sie denselben Begriff verwenden. Für eine Person bedeutet eine hohe Motivation vielleicht, dass jemand viel arbeitet, also viel Zeit mit einer bestimmten Tätigkeit verbringt (z.B. eine gewisse Zeit für einen Vokabeltest zu lernen). Eine zweite Person versteht darunter eher die Bereitschaft, sich anzustrengen, wobei sie sich bereits zu einer dritten Person darin unterscheidet, was genau mit Anstrengung gemeint ist (z.B. eine hohe Konzentration beim Lernen für den Vokabeltest aufrechtzuerhalten, auch wenn das Lernen nicht unbedingt als angenehm empfunden wird). Diese Aufzählung ließe sich beliebig fortführen und auf andere motivationale Begriffe ausweiten (Was bedeutet eigentlich: Motivation kommt von „innen" oder „außen"?, vgl. Abschnitt 3.2.5). Außerdem wird beim genaueren Hinsehen schnell deutlich, dass wir mitunter gar nicht sagen können, was genau uns motiviert. In manchen Situationen handeln wir ganz automatisch, ohne offensichtlichen Grund, in anderen Situationen können wir vielleicht ein gewünschtes Ziel benennen (z.B. eine gute Note im Vokabeltest); was genau aber der hinter dem Ziel stehende Anreiz ist, also das, was dem Ziel Anziehungskraft verleiht, bleibt uns teilweise verborgen oder bedürfte einer tiefgreifenden und vor allem vorurteilsfreien Analyse. Geht es um antizipierte innere Zustände der Zufriedenheit oder der angenehmen Erregung (z.B. den Stolz, 50 Vokabeln korrekt wiedergeben zu können), also im weitesten Sinne um Befindlichkeiten (Affekte), die eine gewisse Anziehungskraft entfalten und uns dadurch zum Handeln bringen? Eine der Schülerinnen in Herrn Müllers Klasse, Maria, sagt, dass sie „große Lust dazu habe, besser Englisch zu sprechen". Oder sind es weitgehend rational abgeleitete Gedankenketten (Kognitionen), die ein bestimmtes Verhalten oder ein kleinteiliges Ziel indirekt mit Zielen höherer Wertigkeit in Verbindung setzen und dieses dadurch motivational „aufladen"? So sagt zum Beispiel Marias Klassenkamerad Jacob: „Eine gute Note im Vokabeltest hilft mir letztlich dabei, mein Ziel zu erreichen, einen guten Job zu bekommen." Offensichtlich sprechen aus beiden Aussagen zwei vollkommen unterschiedliche Arten der Motivation, die sich aber nicht gegenseitig ausschließen müssen.

Quantität und Qualität von Motivation

Motivation ist nicht direkt beobachtbar

Interessanterweise erfährt Herr Müller von diesen Unterschieden möglicherweise recht wenig. Er kann die Motivation von Maria und Jacob nicht direkt sehen. Während wir bei uns selbst in einem bestimmten Moment unmittelbar spüren können, ob und wie stark wir motiviert sind, können wir als Außenstehende nur versuchen, die Motivation anderer indirekt aus deren Verhalten zu erschließen (Rheinberg & Vollmeyer, 2019).

Denkanstoß

Überlegen Sie selbst spontan, wie groß aktuell Ihre Lust ist, das Buch weiterzulesen. Oder aber, wie wichtig es für Sie ist, mehr über das Thema Motivation zu erfahren, z.B. um sich evtl. auf eine anstehende Klausur oder auf Ihre bevorstehende Berufstätigkeit vorzubereiten.

	überhaupt keine Lust					sehr große Lust
Wie groß ist aktuell Ihre Lust, das Buch weiterzulesen?	1	2	3	4	5	6
	überhaupt nicht wichtig					sehr wichtig
Wie wichtig ist es für Sie im Hinblick auf eine Klausur, mehr über das Thema Motivation zu erfahren?	1	2	3	4	5	6
	überhaupt nicht wichtig					sehr wichtig
Wie wichtig ist es für Sie im Hinblick auf Ihre berufliche Zukunft, mehr über das Thema Motivation zu erfahren?	1	2	3	4	5	6

So ist es gut möglich, dass Maria und Jacob im Unterricht gleichermaßen engagiert mitmachen (z.B. indem sie sich im Unterricht gleich oft melden). Dieser Sachverhalt könnte Herrn Müller zu der Vermutung veranlassen, beide seien gleichermaßen „motiviert". Außerhalb der Schule könnten Maria und Jacob jedoch vollkommen unterschiedlich auf informelle Lerngelegenheiten reagieren. Um hinter diese Unterscheidung zu kommen, könnte Herr Müller beide genauer befragen („Warum genau engagiert ihr euch?"), was wiederum voraussetzt, dass eine Person vollkommene Einsicht nicht nur in die Stärke ihrer Motivation hat, sondern auch in ihre Ursachen. Auch dies könnte für Maria und Jacob durchaus unterschiedlich sein. Während Jacob vermutlich um sein Ziel weiß, könnten für Maria die Ursachen ihrer „Lust" durchaus diffus sein (Grund et al., 2018).

Aus diesen (und vielen anderen) Gründen folgt die wissenschaftliche Beschäftigung mit Fragen der Motivation teilweise anderen Gesetzen und Methoden als wir das im Alltag tun (können). Entsprechend der Ziele der systematischen Beschreibung, Erklärung, Vorhersage und Veränderung von Erleben und Verhalten (vgl. Abschnitt 1.2.1) ist es zunächst besonders wichtig und hilfreich, einen gemeinsamen Konsens darüber zu entwickelt, was denn genau mit Motivation gemeint ist und was Motivation erklärt bzw. erklären soll. Es geht im Folgenden also um die Beschreibung und Definition von Motivation.

Definition: Motivation
Laut Rheinberg und Vollmeyer (2019) ist Zuständen der Motiviertheit eine „aktivierende Ausrichtung des momentanen Lebensvollzugs auf einen positiv bewertenden Zielzustand" (S. 17) gemein.

Wie bereits gesagt erleben wir diese antreibende Komponente in vielen verschiedenen Formen der Motivation unmittelbar an (bzw. in) uns selbst, teilweise gerade dann, wenn diese Komponente fehlt und unser Handeln schwerfällig ist oder ins Stocken gerät. Bei Motivation handelt es sich also um einen Sammelbegriff für eine *psychische Kraft*, die verschiedene Phänomene der Ausrichtung, Intensität und Ausdauer unseres Verhaltens erklärt. Die eine „Motivation" gibt es also nicht! Zudem ist es zentral, Motivation selbst, als nicht direkt beobachtbare psychische Kraft, sowohl von ihren unmittelbaren Verhaltens- und Erlebensauswirkungen als auch ihren auslösenden Bedingungen abzugrenzen.

Was erklärt Motivation?

Hierzu eignet sich das sogenannte allgemeine Motivationsmodell (Rheinberg & Vollmeyer, 2019, vgl. *Abbildung* 6). Es verdeutlicht, dass Phänomene der momentanen Motivation (oder „Motiviertheit") unter anderem bestimmen, wie lange (Ausdauer) und konzentriert (Intensität) sich Jacob mit seinen Hausaufgaben beschäftigt, anstatt auf seinem Handy gemeinsam mit Freunden ein Spiel zu spielen (Ausrichtung). Zudem erklärt momentane Motivation, wie Jacob das Hausaufgabenmachen erlebt (Erleben), also ob er dabei beispielsweise voll Freude oder ängstlich ist. Wenn sich jemand besonders anstrengt, dann spiegelt diese Anstrengung nicht die Motivation selbst wider, die hinter der Anstrengung steht, sondern sie ist ein direktes Ergebnis oder möglicherweise eine direkte Begleiterscheinung dieser aktuellen Motivation.

Das Modell macht zudem deutlich, dass Zustände der aktuellen Motivation sowohl von Merkmalen der Person (z.B. ihren generellen Motiven, Überzeugungen, Werten, Interessen; vgl. Kapitel 3 für eine

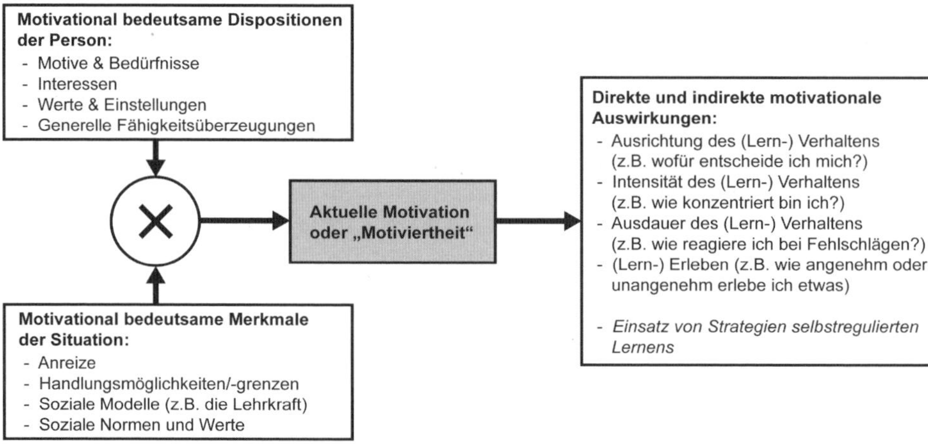

Abbildung 6: Allgemeines Motivationsmodell (in Anlehnung an Rheinberg & Vollmeyer, 2019)

Erläuterung der Begriffe) als auch von Merkmalen der Situation abhängen (z.B. spezifische Anreize der Tätigkeit, Schwierigkeitsgrad der Aufgabe, Handlungsspielräume bei der Bearbeitung, Lernumgebung). So kann Herr Müller als Lehrperson versuchen, einen Rahmen zu bieten, der bestimmte Anreize schafft (z.B. ein interessantes Video zu Beginn einer Schulstunde präsentieren); ob dieses Situationsmerkmal jedoch die aktuelle Motivation der Schulklasse (oder zumindest einzelner Schüler*innen) stärkt und darüber wiederum Aspekte des Erleben und Verhaltens beeinflusst, wird aber auch von Zuständen innerhalb der Person abhängen (z.B. alterstypischen Interessen). Die unterschiedliche generelle Motivationslage von Maria und Jacob könnte also dazu beitragen, dass eine Motivierungsmaßnahme von Herrn Müller unterschiedlich wirksam ist. Umgekehrt ist niemand dauerhaft oder automatisch motiviert, bloß weil er oder sie ein bestimmtes Interesse hat (z.B. für das Lernen von Sprachen). Dazu muss schon ein passender situativer Anreiz gegeben sein. Selbst Maria hat mal keine Lust auf Englisch oder zieht es vor, etwas aktuell Spannenderes oder Wichtigeres zu tun.

Wir können also zusammenfassend festhalten, dass Motivation eine abstrakte, nicht direkt beobachtbare Größe ist, die, abhängig von personalen und situationalen Faktoren, die ausdauernde Ausrichtung unseres Verhaltens und dessen begleitende Erlebensqualitäten beeinflusst. Relativ stabile Größen, also motivationale Dispositionen innerhalb der Person, wie spezifische Interessen (vgl. Abschnitt 4.3.4) oder generelle Bedürfnisse (vgl. Abschnitt 3.2.5), nehmen folglich kausal betrachtet eine vorrangige Position gegenüber der aktuellen Motivation und hieraus resultierendem Erleben und Verhalten ein (Schiefele & Schaffner, 2015). Motivationsforschung versucht insbesondere jene Größen näher zu bestimmen und zu untersuchen, die das Zustandekommen aktueller Motivation aus ihrem Wechselspiel erklären: also die Gründe von Motiviertheit. Ebenso beschäftigt sie sich mit der Frage, welche Auswirkungen welche Art der Motivation hat. Dabei ist abschließend zu beachten, dass „etwas Angenehmes" zu erreichen auch darin bestehen kann, „etwas Aversives" zu vermeiden (z.B. Strafe). Auch diesen Fall würden wir als Motivation bezeichnen (Rudolph, 2013).

2.2 Besonderheiten der Lernmotivation und ihre Bedeutung für Selbstregulation

Früher und heute?
Bei der Unterrichtsvorbereitung ist Herrn Müller kürzlich in einem interessanten Buch auf folgende „Ansprache zum Schulbeginn" von Erich Kästner (1972, S. 233, zitiert nach Fromm, 2017) gestoßen:

> „Liebe Kinder, da sitzt ihr nun, alphabetisch oder nach der Größe sortiert, zum ersten Mal auf diesen harten Bänken, und hoffentlich liegt es nur an der Jahreszeit, wenn ihr mich an braune und blonde, zum Dörren aufgefädelte Steinpilze erinnert. Statt an Glückspilze wie sich's eigentlich gehörte. (...) Eure Stunde X hat geschlagen. Die Familie gibt euch zögernd her und weiht euch dem Staate. Das Leben nach der Uhr beginnt, und es wird erst mit dem Leben selber aufhören. Das aus Ziffern und Paragraphen, Rangordnung und Stundenplan eng und enger sich spinnende Netz umgarnt nun auch euch. Seit ihr hier sitzt, gehört ihr zu einer bestimmten Klasse. Noch dazu zur untersten. Der Klassenkampf und die Jahre der Prüfungen stehen bevor. Früchtchen seid ihr, und Spalierobst müßt [sic.] ihr werden! Aufgeweckt wart ihr bis heute, und einwecken wird man euch ab morgen! So, wie man's mit uns getan hat. Vom Baum des Lebens in die Konservenfabrik der Zivilisation, – das ist der Weg, der vor euch liegt. Kein Wunder, daß [sic.] eure Verlegenheit größer ist als eure Neugierde."

Natürlich haben sich die Zeiten mittlerweile geändert, da ist sich Herr Müller sicher. Dennoch grübelt er noch längere Zeit über das Zitat. Und je länger er grübelt, umso mehr zweifelt er daran, dass sich an Kästners Feststellungen etwas Grundsätzliches verändert hat...

Ein Großteil der Motivationsforschung innerhalb der Pädagogischen Psychologie beschäftigt sich ausschließlich mit der Frage, ob und inwiefern Schüler*innen für das Lernen in formalen Kontexten motiviert sind und wie eine solche Lernmotivation gegebenenfalls aufrechterhalten bzw. gestärkt werden kann (Koenka, 2020; Linnenbrink-Garcia & Patall, 2016; Schiefele & Schaffner, 2015). Dieses Interesse ergibt sich zunächst einmal daraus, dass schulisches Lernen *alle* betrifft. Schule ist *der* zentrale Entwicklungskontext, den alle Heranwachsenden gemeinsam haben, denn es existiert in den meisten Ländern eine *Schulpflicht*. Insofern ist es wichtig, etwas darüber zu erfahren, wie Schüler*innen diesem Kontext motivational betrachtet gegenüberstehen. Außerdem ist die Gesellschaft als Ganzes von der Lernmotivation des Einzelnen abhängig, nicht nur Lehrer*innen und Eltern, die unmittelbar mit der Motivation der Schüler*innen zu tun haben. So wie moderne Gesellschaften aufgebaut sind, sind sowohl die individuellen wie auch die gemeinschaftlichen Chancen abhängig davon, wie lange und wie konzentriert in der Schule gelernt wird (Heckman & Rubinstein, 2001; OECD, 2020). Aus diesem Grund ist dem Bildungsmonitoring in den letzten Jahren eine immer größere Bedeutung zugemessen worden (Drechsel et al., 2015), wobei die Frage nach der Dauer und Intensität des Lernens im Kern motivationspsychologische Fragen sind, wie wir bereits festgestellt haben.

Lernen als normatives Gesellschaftsziel

Es gibt also eine gesellschaftliche Lernmotivation, in Form von Werten, Überzeugungen und Normen, die der individuellen Motivation quasi übergestülpt ist. In *Abbildung 6* könnte man solche gesellschaftlichen Rahmenbedingungen als mehr oder weniger stark präsente Situationsmerkmale beschreiben, die in Wechselwirkung und potentiell im Spannungsfeld zu Merkmalen der Person stehen. An dieser Stelle deutet sich auch bereits die enge Abhängigkeit von Fragen der Motivation und Selbstregulation an.

Ohne unseren Darstellungen in Kapitel 5 zu viel vorwegzunehmen, lässt sich festhalten, dass es ein engeres und ein weiteres Verständnis von Selbstregulation im Kontext selbstregulierten Lernens gibt (Boekaerts, 1999). Von Selbstregulation im engeren Sinn wird typischerweise dann gesprochen, wenn die lernende Person versucht, sich aktiv selbst bei der Erreichung ihrer Lernziele zu steuern und zu optimieren (Götz & Nett, 2017), also zum Beispiel Wissenslücken zu bemerken und zu reduzieren sowie sich angemessen zu motivieren. Gemäß dem allgemeinen Motivationsmodell (*Abbildung 6*) stellt Selbstregulation somit eine bestimmte Art von Erleben und Verhalten dar, die wiederum selbst durch allgemeine Personenmerkmale, bestimmte situative Charakteristiken und daraus resultierende aktuelle Motivation mitbestimmt wird. Im weiteren Sinn geht es bei Selbstregulation deshalb aber auch darum, *sich selbst* zu reflektieren und zu steuern. Dies umfasst wiederum Fragen des zielgerichteten Handelns (Welche Ziele setze ich mir? Was will ich erreichen?), der eigenen Überzeugungen und Werte (Wofür stehe ich ein? Was ist mir wichtig im Leben?), also im Kern motivationale Fragen, die die Ausrichtung des Verhaltens betreffen, oder auch Fragen der Person als Ganzes (Wer bin ich? Wie will ich sein?).

Selbst- oder Fremdregulation?

Abhängig von der zugrundeliegenden Art der Motivation stellt sich daher auch die Frage, inwieweit wir in einem konkreten Fall von Selbst- bzw. Fremdregulation sprechen können (Landmann et al., 2015), also inwiefern es zum Beispiel in der Schule tatsächlich um die Erreichung „eigener" Lernziele geht (vgl. Abschnitt 6.1 für eine genauere Analyse des Zusammenspiels von Motivation und Selbstregulation). Dies illustrieren wir im Folgenden an zwei Spannungsfeldern.

2.2.1 Spannungsfeld 1: Lernen wollen sollen

Nicht für etwas motiviert zu sein, ist per se nichts Ungewöhnliches. Es ist für uns zum Beispiel ganz selbstverständlich, dass wir nicht alle gleichermaßen eifrige und leidenschaftliche Tänzer*innen oder Fußballfans sind. Unser Alltag ist voll von offensichtlichen Motivationsunterschieden, die sich dann zum Beispiel in der Art, wie wir leben, oder in der Berufswahl niederschlagen. Problematisch wird es aber in der Regel beim Thema Schule bzw. Bildung. Denn dann widerspricht mitunter die mangelnde Lernmotivation des Individuums gewissen gesellschaftlichen Erwartungen und Werten.

Konfliktpotential zwischen individueller und kollektiver Motivation

Letztlich geht es beim Thema Lernmotivation also immer auch um die Frage, was die „richtige" Motivation bzw. das „richtige" Ziel ist. Und diese normative Frage wird, wenn es um schulisches Lernen geht, recht uniform beantwortet. Wir als Eltern, Erziehungsberechtigte, Lehrer*innen etc. sind geneigt anzunehmen, dass man die Bedeutung dieses Ziels nicht hoch genug einschätzen kann. Anders gesagt: Es gibt aus unserer Sicht eigentlich keine plausible Alternative zu dieser Einschätzung. Und die gesellschaftlichen Verhältnisse, in denen wir leben, stützen uns in dieser Annahme. Eine lange, erfolgreiche Bildungskarriere zahlt sich im Hinblick auf Indikatoren wie das Einkommen und gesellschaftliche Teilhabe in der Regel aus (Hanushek & Woessmann, 2012; Heckman & Rubinstein, 2001; OECD, 2016).

Wir sollten jedoch diese normativen Überlegungen nicht eins zu eins mit den Bedürfnissen, Wünschen, Überzeugungen und Zielen aller Kinder und Jugendlichen gleichsetzen. Vielmehr müssen wir zunächst konstatieren, dass Schüler*innen nicht unbedingt Lernen *wollen*, sondern zuallererst Lernen *sollen* (Fromm, 2017). Mit anderen Worten: Das Lernen in der Schule entspringt in erster Linie einer gesellschaftlichen Idee und Anforderung. Es ist nicht das natürliche Interesse eines jeden Individuums. Daran hat sich seit der Zeit Erich Kästners nichts Grundsätzliches verändert. Natürlich *können* gesellschaftliche und individuelle Interessen deckungsgleich sein. Das zeigt sich zum Beispiel darin, dass sich heutzutage ein nicht unerheblicher Teil der Vorschulkinder auf ihre bevorstehende Schulzeit freut (Hattie et al., 2020). Dieser individuelle Eindruck ist aber nicht in Stein gemeißelt und viele Schüler*innen entwickeln im Laufe der Schulzeit eine deutliche skeptischere Perspektive auf Schule (Jenkins, 2015; Scherrer & Preckel, 2019).

Zudem können wir nicht davon ausgehen, dass Schüler*innen, die sich entsprechend der gesellschaftlichen Norm verhalten, automatisch eine hohe „Eigenmotivation" mitbringen. Wie wir später noch erfahren werden (Abschnitt 3.2.5), ist es gar nicht so einfach, zwischen selbstbestimmter und fremdbestimmter Motivation zu unterscheiden. Es sollte aber offensichtlich sein, dass es einen gravierenden Unterschied macht, ob Maria regelmäßig und brav ihre Hausaufgaben macht, weil sie der Strafe ihrer Eltern entgehen will, aus schlechtem Gewissen gegenüber ihrer Lehrperson oder weil sie selbst mehr über das Thema erfahren will. Unabhängig von den zu vermutenden Unterschieden im Hinblick auf die Langlebigkeit des Gelernten (vgl. Ryan & Deci, 2020) würden die ersten beiden Motivationsformen vermutlich auch gewissen pädagogischen Grundsätzen widersprechen. Dennoch kann es im Schul- oder Erziehungsalltag durchaus vorkommen (einige würden sogar sagen, es ist der Regelfall), dass es letztlich darum geht, zu tun, was „von außen" verlangt wird.

Der Unterschied zwischen „eigener" und „fremder" Motivation wird besonders deutlich, wenn sich die Uniformität der Ziel- und Werthierarchie aufzulösen beginnt. Spätestens wenn die Schulpflicht beendet und der Besuch der weiterführenden Schule, einer Hochschule oder einer beruflichen Weiterbildung in Erwägung gezogen wird, wird aus einer gesellschaftlichen Vorgabe mehr und mehr ein von persönlichen Wünschen geprägtes Ziel. Die Beantwortung der Frage, was ein Individuum tun will oder soll, was also ein wünschenswertes Ziel ist, wird dann wesentlich komplizierter. Wäre ein Studium, das möglicherweise ein höheres Einkommen verspricht, aber auch eine Position, die mit weniger Zeit für die Familie verbunden ist, die „bessere" Wahl gegenüber einer Berufsausbildung, die möglicherweise weniger Schritte auf der Karriereleiter ermöglicht, aber eher Teilzeitarbeit? Offensichtlich beantworten unterschiedliche Menschen diese Frage höchst verschieden (vgl. Watt et al., 2012).

Erste-Person-Perspektive: Motivation aus Sicht der Schüler*innen nachvollziehen

Auch wenn die gut gemeinten Wünsche aus Sicht der erziehenden Personen natürlich berechtigt sind, tun sich aber sowohl die Motivations- und Selbstregulationsforschung als auch die Praxis keinen Gefallen damit, den Pflichtcharakter von Schule bei der Analyse individuellen Erlebens und Verhaltens auszublenden. Wenn wir uns als Autoritäten quasi von oben zu den Schüler*innen „herunterbeugen", ohne echtes Interesse daran, das Motivationsgeschehen auf Augenhöhe nachzuvollziehen, dann zeichnen wir ein unzutreffendes bzw. unvollständiges Bild. Die moralische Feststellung, dass (manche) Schüler*innen „falsch" motiviert sind (z.B. da sie nur ein geringes schulisches Engagement zeigen) oder gar „irrational" handeln (vgl. Grund & Fries, 2018; Weiner, 2003, 2006), hilft allein kaum bei der Analyse und Behebung des „Motivationsproblems". Eine solche Moralisierung individueller Motivation verdeckt mitunter, dass vermutlich ein Teil des Problems im Bildungssystem selbst steckt, das heißt, in dessen Potential, zentrale Bedürfnisse von Heranwachsenden zu befriedigen oder eben auch zu frustrieren (Eccles et al., 1993; Ryan & Deci, 2020). Wenn es uns hingegen gelänge zu verstehen, dass Heranwachsende die oben beschriebene normative Sichtweise nicht immer teilen oder schulisches Lernen nicht befriedigend erleben, aus welchen Gründen auch immer, dann wäre schon viel gewonnen, um (mangelnde) Lernmotivation zu verstehen und ggf. auch zu verändern.

2.2.2 Spannungsfeld 2: Schulische und außerschulische Ziele

Die mehr oder weniger versteckten normativen Erwartungen beim Blick auf schulisches Lernen (Matteucci et al., 2008) und die damit einhergehende Problematik für das Verständnis individueller lernbezogener Motivation kommt auch darin zum Ausdruck, dass einschlägige Texte manchmal den Eindruck erwecken, Schüler*innen hätten nur einen einzigen Lebenszweck: für die Schule zu lernen. Besonders deutlich wird diese Sicht in folgendem Zitat. Ihren Beitrag zum sogenannten Belohnungsaufschub (als Teilaspekt selbstregulierten Lernens) beginnen Bembenutty und Karabenick (2004) mit:

> „Ein idealer Schüler, der nach der Schule routinemäßig nach Hause geht, eine Kleinigkeit zu sich nimmt, bis zum Abendessen lernt (d.h. bei der Sache bleibt) und dann bis zur Schlafenszeit weiterlernt, ist wahrscheinlich akademisch erfolgreicher als jemand, der sich nicht so sehr auf die Schularbeit konzentriert. Diese zielgerichtete Abfolge von Aktivitäten muss oft einem Kontext standhalten, der eine Reihe attraktiver Ablenkungen beinhaltet, wie z.B. Fernsehen oder Austausch mit Freunden." (S. 35–36; eigene Übersetzung)

Folgt man dieser Sichtweise, dann sind alle anderen Aktivitäten, die nicht dem schulischen Lernen bzw. Erfolg dienen, „Ablenkungen" oder „Verführungen", die möglichst zu unterlassen sind. Mal abgesehen davon, dass Bembenutty und Karabenick vielleicht sogar recht mit ihrer Behauptung haben, dass Schulerfolg durch ein solches Verhalten begünstigt wird, würden doch viele Erziehungsberechtigte und Lehrer*innen diese Eindimensionalität im Hinblick auf Persönlichkeitsentfaltung in ihrer Absolutheit nicht befürworten, geschweige denn die Schüler*innen selbst.

Multiple Ziele

So zeigen Befunde aus der Pädagogischen Psychologie, insbesondere aber aus der Entwicklungspsychologie, dass Heranwachsende eine ganze Reihe schulunabhängiger Bestrebungen haben, deren Verfolgung für sie mit hoher Bedeutung aufgeladen ist und die für die Bewältigung spezifischer Entwicklungsaufgaben eine herausragende Stellung einnehmen (Hofer et al., 2017, 2022). Ganz zuvorderst sind hier die Entwicklung und Pflege sozialer Beziehungen auf Augenhöhe, also zu ihren Peers, zu nennen (Kessels & Hannover, 2015), aber auch die Entwicklung außerschulischer Interessensfelder (Denault & Guay, 2017; Eccles et al., 2003; Hofer, 2010). Es wäre deshalb zu einfach, Aktivitäten, die der Erfüllung solcher Ziele dienlich sind, lediglich als Ablenkungen vom Lernen abzuwerten, auch wenn das Zeitinvestment für solche Aktivitäten in direkter Konsequenz eine Reduzierung von Lernzeit bedeuten kann. Dies wird umso deutlicher, da man davon ausgehen kann, dass solche außerschulischen Ziele auch *innerhalb* der Schule wirken (Boekaerts et al., 2006; Hofer, 2007; Kilian et al., 2010; Wentzel, 1989). Nicht ohne Grund hat sich das Treffen mit Freunden wiederholt als starker, wenn nicht stärkster Anreiz für den Schulbesuch herausgestellt (vgl. Kessels & Hannover, 2015).

Bei der Beschäftigung mit Lernmotivation von „außen“, also aus Sicht der erziehenden Personen, besteht somit eine gewisse Gefahr, bestimmte Aktivitäten von vorneherein als sinnvoll (Hausaufgaben machen) und andere als problematisch (Computer spielen) abzustempeln und damit eine bestimmte Verhaltensnorm festzulegen, die in dieser Absolutheit tatsächlich kaum besteht und entwicklungspsychologisch auch kaum zu vertreten wäre. Schließlich ist ein nicht geringer Teil der individuellen Entwicklung, bis ins hohe Erwachsenenalter, geprägt von der Suche nach sich selbst und der Ausprägung einer eigenen Persönlichkeit (Hofer, 2010; Hofer et al., 2017). In gewisser Weise verliert also das zentrale Argument, wir, als Erziehende, wissen besser, was für die Heranwachsenden gut ist, mit fortschreitender Entwicklung an Kraft. Schließlich geht es selbst im stark regulierten und normierten Kontext Schule, zumindest in westlich-liberal orientierten Gesellschaften, letztlich um eine Erziehung zur individuellen Freiheit (Pekrun, 2017). Wie also sollen wir mit der Tatsache umgehen, dass bereits junge Heranwachsende deutliche Unterschiede in der Befürwortung sogenannter Wohlbefindens- und Leistungswerte aufweisen, die wiederum das schulische Engagement zu bedingen scheinen (Hofer et al., 2017)? Eine hohe Leistungswertorientierung, als sogenannter moderner Wert (Inglehart,

Persönlichkeitsentwicklung

1998), steht dabei exemplarisch für harte Arbeit und (schulischen) Erfolg, während es bei der Wohlbefindenswerteorientierung, als postmoderner Wert, nicht alleine um puren Hedonismus geht, sondern auch um Selbstaktualisierung und sozialen Austausch (bitte beachten Sie: Der Begriff „Wert" wird hier anders genutzt als in den Erwartungs-Wert-Modellen, die wir in Abschnitt 3.1.5 kennen lernen werden). Das motivationale „Problem" besteht dann weniger darin, dass ein Individuum nicht im Sinne der eigenen Werte handelt, sondern darin, dass das Handeln nicht unbedingt konform zu bestimmten gesellschaftlichen Erwartungen und Überzeugungen ist (Grund & Fries, 2018). Gerade aber wenn wir dem heranwachsenden Individuum eine gewisse Souveränität und Freiheit bei der Ausprägung der Persönlichkeit zubilligen, ja geradezu verlangen, gerät diese Sichtweise jedoch an ihre Grenzen. Interessanterweise wird heutzutage, gerade in westlichen Gesellschaften, beiden Werteorientierungen von Schüler*innen und Studierenden durchschnittlich eine ähnlich hohe Bedeutung zugemessen (Grund & Fries, 2018; Grund & Senker, 2018; Hofer et al., 2008).

Entwicklung umfasst mehr als Lernen

So erfordert es bei der Einordnung des Eingangszitats von Bembenutty und Karabenick vermutlich nur wenig Phantasie, um festzustellen, dass es letztlich ein gewisses Maß an Ausgeglichenheit zwischen unterschiedlichen Lebensbereichen braucht, um die (lernende) Person als Ganzes zu verstehen und zu fördern (Grund & Fries, 2014). Zudem gestaltet sich dieser Balanceakt mit hoher Wahrscheinlichkeit individuell sehr unterschiedlich, abhängig von der Lebenssituation und den persönlichen Vorlieben und Fähigkeiten.

Exkurs: Werteorientierungen

Grund und Fries (2018) haben Studierende unterschiedlicher Fachrichtungen zu Ihren Werteorientierungen befragt. Dazu wurden ihnen verschiedene Charakterisierungen von fiktiven Studierenden vorgestellt, die entweder für eine hohe Leistungs- oder Wohlbefindenswerteorientierungen stehen. Die Studierenden sollten dann einschätzen, wie ähnlich sie den beschriebenen Personen sind. Ein Ergebnis, das ähnliche Befragungen bei Schüler*innen widerspiegelt (vgl. Hofer et al., 2017), war, dass Studierende in Deutschland beiden Werten eine ähnlich hohe Bedeutung zusprechen.
Wenn Sie Lust haben, mehr über Ihre eigene Werteorientierung zu erfahren, dann können Sie anlog zur Studie folgende Aussagen für sich einschätzen. Welche Aussagen welcher Werteorientierung zuzuordnen sind, können Sie der letzten Spalte entnehmen. Wenn Sie einen Mittelwert über die jeweiligen Aussagen bilden, erhalten Sie Ihre Ausprägung für beide Werteorientierungen (bitte beachten Sie, dass der eigentliche Fragebogen mehr Aussagen umfasst).

Wie ähnlich sind Sie folgenden Personen?	sehr unähnlich	unähnlich	eher unähnlich	eher ähnlich	ähnlich	sehr ähnlich	Wohlbefinden vs. Leistung
Student*in P. N. ist es vor allem wichtig, dass er*sie im Leben Spaß hat und viel erlebt.	1	2	3	4	5	6	W
Student*in T. A. ist es vor allem wichtig, dass er*sie im Leben etwas erreicht.	1	2	3	4	5	6	L
Student*in N. O. hat klare Ziele, auf die er*sie immer konsequent hinarbeitet.	1	2	3	4	5	6	L
Am liebsten verbringt Student*in K. S. seine*ihre Zeit mit ihren Freund*innen.	1	2	3	4	5	6	W
Student*in S. W. liebt Abwechslung und spontane Aktionen.	1	2	3	4	5	6	W
Student*in S. I. beißt sich auch durch eine unangenehme Aufgabe durch, wenn ihm*ihr ein Ziel wichtig ist.	1	2	3	4	5	6	L

2.3 Zum Abschluss

Take-Home Message

- Motivation, als momentane aktivierende Kraft, entsteht aus Wechselwirkungen zwischen eher stabilen Präferenzen und Überzeugungen der Person und Anreizmerkmalen der Situation.
- Aktuelle Motivation bestimmt, was Menschen tun, wie intensiv und ausdauernd sie etwas tun und wie es ihnen dabei geht.
- Institutionalisiertes Lernen findet selten vollständig freiwillig statt. Die Auseinandersetzung mit Fragen der Lernmotivation und des selbstregulierten Lernens sollte diese Abhängigkeit von äußeren Normen und Erwartungen berücksichtigen.
- Institutionalisiertes Lernen findet nicht losgelöst von anderen Lebenskontexten statt, sondern steht potentiell im Konflikt mit anderen Zielen, Wünschen und Bedürfnisse der Heranwachsenden.

Fragen und Aufgaben zur Anregung und zur Überprüfung

- Warum interessieren Sie sich besonders für Fragen der (Lern-) Motivation?
- Inwiefern ist/war Ihr Verständnis von (Lern-) Motivation deckungsgleich mit der Definition von Motivation, die im Kapitel präsentiert wurde?
- Im Exkurs „Weitere Definitionen von Motivation“ (s. S. 46) finden Sie zwei weitere Definition von Motivation. Welche Gemeinsamkeiten zeigen sich? Welche Unterschiede? Wie würden Sie Motivation definieren, wenn Sie es Ihren Schüler*innen erklären sollten?
- Welchen Blick haben Sie auf den Pflichtcharakter von Schule und die damit verbundene normative Gewichtung im Vergleich zu anderen Interessen und Bedürfnissen der Schüler*innen?
- Prüfen Sie, inwieweit sich Ihre Haltung gegenüber Schule und Lernen (z.B. in Bezug auf Hausaufgaben) durch Ihren anstehenden oder bereits vollzogenen Rollenwechsel zur Lehrperson verändert hat. Inwieweit werden (bzw. wurden) Sie dieser Haltung auch in Ihrer Rolle als Student*in gerecht?
- Falls Sie die Fragen oben noch nicht beantwortet haben, was glauben Sie: Wie stark sind Leistungs- und Wohlbefindenswerteorientierung bei Ihnen ausgeprägt?
- Vielleicht fällt Ihnen auch auf, dass es manchmal gar nicht so einfach ist, die eigenen Werten von denen der Gesellschaft abzugrenzen. Inwiefern haben Sie einer Aussage im Fragebogen vielleicht auch deshalb zugestimmt, weil Sie wissen, dass das geschilderte Verhalten gesellschaftlich „erwünscht“ ist, ohne dass es zu 100% *Ihren* Werten entspricht? Eine schwierige Frage, da sich beides wohl nie gänzlich trennen lässt. Aber es lohnt sich, darüber nachzudenken, gerade wenn es um Fragen der *Selbst*regulation geht.

Exkurs: Weitere Definitionen von Motivation

„Motivation ist der Prozess, durch den zielgerichtete Aktivitäten angestoßen und aufrechterhalten werden“ (eigene Übersetzung nach Schunk et al., 2014, S. 5).

„Die Motivationspsychologie sucht nach ‚Prinzipien, die uns verstehen lassen, warum Menschen und Tiere Handlungen in jeweils spezifischen Situationen wählen, beginnen und aufrechterhalten‘“ (Mook, 1987, nach Rudolph, 2013, S. 17).

Weiterführende Literatur

Fromm, M. (2017). *Lernen und Lehren: Psychologische Grundlagen für Lehramtsstudierende.* Waxmann. (insb. Kap. 2)

Hofer, M., Fries, S. & Grund, A. (2017). Multiple Ziele und Lernmotivation: Das Forschungsprogramm „Theorie motivationaler Handlungskonflikte“. *Zeitschrift für Pädagogische Psychologie, 31*(1), 69–85.j

Rheinberg, F. & Vollmeyer, R. (2019). *Motivation* (9. Aufl.). Kohlhammer. (insb. Kap. 1)

3. Motivationstheorien

Bei der außerordentlichen Bedeutung von Motivation in Lernkontexten ist es wenig verwunderlich, dass sich eine Vielzahl von Ansätzen herausgebildet hat, die sich mit dem Zustandekommen von Motivation, unterschiedliche Erscheinungsformen sowie deren Wirkungen auf lernbezogene Merkmale und Ergebnisse beschäftigen. Diese Vielzahl kann leicht Verwirrung stiften oder gar zu der Annahme verleiten, dass es „die Wissenschaft" selbst nicht so genau weiß. Sollten Sie als (angehende) Lehrer*innen dann doch lieber ausschließlich auf Ihren Bauch hören oder das tun, was alle machen? Wie wir in Abschnitt 1.2.2 erfahren haben, bedeutet Professionalisierung im Lehrerberuf eben *nicht*, diesen Schluss zu ziehen. Wir können und wollen Ihnen die vorhandene Komplexität im Feld der Motivationsforschung nicht ersparen, aus dem einfachen Grund, weil die Sachlage vermutlich tatsächlich kompliziert *ist*, besonders in Lernkontexten (Berliner, 2002)! Wir stellen Ihnen daher fünf Ansätze etwas ausführlicher vor, wobei wir für detaillierte Einführungs- und Forschungsübersichten auf andere Quellen verweisen müssen. Um Ihnen den Überblick zu erleichtern, geben wir Ihnen zunächst einige generelle Ordnungsprinzipien an die Hand.

3.1 Generelle Ordnungsprinzipien für Motivationsansätze

3.1.1 Druck und Zug

Eine der vermutlich grundlegendsten Unterscheidungen ist die Frage, ob Motivation eher einem inneren „Drang" folgt oder durch „Anziehungskraft" wirkt. Sie sehen: In beiden Fällen haben wir auch in unserer Alltagssprache unterschiedliche Begriffe entwickelt, die sich auf Motivation als psychische *Energie* beziehen (vgl. Abschnitt 2.1).

Im ersten Fall wird davon ausgegangen, dass der Organismus etwas *braucht*, um zu funktionieren (vgl. Anderman, 2021). Im Englischen wird deshalb auch von physiologischen oder psychologischen *needs* gesprochen (engl. need = brauchen, benötigen). Der Organismus, als in sich geschlossenes System, besitzt demnach einen spezifischen (An-) Trieb, der unter bestimmten Bedingungen nach Befriedigung verlangt, wobei der Abbau der Spannung dann als angenehm erlebt wird. So haben sich solche Antriebe vermutlich bei Tieren (also auch bei Menschen) evolutionär entwickelt, um das Überleben des Organismus zu sichern. Der Hungertrieb etwa führt dazu, dass der Organismus nach einer gewissen Phase des Hungerns ein Gefühl der Unausgeglichenheit entwickelt und nach Wegen sucht, diesen Mangel zu beheben. So kommt es zur Kopplung zwischen bestimmten Trieben und entsprechenden Ausgleichshandlungen (Rheinberg & Vollmeyer, 2019). In gewisser Weise führt der Organismus ein Eigenleben, da die innerorganismischen Größen relativ unwillkürlich bzw. automatisch Spannung und Energie aufbauen und dadurch bestimmte (d.h. zielgerichtete) Verhaltensweisen in den Vordergrund des Erlebens drängen. Wenn wir Hunger haben, dann wird eben nicht unsere Lust auf Sexualität gesteigert, sondern unsere Lust auf Essen.

Trieb- und Bedürfnisperspektive

In der Psychologie wurde eine ganze Reihe solcher Triebe, Instinkte oder Bedürfnisse postuliert. Vielleicht haben Sie schon einmal etwas von Maslows Bedürfnispyramide gehört, die dem Menschen inhärente Bedürfnisse aufsteigend nach ihrer Bedeutung in physiologische Bedürfnisse (z.B. Nahrung, Schlaf, Sexualität), Sicherheitsbedürfnisse (z.B. körperliche Unversehrtheit, Gesundheit, Eigentum), soziale Bedürfnisse (z.B. Nähe und Intimität), Individualbedürfnisse (z.B. Selbstwert, Respekt) und das Bedürfnis nach Selbstverwirklichung (d.h., sich selbst erfüllen) unterscheidet (Maslow, 1954). Empirisch besser belegt im Kontext des Lernens sind beispielsweise das Selbstwertbedürfnis (Covington, 1992) und die Unterscheidung psychologischer Grundbedürfnisse in der Selbstbestimmungstheorie (Deci & Ryan, 2000). Auf Letztere werden wir in Abschnitt 3.2.5 noch genauer eingehen.

Solche Bedürfnisansätze eignen sich gut, um den Aktivierungsaspekt von Motivation zu erklären. Sie sind aber nicht immer hilfreich, wenn es um die Frage der Ausrichtung unseres Verhaltens geht. Im Alltag ist unsere Motivation häufig sehr spezifisch ausgeprägt und es wäre wissenschaftlich wenig effizient und wohl auch kaum möglich, für jedes spezifische Verhalten ein passendes Bedürfnis abzuleiten (Rheinberg & Vollmeyer, 2019). Oder können Sie sich vorstellen, dass es ein Bedürfnis gibt, Hausaufgaben zu machen? Wie hätte sich dieses evolutionär entwickeln sollen?

Zielperspektive

Der zweite Hauptstrang von Motivationsansätzen geht deshalb davon aus, dass Menschen sich bestimmte Dinge vorstellen, die sie in Zukunft gerne erreichen wollen, weil sie sich davon etwas Positives versprechen. Dieses Vorstellungsvermögen in Bezug auf etwas zu Erwartendes ist für den Menschen geradezu charakteristisch. Anders als die Metapher des Drucks beinhaltet die Metapher des Ziels einen großen Handlungsspielraum, denn selbst dann, wenn zwei Menschen sich ähnliche Zielzustände vorstellen, so werden sie doch abhängig von ihren Erfahrungen, ihrem Vorwissen und im Rahmen der gegebenen Möglichkeiten sehr unterschiedliche Dinge tun, um zu versuchen, das

Ziel zu erreichen. Dabei ist zu vermuten, dass nicht alle Menschen jedes Ziel gleichermaßen attraktiv finden. Für eine Person erscheint es höchst erstrebenswert, Familie, Haus und Garten zu haben; eine andere Person kann keinerlei Sympathie für solches „Spießertum" entwickeln. Manche Menschen erleben das Zusammensein mit anderen höchst befriedigend; andere ziehen sich lieber zurück und tüfteln alleine vor sich hin. Auch die Vorstellung von Anziehungskraft funktioniert also nicht ohne die Berücksichtigung gewisser personenspezifischer Vorlieben – wir müssen sie nicht unbedingt Triebe oder Bedürfnisse nennen – die mehr oder weniger tief in einer Person verwurzelt sind (Sheldon, 2014).

Gerade im Kontext von Lernen und Schule hat sich die Motivations- und Selbstregulationsforschung in den letzten Jahrzehnten mehrheitlich mit den kognitiven (also gedanklichen) Vorstellungen und Überzeugungen *über* motivationsrelevante Parameter beschäftigt (Koenka, 2020; Linnenbrink-Garcia & Patall, 2016). Daher beinhalten fasst alle von uns vorgestellten Ansätze auch solche kognitiven Steuerungsprozesse. Innerhalb dieser gibt es noch weitere Ordnungsprinzipien, die wir Ihnen mit nachfolgender Übung näherbringen möchten.

3.1.2 Ein allgemeines Motivationsdiagnoseschema

Denkanstoß

Wir möchten Sie im Folgenden bitten, sich an eine Situation zu erinnern, in der Sie große Probleme hatten, eine bestimmte Tätigkeit oder Aufgabe zu beginnen oder zu Ende zu führen. Das kann beispielsweise die Vorbereitung auf eine bestimmte Klausur oder eine neue Unterrichtssequenz sein. Haben Sie für sich eine solche Situation gefunden, gehen Sie bitte die in *Abbildung 7* präsentierten Fragen der Reihe nach durch und beantworten sie passend zu Ihrer Aktivität entweder mit „ja" oder „nein", bis Sie entweder bei einer bestimmten Motivationsform oder einem bestimmten Motivationsproblem final landen. Sollten Sie schnell bei einer „fremdkontrollierten Aktivität" landen, suchen Sie evtl. noch ein weiteres Beispiel, bei dem Sie die relevante Aktivität letztlich doch nicht oder nicht zufriedenstellend ausgeführt haben. Ihre Beispiele und die Fragen des Diagnoseschemas (vgl. Rheinberg, 2004) können Sie im Folgenden immer wieder nutzen, um die verschiedenen Ansätze einzuordnen.

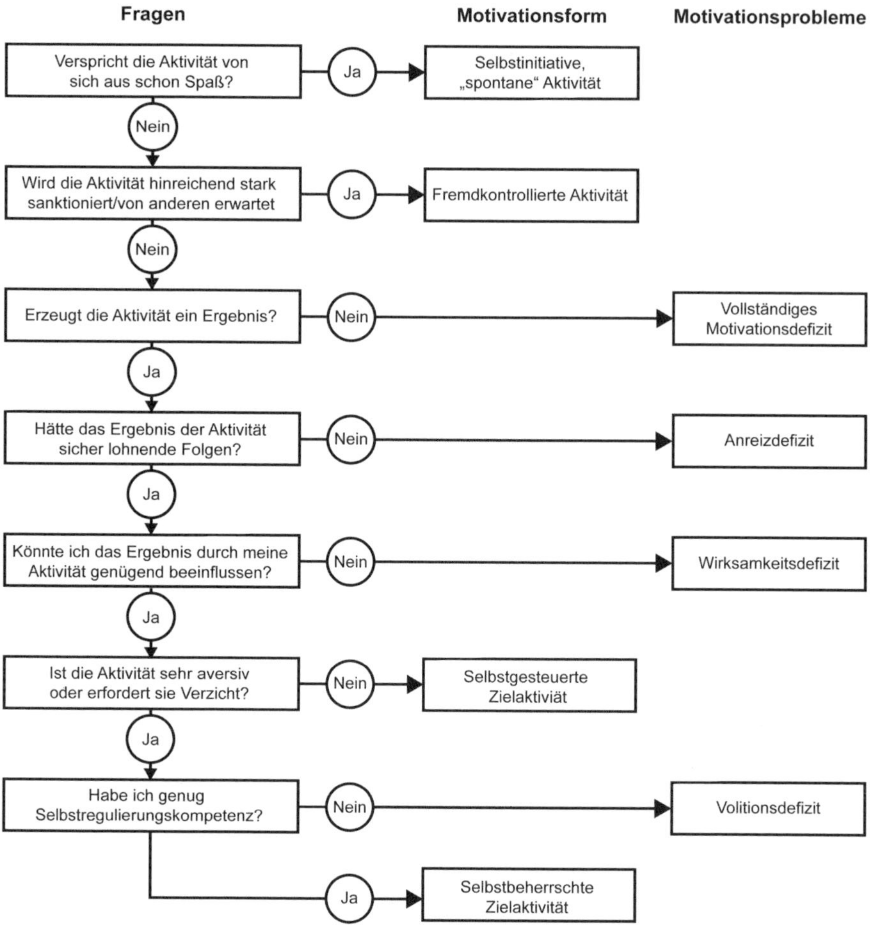

Abbildung 7: Ein allgemeines Schema zur Motivationsdiagnose (nach Rheinberg, 2004)

3.1.3 Erwartungen

Wer weiß es besser?
Herr Müller sitzt mit seinen Kindern, Max und Marta, und seiner Frau Luise beim Abendessen. Die Stimmung ist angespannt, da beide Kinder in letzter Zeit etwas ihre Hausaufgaben vernachlässigt haben. Als Lehrer kann er das nicht verstehen. Schließlich macht er sich selbst sehr ausführliche Gedanken darüber, inwiefern Hausaufgaben den Kindern in seiner Klasse helfen sollen. Seine Frau zeigt schon eher Verständnis für ihre Kinder; schließlich hat sie (wie auch Herr Müller!) es damals als Jugendliche selbst nicht viel anders gemacht. Es entspinnt sich folgender Dialog (vgl. nachfolgenden Text zur Erläuterung der Abkürzungen in den Klammern):
Herr Müller: „Leute, ihr wisst doch genau, wie hilfreich die Hausaufgaben sind, um den Stoff nochmals zu vertiefen (hohe H-E-E). Ich verstehe nicht, warum euch euer Abschneiden in der Schule so egal ist (niedrige FA)."
Max: „Papa, du übertreibst. Wir haben doch fast in allen Fächern gute Noten und manchmal mache ich die Hausaugaben ja auch. Aber in Bio kam ich in diesem Schuljahr bis jetzt ja auch so ganz gut klar, Hausaufgaben hin oder her (hohe S-E-E und niedrige H-E-E)."
Herr Müller: „Na ja, ich würde eher sagen, du hast dich auf schwachem Niveau stabilisiert."
Max: „Bio ist mir halt nicht mehr so wichtig (niedrige FA). Ich will später ohnehin eher etwas im sozialen Bereich machen, da konzentriere ich mich eben eher auf andere Fächer. Gute Noten in Bio nützen mir da wenig (niedrige E-F-E)."
Herr Müller: „Das sehe ich anders. Ein potentieller Arbeitgeber schaut sich alle deine Noten an (hohe E-F-E). Darin spiegelt sich wider, wie gewissenhaft ein Mensch ist.
Marta: „Bei Frau Schulze in Deutsch ist es so, dass die Hausaufgaben einfach nur das stumpf wiederholen, was wir ohnehin schon im Unterricht gemacht haben. Das ist echt langweilig (niedrige TA). Und einen wirklichen Mehrwert bringt mir das auch nicht, weil ich meistens im Unterricht schon alles verstehe (niedrige H-E-E und hohe S-E-E). Und wenn ich etwas mal gar nicht verstanden habe, dann komme ich auch meistens nicht mit den Hausaufgaben klar (niedrige SW)."
Frau Müller: „Also, wenn ich ehrlich bin, zweifele ich auch bei manchen Hausaufgaben an ihrer Funktion und Bedeutung (niedrige H-E-E- und E-F-E). Du magst da einen guten Plan haben, wie sich Unterricht und Hausaufgaben ergänzen. Bei einigen deiner Kolleginnen und Kollegen bin ich mir da nicht immer so sicher. Und als Arbeitgeberin will ich nicht unbedingt jemanden, der nur Ansagen befolgt, sondern auch jemanden mit eigenem Kopf."
Herr Müller: „Na danke! Fall' du mir nur in den Rücken!"
Marta: „Ich gebe ja zu, dass ich in Mathe mehr machen müsste. Aber ganz ehrlich: Alleine, nur mit dem Buch, über eine Aufgabe nachzugrübeln, die mir schon im Unterricht schwerfällt, bekomme ich einfach nicht hin (niedrige SW)."
Max: „Wenn wir die Hausaufgaben in Bio besprechen, dann zählt Herr Löw das vor allem für die mündliche Note. Und ich habe das Gefühl, er hat mich, was das angeht, ohnehin schon in eine Schublage einsortiert (hohe S-E-E). Das würde also auch nicht viel bringen (niedrige H-E-E)."

Herr Müller: „Wenn das tatsächlich so ist, dann musst du, Marta, mal mit deiner Lehrerin sprechen, wie ihr das Problem gemeinsam lösen könnt. Vielleicht hilft es schon, mit einer Freundin die Hausaufgaben zu machen? Und du, Max: Ich kann mir kaum vorstellen, dass Herr Löw so unsensibel ist. Sag' ihm doch einfach mal, dass du dich gerne verbessern möchtest und er dich mehr drannehmen soll. Dann verbessert sich mit Sicherheit deine mündliche Note (hohe H-E-E)."
Max: „Ich bin doch kein Streber (niedrige FA)!"

Eine zentrale Unterscheidung motivationaler Überzeugungen betrifft Fragen der subjektiven Erreichbarkeit (Erwartung) eines Ziels. Erreichbarkeit meint alle Überlegungen einer Person, die Aussagekraft über die *Wahrscheinlichkeit der Zielerreichung* besitzen. Wenn Sie sich fragen, wie hoch die Wahrscheinlichkeit ist, dass Sie eine Flasche Milch aus dem Kühlschrank holen können, dann werden Sie diese Wahrscheinlichkeit typischerweise sehr hoch einschätzen. Aber für wie wahrscheinlich halten Sie es, dass Ihnen die Ausführung der oben in Ihrem Beispiel generierten Aufgabe gut gelingt (vgl. *Abbildung 7*)? Vielleicht ist Ihnen beim Lesen des Beispiels der Familie Müller schon aufgefallen, dass bei genauerem Hinsehen hier unterschiedliche Wahrscheinlichkeiten gemeint sein können (Heckhausen, 1977; vgl. auch Dresel & Lämmle, 2017):

- Die Wahrscheinlichkeit, dass Sie persönlich mit Ihrem Handeln das anvisierte Ziel bzw. Ergebnis beeinflussen können (die sogenannte Handlungs-Ergebnis-Erwartung; H-E-E, vgl. *Wirksamkeitsdefizit* in *Abbildung 7*),
- die Wahrscheinlichkeit, dass die situationalen Umstände das Ergebnis bestimmten (Situations-Ergebnis-Erwartung; S-E-E),
- die Wahrscheinlichkeit, dass das Ergebnis der Handlung zu einer bestimmten Folge führt (Ergebnis-Folge-Erwartung; E-F-E),
- und die Wahrscheinlichkeit, dass Sie in der Lage sind, eine bestimmte Tätigkeit „gut" auszuführen (Selbstwirksamkeit; SW, vgl. Bandura, 1997).

Was auf den ersten Blick vielleicht sehr ähnlich erscheinen mag, erfährt bei genauerem Hinsehen im Alltag teilweise eine vollkommen andere Bedeutung. In diesem Sinne ist die Unterscheidung dieser verschiedenen Erwartungstypen ein gutes Beispiel, um die praktische Bedeutung von Motivationstheorien zur *differenzierten Wahrnehmung* zu verdeutlichen (vgl. Abschnitt 1.2.1). Wenn Sie diese Unterscheidung verinnerlicht haben, dann haben sie bessere Chancen, im Alltag relevante Unterschiede in der Motivation Ihrer Schüler*innen zu erkennen und im Anschluss daran auch bessere Chancen, sinnvolle Erklärungen für die unzureichende Motivation einer Schülerin abzuleiten und bessere Chancen, sinnvolle Lösungsstrategien für das Problem zu finden.

Bestünde beispielsweise das Hauptproblem darin, dass die Verbindung von Situation und Ergebnis als sehr eng betrachtet wird (eine hohe S-E-E), also das Ergebnis bereits als vollkommen festgelegt durch Situationsmerkmale erscheint und damit kein Anlass zum eigenen Handeln gesehen würde (denn das wäre dann aussichtslos; vgl. die Aussage von Max, Herr Löw habe ihn in eine bestimmte Schublade einsortiert), dann müssten Sie als Lehrperson versuchen, etwas an der S-E-E der Schülerin zu verändern. Die Veränderung der E-F-E wurde hier nur bedingt helfen (vgl. den Hinweis von Herrn Müller, Arbeitgeber würden auf alle Noten achten). Die Frage 5 in unserem Diagnoseschema (vgl. *Abbildung 7*) ist insofern undifferenziert, als dass nicht klar wird, ob ihre Verneinung auf eine geringe SW („Ich kann es nicht oder nicht gut genug") oder auf eine geringe H-E-E („Handlung X ist nicht das richtige Mittel zur Erreichung von Ergebnis Y") oder auf eine Kombination von beidem zurückzuführen ist. So könnte Marta sehr wohl glauben, dass die regelmäßige Bearbeitung der Hausaufgaben bei der Vorbereitung auf eine Klassenarbeit in Mathe hilft (hohe H-E-E), aber gleichzeitig deutet sie an, der Überzeugung zu sein, sie selbst sei nicht in der Lage, die Hausaufgaben effektiv zu bewältigen (niedrige SW), zum Beispiel weil ihr das entsprechende Vorwissen fehlt.

Vermutlich haben Sie bereits intuitiv ein Gefühl dafür entwickelt, unter welchen Bedingungen eine Person am ehesten motiviert wäre, zu handeln, also mit Engagement eine bestimmte Tätigkeit durchzuführen (z.B. das Hausaufgabenmachen). Diese Prinzipien lassen sich wie folgt für Außenstehende, die Einfluss auf die Erwartungen anderer nehmen möchten (z.B. als Lehrperson), zusammenfassen:

- Senke die S-E-E! (denn dann besteht aus Sicht der handelnden Person ein gewisser Spielraum, um das Ergebnis in ihrem Sinne zu beeinflussen)
- Erhöhe die H-E-E! (denn dann glaubt die Person, mit ihrem Handeln Einfluss auf das Ergebnis zu haben)
- Erhöhe die E-F-E! (denn dann glaubt die Person, dass ein bestimmtes Ergebnis auch mit für sie relevanten Folgen verbunden ist)
- Erhöhe die SW! (denn dann glaubt die Person, auch tatsächlich in der Lage zu sein, die Handlung korrekt bzw. effektiv ausführen zu können)

Während die Formulierung dieser Prinzipien sich direkt aus den theoretischen Überlegungen ableiten lässt (im Sinne des Theorie-Praxis-Bezugs der *Technologie*, vgl. Abschnitt 1.2.1), so ist die Realisierung dieser Prinzipien im Alltag noch einmal eine ganz andere Herausforderung (vgl. Daniel, 2012). Dieser werden wir versuchen in Kapitel 4 genauer auf den Grund zu gehen. Für den Moment soll es zunächst um die Verinnerlichung der theoretischen Prinzipien gehen. Dazu können Sie folgende Übung machen.

Denkanstoß

Zwei Schülerinnen unserer Klasse, Louisa und Aylina, zeigen beide geringes Engagement bei der Bearbeitung der Hausaufgaben in Mathe. Louisa sagt folgendes: „Natürlich könnte ich die Hausaufgaben machen. Ähnliche Aufgaben bekomme ich in der Schule ja auch meistens hin. Aber gerade deshalb glaube ich nicht, dass mir die Hausaufgaben bei der Vorbereitung auf die Klassenarbeit noch groß etwas nützen." Aylina sagt: „Frau Meier mag mich nicht besonders. Egal ob ich die Hausaufgaben mache und wie gut ich bei der Klassenarbeit abschneide, zufrieden sein wird sie doch nicht mit mir."
Versuchen Sie nun bitte, die verschiedenen Aussagen einem der Erwartungstypen zuzuordnen (die Auflösung dazu finden Sie am Ende des Kapitels). Sie können gerne auch darüber nachdenken, welche Maßnahme denn geeignet sein könnte, Louisa und Aylina zu motivieren, indem Sie versuchen, ihre Erwartungen zu verändern.

3.1.4 Wertigkeit: Tätigkeits- und Folgeanreize

Die Überlegung, dass Schüler*innen bestimmte Erwartungshaltungen aufweisen müssen, um eine gewisse Handlungsbereitschaft zu entwickeln, ist intuitiv sehr plausibel. Das Beispiel der Familie Müller zeigt aber auch, dass Erwartungen für sich genommen nicht unbedingt motivierend wirken.

Bei Marta und Max kommt noch hinzu, dass sie die Hausaufgaben entweder als langweilig erleben, oder die Folgen, die an gute Noten (zumindest im Fach Biologie) geknüpft sind, als relativ bedeutungslos einschätzen. Selbst wenn Marta und Max also eine recht hohe Handlungs-Ergebnis-Erwartung und Selbstwirksamkeit in Bezug auf Hausaufgaben aufweisen würden, müsste dies noch nicht automatisch dazu führen, dass sie zukünftig fleißig Hausaufgaben machen. Dazu muss noch etwas Entscheidendes ebenfalls vorliegen. Sie müssen auch eine gewisse *Wertigkeit* in der Bearbeitung von Hausaufgaben sehen. Nach *Abbildung 7* läge sonst ein *Anreizdefizit* vor.

Zwei schillernde Begriffe: intrinsische und extrinsische Motivation

Auch wenn Sie bisher kaum etwas über Motivation gewusst haben, so haben Sie vermutlich schon einmal etwas von *intrinsischer* und *extrinsischer* Motivation gehört. Diese Begriffe haben mittlerweile bereits Einzug in unsere Alltagssprache gehalten und beziehen sich im Kern auf zwei Extrempole der Wertigkeit von Tätigkeiten. Intrinsische Motivation meint dabei typischerweise, dass der Wert der Handlung in deren Ausführung liegt (Schiefele & Schaffner, 2015). Der Begriff „intrinsisch“ kann insofern zu Missverständnissen führen, als damit gelegentlich eine Motivation „aus der Person heraus“ gemeint ist, ohne genauer zu spezifizieren, was dies genau bedeuten soll. Insofern ist die Präzisierung intrinsischer Motivation als *tätigkeitsbegleitende Anreize* (TA) sinnvoll, insbesondere zur Abgrenzung von *Folgeanreizen* (FA), also Anreizen, die in den Folgen der Tätigkeit und ihres Ergebnisses liegen und daher als extrinsisch bezeichnet werden können (Rheinberg & Vollmeyer, 2019; Schiefele & Schaffner, 2015). Im Folgenden verwenden wir die Begrifflichkeiten „intrinsische Motivation“ und „Tätigkeitsanreize“ (also das, was die Tätigkeit an sich angenehm macht oder eben nicht) bzw. „extrinsische Motivation“ und „Folgeanreize“ (also die instrumentelle Bedeutung einer Tätigkeit zur Erreichung bzw. Vermeidung eines zukünftigen Zustands) weitgehend synonym. In Abschnitt 3.2.5 werden wir die Begriffe der intrinsischen und extrinsischen Motivation dann aus der Perspektive der Selbstbestimmungstheorie einer genaueren Analyse unterziehen.

Im Beispiel von Max scheinen vor allem die Folgeanreize im Fach Biologie niedrig ausgeprägt zu sein. Im Hinblick auf einen späteren Beruf sieht er in anderen Fächern eine größere Relevanz, gute Noten zu erzielen. Auch möchte er auf keinem Fall vor seinen Mitschülerinnen und Mitschülern als Streber dastehen: Das wäre ihm vermutlich unangenehm. Niedrige Folgeanreize tragen automatisch dazu bei, dass die Ergebnis-Folge-Erwartung im Beispiel keine motivierende Rolle spielen kann. Wenn keine lohnenswerten Folgen gesehen werden, erübrigt sich in gewisser Weise die Frage, ob ein bestimmtes Ergebnis auch tatsächlich zu einer Folge führt.

Im Fall von Marta scheinen eher die Tätigkeitsanreize zu fehlen (bzw. sie sind negativ ausgeprägt; Stichwort: Langeweile). Intrinsische Motivation bzw. positive Tätigkeitsanreize kennt vermutlich jede und jeder von Ihnen. Es sind Momente oder Tätigkeiten, in denen mitunter kein klares Ziel besteht, wir uns aber dennoch (oder sogar gerade deswegen) höchst engagiert und lustvoll einer bestimmten Sache widmen, einfach, weil wir die Tätigkeit an sich genießen. Von außen betrachtet mögen solche Tätigkeiten vielleicht sogar Kopfschütteln oder Fragezeichen auslösen. Mitunter können wir auch selbst gar nicht sagen, warum wir uns gerne so ausgiebig dieser Tätigkeit widmen. Aber dennoch agieren wir höchst effektiv und teilweise im „Flow“ (Rheinberg & Vollmeyer, 2019). Interessanterweise verlieren viele weitere Fragen aus unserem Motivationsdiagnoseschema in *Abbildung 7* an Bedeutung, wenn wir die Eingangsfrage „Macht es Spaß?“, hinreichend bejahen können. Ist dies der Fall, dann spielen Fragen nach Folgeanreizen („Wofür ist das wichtig?“) oder nach der eigenen Wirksamkeit („Kann ich das?“) eine untergeordnete Rolle.

Das instrumentelle, extrinsische Handeln, um damit bestimmte Zwecke (Folgeanreize) zu erreichen, erscheint uns hingegen vermutlich weit weniger geheimnisvoll. In unserem Alltag, gerade in Schule und Hochschule, erscheint es als ganz natürliches Vorgehen, dass wir bestimmte Dinge tun, um damit etwas anderes zu erreichen (z.B. eine gute Note, Lob der Eltern, Anerkennung der Freunde) oder aber, um etwas zu vermeiden (z.B. Bestrafung durch die Eltern, schlechte Berufsaussichten, Schiefele & Schaffner, 2015; Schiefele & Streblow, 2006). Dass dieses Verhalten bzw. seine Motivierung so typisch für unseren Alltag ist, muss aber nicht unbedingt heißen, dass es immer den Idealfall darstellen muss. Auch hierzu werden wir im Rahmen der Selbstbestimmungstheorie noch Genaueres erfahren.

3.1.5 Das komplexe Zusammenspiel von Erwartung und Wert

Die Unterscheidung von Erwartung und Wert bei der Erklärung des Zustandekommens aktueller Motivation dient in erster Linie als Ordnungsprinzip. Das folgende Model (vgl. *Abbildung 8*) fasst einen Teil der beschriebenen Konzepte nochmal übersichtlich zusammen (vgl. Heckhausen, 1977; Rheinberg & Vollmeyer, 2019). Neben der Erwartungs- und Anreizebene ist noch die subjektive Episodenstruktur aus *Situation* (z.B. Martas Deutschunterricht, mit all seinen Facetten wie ihre Fähigkeiten und das Verhalten der Lehrperson sowie ihrer Mitschüler*innen), der im Fokus der Aufmerksamkeit stehenden *Handlung* (z.B. wie intensiv und ausdauernd Max die Hausaufgaben im Fach Biologie bearbeitet), deren direkte *Ergebnisse* (z.B. wie gut sich Marta und Max in den jeweiligen Fächern entwickeln) und die damit verbundenen *Folgen* (z.B. Chancen auf dem Arbeitsmarkt, Ansehen bei den Mitschülerinnen und Mitschülern) relevant.

Wechselwirkung zwischen Erwartung und Wert

Im Alltag sind unterschiedliche Erwartungs- und Werttypen eng miteinander verbunden. So braucht es in der Regel ein Mindestmaß sowohl an vermuteter Erfolgswahrscheinlichkeit („Das könnte klappen“) als auch einer gewissen Bedeutsamkeit („Es wird mir Freude bereiten“, „Es wird wichtig/relevant für mich sein“), damit ausreichend Motivation zum Handeln aufgebaut wird.

Dem Risiko-Wahl-Model von Atkinson (1957, vgl. *Abbildung 9*) zu Folge gibt es sogar einen Optimalpunkt, an dem man besonders motiviert sein sollte, nämlich dann, wenn der vermutete Anreiz, etwas zu schaffen, möglichst hoch ist, aber gleichzeitig eine gute Chance besteht, auch erfolgreich zu sein.

Stellen wir uns einen Schüler, Claas, im Sportunterricht von Herrn Müller vor, der entscheiden kann, welche Distanz er wählt, um 10 Bälle in einen Basketballkorb zu werfen. Wenn er sehr nahe an den

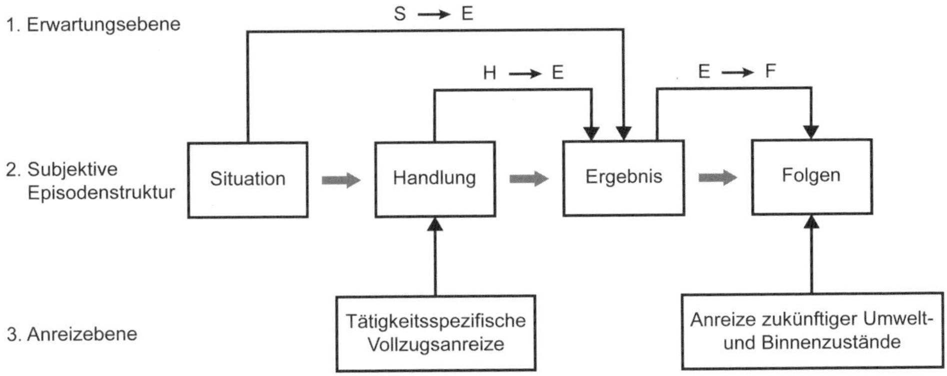

Abbildung 8: Das erweiterte kognitive Motivationsmodell (nach Heckhausen, 1977; Rheinberg & Vollmeyer, 2019)

Korb herantritt, dann besteht eine recht hohe *Erfolgswahrscheinlichkeit*, dass er mit allen Bällen trifft, gerade wenn er schon ein geübter Spieler ist. Der *Erfolgsanreiz* der Aufgabe wäre dann für Claas relativ gering. Er weiß, dass es „nichts Besonderes" wäre, mit mindestens 8 von 10 Bällen zu treffen. Auch die Bewunderung der anderen wäre vermutlich relativ gering, schließlich wissen alle, wie gut er ist. Würde er sich sehr weit weg vom Korb stellen, hätte er kaum eine Chance, auch nur mit

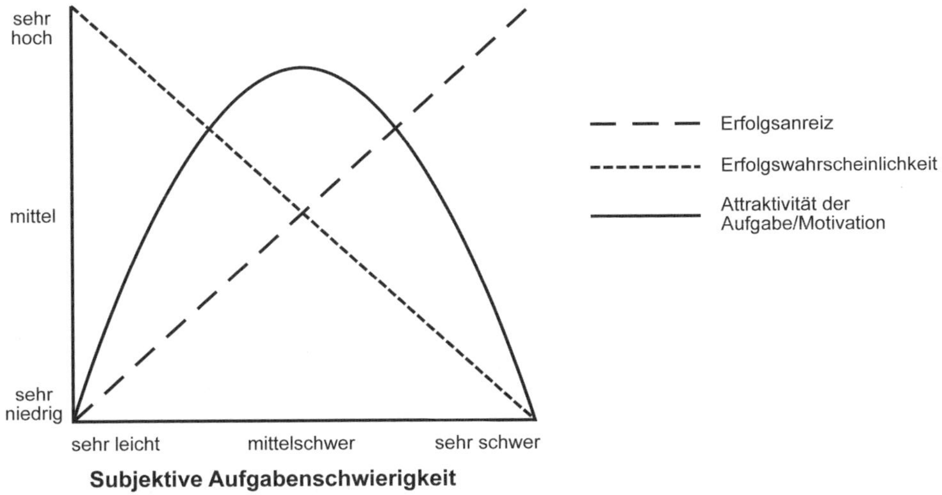

Abbildung 9: Das Risiko-Wahl-Modell (Atkinson, 1957, nach Dresel & Lämmle, 2017)

einem Ball zu treffen (= niedrige Erfolgswahrscheinlichkeit). Gleichwohl wäre es natürlich ausgesprochen bemerkenswert, wenn er es denn schaffen würde (= hoher Erfolgsanreiz). Die Bewunderung der anderen wäre garantiert; vielleicht würde sogar eine Mitarbeiterin des lokalen Basketballteams auf ihn aufmerksam werden und würde ihn zu einem Probetraining einladen.

Im Risiko-Wahl-Model wird davon ausgegangen, dass man eine interne Kalkulation darüber durchführt, wo das optimale Verhältnis aus relativ hohem Erfolgsanreiz und relativ hoher Erfolgswahrscheinlichkeit liegt. Dieses liegt dem Modell zufolge bei einer mittleren subjektiven Schwierigkeit der Aufgabe. Darunter wird es langweilig, darüber wird man zu oft scheitern.

Multideterminierung: viele Gründe zum Lernen

Die Unterscheidung intrinsischer und extrinsischer Motivation (bzw. von Tätigkeits- und Folgeanreizen) verleitet in gewisser Weise zu einem Entweder-oder-Denken. Dabei ist es vermutlich viel typischer, dass unserem Verhalten eine Vielzahl von Gründen zu Grunde liegt (Buff, 2001). Konkret bedeutet das, dass wir oft sowohl intrinsisch als auch extrinsisch motiviert sind, aber jeweils in unterschiedlichem Ausmaß. Mal dominiert die Lust an der Aufgabe, mal die Aussicht auf lohnenswerte Konsequenzen, mal die Sorge vor unangenehmen Folgen. Hinzukommt, dass unser Handeln auch Auswirkungen über die aktuelle Tätigkeit und ihre Folgen hinaus hat. Wenn wir uns zum Beispiel aufgrund hoher Folgeanreize dafür entscheiden, viel Zeit mit einer bestimmten Tätigkeit zu verbringen, dann bedeutet dies in der

Kosten des Lernens

Regel auch, dass wir auf etwas anderes verzichten. Diese Opportunitätskosten des Handelns (Eccles & Wigfield, 2002; Grund & Fries, 2012), also die positiven Tätigkeits- und Folgeanreize, die uns entgehen, weil wir unser aktuelles Engagement schlecht aufteilen können, haben in den letzten Jahren verstärkt Aufmerksamkeit erfahren, da sie der Komplexität des Motivationsgeschehens besonders gerecht werden. Ein Spezialfall von Kosten ist, dass eine bestimmte Aktivität zwar durchaus mit lohnenswerten Folgen verbunden sein kann, aber negative, das heißt, aversive Tätigkeitsanreize aufweisen kann. Gerade Lernaktivitäten wird von Jugendlichen eine solche ambivalente Anreizstruktur zugeschrieben: sie werden als lohnenswert, aber eben auch als anstrengend erlebt (Schmid et al., 2005).

Sie sehen, dass Alltagsmotivation typischerweise komplexer ist, als in einzelnen Modellen angenommen wird. Erst die Kenntnis verschiedener Modelle hilft uns zu unterscheiden, worauf wir achten können und sollten.

Fehldeutungen

In diesem Zusammenhang sei noch erwähnt, dass wir bei der Analyse von Erwartung und Wert und wie diese Parameter von Schüler*innen eingeschätzt werden, berücksichtigen müssen, dass diese motivationalen Überzeugungen (engl. *beliefs*) auch falsch sein können! Gerade im Bereich der Erwartungen wird deutlich, dass die eigene Perspektive unvollständig oder verzerrt sein kann. Max könnte ganz einfach falsch damit liegen, dass Herr Löw ihn nicht mag. Martas Wahrnehmung, dass die regelmäßige Bearbeitung der Hausaufgaben keinen Beitrag zu ihrem Abschneiden in der Klassenarbeit hat, ist aus Sicht von ihrer Deutschlehrerin Frau Schulze vermutlich ebenfalls nicht korrekt. Nichtsdestotrotz sind diese „falschen" Überzeugungen handlungswirksam, denn sie beeinflussen vermutlich, wie Marta und Max sich verhalten und was sie dabei erleben. Gerade weil das so ist, liefern solche Fehldeutungen auch Anhaltspunkte für Interventionsmaßnahmen.

Komplizierter wird es bei Wert-Überzeugungen, weil hier die „Richtigkeit" der Überzeugungen weniger eine Frage des korrekten Wissens ist. Das kann man in unserem Eingangsbeispiel auch daran festmachen, dass sich beide Autoritäten (Herr und Frau Müller) selbst gar nicht einig sind in der Einschätzung der Bedeutung von Noten. Vermutlich „wissen" auch die meisten Schülerinnen und Schüler sehr wohl um die Bedeutung von guten Noten. Dafür sorgt das Schul- und Bildungssystem mit seinen offensichtlichen Anreizstrukturen zu genüge. Sie entscheiden sich im Zweifel offenbar mehr oder weniger bewusst *gegen* diese Bedeutung und *für* etwas anderes. Diese allgemeine Bedeutung nochmals explizit zu betonen (wie von Herrn Müller im Beispielgespräch versucht) bringt also unter Umständen keinen weiteren Erkenntnis- und damit Motivationsgewinn. Denkbar wäre es aber, dass einige Schüler*innen in einem bestimmten Moment tatsächlich nicht alle Konsequenzen ihres (Nicht-) Handelns vor Augen haben, oder aber bestimmte Verbindungen eines Folgeanreizes zu ihren eigenen Werten und Überzeugungen noch nicht gezogen haben. Hier könnten dann spezifische Übungen zur Selbstreflektion helfen, um eine tiefere Wertigkeit neu aufzubauen (vgl. Hulleman et al., 2010).

3.1.6 Persönlichkeit und Situation

Abschließend gehen wir auf ein allgemeines Ordnungsprinzip ein, das nicht alleine der Motivationspsychologie eigen ist, sondern praktisch alle psychologischen Fragen betrifft bzw. diejenigen, die sich mit menschlichem Verhalten auseinandersetzen (also z.B. auch die Wirtschaftswissenschaften). Es geht um die Frage, wer nun hauptverantwortlich dafür ist, wie sich ein Mensch verhält: die Person selbst oder die Situation, in der sich die Person bewegt. Wir nehmen vermutlich wenig Spannung aus dieser Frage, wenn wir bereits zu Anfang betonen: vermutlich beides, was die Auseinandersetzung mit solchen Fragen wiederum nicht unbedingt leichter macht.

Wie wir bereits in Abschnitt 2.1 angedeutet haben (vgl. *Abbildung* 6), können wir davon ausgehen, dass aktuelle Motivation, also beispielsweise Ihre aktuelle Bereitschaft, nun auch noch diesen weiteren Einführungsabschnitt zu lesen, bevor Sie (endlich!) etwas darüber erfahren können, wie genau nun Motivation funktioniert, in der Regel sowohl durch Merkmale der Person als auch Merkmale der Situation zu Stande kommt (Mischel, 2013). In Ihrem Fall bedeutet das vielleicht auf Seite der Person, wie gewissenhaft Sie generell sind, wie interessiert Sie generell an psychologischen Themen sind und wieviel Vorwissen Sie generell mitbringen, um unsere Ausführungen zu verstehen und einzuordnen. Auf Seite der Situation geht es vielleicht um Ihre aktuelle Müdigkeit (evtl. haben Sie schon vor der Lektüre lange gearbeitet und sind bereits erschöpft, so dass Sie sich für gar nichts mehr begeistern können), unseren Schreibstil und die von uns gewählten Beispiele oder aber darum, dass Sie durch bestimmte Umstände mehr oder weniger dazu gezwungen werden, sich mit dem Thema Lernmotivation auseinanderzusetzen. Und alle diese (und vermutlich noch viele weitere) Parameter wirken potentiell wechselseitig zusammen beim Zustandekommen Ihrer aktuellen Motivation.

Zusammenspiel von Person und Situation

Dieser Abschnitt ist nicht gedacht, um alle möglichen Wechselwirkungen aufzuzeigen. Er soll vor allem zwei Warnhinweise begründen.

Unterschätzung der Einflussmöglichkeiten als Lehrperson

Fundamentaler Attributionsfehler

Der erste Warnhinweis bezieht sich darauf, dass wir bei der Einschätzung und Erklärung fremden Verhaltens dazu tendieren, stabile Persönlichkeitseigenschaften zugrunde zu legen. Wenn ein Schüler seine Hausaufgaben nicht macht, liegt der Gedanke nahe, er sei generell nicht gewissenhaft oder schlicht „faul“. Wenn eine Schülerin im Sozialverhalten negativ auffällt, dann tendieren wir dazu, ihr generell ein hohes Aggressionspotential zuzuschreiben. Diesen *fundamentalen Attributionsfehler* (Ross, 2018) begehen wir bei uns selbst typischerweise nicht, denn wir wissen, dass wir heute Morgen mit dem falschen Fuß aufgestanden sind, wir uns in ähnlichen Situationen schon ganz anders verhalten haben oder uns an diesem Tag etwas Besonderes widerfahren ist, also vieles in unserem Verhalten auch durch besondere Umstände geprägt ist. In manchen, besonders „starken“ Situationen, verhalten sich nahezu alle Menschen gleich, und durchaus vorhandene Persönlichkeitsunterschiede verschwinden fast gänzlich (vgl. Gerrig & Zimbardo, 2008). Als Lehrpersonen sollten wir uns dieser Tatsache besonders bewusst sein, da wir uns gerade mit der Entwicklung von Individuen beschäftigen und diese Entwicklung begleiten. Beim Stichwort „Motivation“ kommt diese Bewusstheit besonders zum Tragen, da Schüler*innen selten immer und unter allen Umständen unmotiviert sind. Bereits ein Gespräch mit einer Kollegin über das Verhalten von Max in einem anderen Fach oder mit den Eltern über das Verhalten von Marta über den Schulkontext hinaus kann uns dies vor Augen führen und potentielle Ansatzpunkte liefern, um über Motivierungsmöglichkeiten nachzudenken (Anderman, 2021).

Überschätzung der Einflussmöglichkeiten als Lehrperson

Der zweite Warnhinweis betrifft den umgekehrten Fall. Als Lehrpersonen (und Teil der Lern*situation*) sollten wir unsere Einflussmöglichkeiten auf die Motivation von Schüler*innen nicht blind überschätzen. Um keinen falschen Eindruck aufkommen zu lassen: Wir gehen selbstverständlich davon aus, dass Lehrer*innen eine ganze Menge dazu beitragen können, einen motivationsförderlichen Unterricht zu gestalten. Ansonsten müssten wir dieses Buch und insbesondere Kapitel 4 nicht schreiben. Aber es gibt zusätzlich noch ein ganzes Universum an personalen und anderen situativen Faktoren, die Sie nur schwer, indirekt oder gar nicht beeinflussen können, und die Ihre Einflussmöglichkeiten daher gravierend einschränken. Im Fall anderer Situationsmerkmale sind dies zum Beispiel Eltern mit ihren Erziehungsstilen, Bildungsaspirationen und ihrem schulischen Engagement, Schulen mit ihren spezifischen Regeln und Bildungszielen, der kommunale Kontext mit seinen spezifischen strukturellen Herausforderungen oder die Gesellschaft als Ganzes mit ihren vermittelten Werten, Gelegenheitsstrukturen und sozialen Einflüssen (z.B. die zunehmende Bedeutung sozialer Medien und ihre Wirkung auf Schüler*innen, vgl. Anderman, 2021).

Das betrifft selbstverständlich nicht nur den Bereich der Motivation, sondern auch den Bereich des Wissenserwerbs bzw. der Entwicklung im Allgemeinen. So bildet die Verinnerlichung beider Warnhinweise einen wichtigen Teil Ihrer Professionalisierung, als allgemeines pädagogisch-psychologisches Handlungswissen, aber auch für Ihr Ressourcenmanagement (vgl. Abschnitt 5.4.2).

Take-Home Message

Wir können Motivation sowohl als inneren Druck als auch als Anziehungskraft verstehen, wobei ersteres Bild eher geeignet ist zu erklären, wie wir uns die motivationale Kraftbildung vorstellen können und das zweite Bild insbesondere hilfreich ist um zu erklären, warum und wozu wir im Alltag bereit sind, sehr spezifische Dinge zu tun. Hier geht es also vor allem um die Ausrichtung des Verhaltens. Das Bild der Anziehungskraft ist geprägt durch Einschätzungen der Erreichbarkeit und Bedeutsamkeit eines bestimmten Zielzustandes. Eine hohe Komplexität entsteht hierbei dadurch, dass wir von vielfältigen Wechselwirkungen und gemeinsamen Effekten unterschiedlicher Erwartungs- und Wertparameter ausgehen müssen. Den einen Grund (nicht) zu lernen, gibt es wohl kaum. Schließlich sollten Sie berücksichtigen, dass eine bestimmte Motivation typischerweise aus dem Zusammenspiel personaler und situationaler Aspekte entsteht und spezifische Motivierung eher zu einer Passungsfrage denn zu einer Einheitslösung wird. Wie sie sehen werden, legen die folgenden fünf spezifischen Ansätze daher durchaus unterschiedliche Motivierungsprinzipien nahe.

- Motivationstheorien unterscheiden sich danach, ob Motivation (eher) aus einer Antriebs- (engl. „Push") oder Anziehungsperspektive (engl. „Pull") betrachtet wird.
- Im Sinne der Anziehungsperspektive stellen wir uns Fragen der Erreichbarkeit (Erwartungsparameter) und persönlichen Bedeutsamkeit (Wertparameter) unserer Ziele.
- In der Regel ist unser Verhalten im Alltag durch vielerlei Gründe motiviert.
- Erleben und Verhalten ergeben sich aus dem Wechselspiel personaler und situativer Faktoren.

3.2 Fünf spezifische Ansätze zur Lern- und Leistungsmotivation

3.2.1 Leistungsmotiv

Jürgen Klopps Motivationstheorie.
Herr Müller sitzt abends vor dem Fernseher und sieht einen Werbespot, in dem der Fußballtrainer Jürgen Klopp Folgendes sagt: „Ich glaube nicht daran, dass die Angst vorm Verlieren dich eher zu einem Sieger macht als die Lust auf's Gewinnen."
Herr Müller muss dabei an die Schüler*innen seiner Klasse denken, und wie sie sich im Unterricht verhalten. Leider scheint bei einigen tatsächlich Angst eine bestimmende Kraft zu sein, die sie dazu bringt zu lernen. Tisa zum Beispiel wirkt immer sehr angespannt, wenn sie vor der Klasse etwas sagen soll. Er weiß aber, dass sie immer viel Zeit in die Vorbereitung von Klassenarbeiten investiert und daher auch meistens gute Leistungen erbringt. Sie wirkt dann aber vor allem erleichtert. Im Sportunterricht ist das bei ihr nicht viel anders. Lasse hingegen wirkt im Unterricht deutlich entspannter und optimistischer. Er brennt geradezu darauf, seine Fähigkeiten auszutesten. Dabei scheint es ihm relativ egal zu sein, dass andere in der Klasse zum Beispiel in Sport deutlich besser sind. Neulich bat er Herrn Müller sogar, die Hochsprunganlage wieder aufzubauen, obwohl er in der Woche davor wiederholt an den 1,30 Metern knapp gescheitert war.

Die Annahme eines sogenannten Leistungsmotivs bildet den Ausgangspunkt für eine Vielzahl von Ansätzen im Bereich (schulischer) Lernmotivation. Das zeigt sich beispielsweise darin, dass viele spätere Ansätze den Begriff der Leistungsmotivation aufgriffen haben (vgl. Koenka, 2020; Schiefele & Schaffner, 2015). Gleichzeitig verleitet der Begriff zu bestimmten Fehldeutungen.

Denkanstoß
Wir beginnen deshalb diesen Abschnitt mit einer kleinen Übung, in der wir Sie bitten aufzuschreiben, wie Sie jemanden beschreiben würden, der besonders „leistungsmotiviert" ist. Nehmen Sie sich dazu gerne ein paar Minuten Zeit, bevor Sie weiterlesen.

Die Motividee geht von zeitlich stabilen Präferenzen bzw. Empfänglichkeiten für bestimmte Handlungsklassen bzw. -ziele und deren subjektiv wahrgenommene Anreizmerkmalen aus (McClelland, 1985). Motive lassen sich damit als relativ stabile Motivationstendenzen (bzw. Persönlichkeitsmerkmale) zu den verursachenden Merkmalen aktueller Motivation zählen (Rheinberg & Vollmeyer, 2019; Schiefele & Schaffner, 2015; vgl. auch *Abbildung* 6). Aus einer Vielzahl an postulierten unterschiedlichen Motiven (Murray, 1938) hat sich vor allem die Unterscheidung eines Machtmotivs, eines Anschluss- (oder Sozial-) Motivs sowie des Leitungsmotivs als fruchtbar erwiesen (vgl. *Tabelle 1*), wobei Letzteres insbesondere im Kontext von Lernen und Entwicklung große Aufmerksamkeit erfahren hat. Es wird angenommen, dass sich Menschen in der Stärke dieser Motive unterscheiden, was aber nicht ausschließt, dass eine Person beispielsweise sowohl hoch leistungs- als auch machtmotiviert sein kann (McClelland, 1985).

Motivthema	Bevorzugte Handlungsklasse	Anreiz
Leistung	Situationen, in denen man einen Gütemaßstab für verbindlich erachtet bzw. in denen etwas unterschiedlich „gut" gelingen kann	Antizipierte Zufriedenheit nach Erfolgen oder Kompetenzsteigerung
Anschluss	Situationen, in denen man mit anderen wechselseitige unterstützende Beziehungen aufbauen oder pflegen kann	Antizipierte Zufriedenheit nach sozialem Austausch
Macht	Situationen, in denen man Einfluss auf andere ausüben kann bzw. den eigenen Willen durchsetzen kann	Antizipierte Zufriedenheit nach der Ausübung sozialer Kontrolle

Tabelle 1: Übersicht zu den drei klassischen Motivsystemen

Was also ist der besondere Antrieb hinter dem Leistungsmotiv und in welcher Art von Erleben und Verhalten schlägt er sich nieder? Rheinberg und Vollmeyer (2019) illustrieren Motive als „eine spezifisch eingefärbte Brille, die ganz bestimmte Aspekte von Situationen auffällig macht und als wichtig hervorhebt." (S. 68). Das Leistungsmotiv wird immer dann angeregt und wirksam, wenn es um die Auseinandersetzung mit einem Gütemaßstab geht (McClelland et al., 1953; McClelland, 2020), also in allen Situationen, in denen man einen Gütemaßstab für verbindlich hält und in denen entsprechend etwas *gelingen* oder auch *misslingen* kann. In solchen Situationen besteht dann eine große Bereitschaft, die eigene Tüchtigkeit zu testen, zu steigern oder zumindest aufrechtzuerhalten (Heckhausen, 1963), wobei es die antizipierte Zufriedenheit nach Erfolgen oder Kompetenzsteigerung ist, die den Anreiz bildet. Anders als der Hungertrieb „agiert" das Leistungsmotiv also nicht prinzipiell innerorganisch, quasi selbstständig aus sich heraus, sondern bedarf der Anregung von außen durch entsprechende Situationen; also Situationen, in denen man die eigene Kompetenz testen oder verbessern kann.

Definition: Leistungsmotiv
Das Leistungsmotiv ist eine Wahrnehmungs- und Bewertungsdisposition, die in Situationen wirksam wird, in denen eine Person davon ausgeht, die eigene Kompetenz testen und weiterentwickeln zu können.

Das automatische, bedürfnisartige am Leistungsmotiv ist aber, dass leistungsmotivierte Menschen, geprägt durch entsprechende frühe Vorerfahrungen, solche Gelegenheiten eher wahrnehmen (vgl. „spezifisch eingefärbte Brille"), positiver bewerten und daher eher aufsuchen (McClelland et al., 1953) und dann mit stärkerer Befriedigung reagieren (Schultheiss, 2008), ohne dass ihnen dies notwendigerweise bewusst sein muss (McClelland et al., 1989).

Um diese spezifische Person-Situations-Konstellation zu illustrieren, können Sie an ein Kind denken, das hochmotiviert (also z.B. ausdauernd und konzentriert) an einem herausfordernden Puzzle sitzt und anschließend voller Stolz das fertige Werk begutachtet. Oder an einen Vater, der sein verstaubtes Skateboard nach langen Jahren in der Garage wiederfindet und dann sogleich versucht, ob er noch einen „Ollie" schafft und darüber vielleicht sogar vergisst, dass er die Garage eigentlich bis zum Abend aufräumen wollte. Für einen weniger leistungsmotivierten Vater hätte das Skateboard keinen oder einen geringeren Aufforderungscharakter zum Üben oder der Kompetenztestung besessen. Wir wollen hervorheben, dass sowohl bei dem Verhalten des Kindes als auch bei dem des Vaters andere Personen eine untergeordnete Rolle spielen. Vielleicht zeigt das Kind das fertige Puzzle später seinen Eltern, um zusätzlich gelobt zu werden. Es hätte an dem Puzzle aber auch getüftelt und versucht es fertigzustellen, wenn niemand anwesend gewesen wäre. Dem Vater wäre es möglicherweise sogar peinlich gewesen, wenn ihn seine Nachbarn bei seinen Sprungversuchen in der Auffahrt beobachtet hätten. Er selbst aber wollte wissen, was er noch kann!

Haben Sie bei Ihrer Beschreibung einer „leistungsmotivierten" Person Begriffe wie „Strebsamkeit", „Fleiß", „Anstrengungsbereitschaft", „Ausdauer", „Durchsetzungskraft", „Erfolgshunger" oder ähnliches verwendet? Dann denken Sie bitte daran, dass wir in Abschnitt 2.1 festgehalten haben, dass wir Motivation *an sich* von ihren unmittelbaren Verhaltens- und Erlebenseffekten abgrenzen sollten. Zwar *kann* eine im engeren Sinne leistungsmotivierte Person von außen betrachtet die genannten Aspekte in ihrem Verhalten zeigen, entscheidend ist aber, *warum* sie so agiert. So könnte Marie sich prinzipiell sehr fleißig in Herrn Müllers Unterricht *verhalten* (z.B. immer die geforderten Hausaufgaben machen und evtl. sogar noch extra Schichten einlegen). Wenn sie dies jedoch aus Angst vor ihren Eltern oder aus Gehorsam gegenüber Herrn Müller tut (etwa, weil dieser aus ihrer Sicht besonders streng ist), dann würden wir dies nicht als Leistungsmotivation bezeichnen. Auch eine Managerin, die Überstunden macht, um eine neue Stufe auf der Karriereleiter zu erklimmen, wäre nicht zwangsläufig besonders leistungsmotiviert, sondern könnte dies auch tun, um mehr Geld zu verdienen. Ein zentrales Merkmal des Leistungsmotivs liegt in der *Selbstbewertung*. Es geht also weniger darum, dass andere mich beurteilen, dass ich mich mit anderen vergleiche oder dass ich vor anderen gut dastehen möchte. Es geht in erster Linie darum, *sich selbst* als kompetent zu erfahren und Fortschritt zu erleben. Die Wirkungsmächtigkeit solchen leistungsmotivierten Verhaltens im engeren Sinne ist vielen von Ihnen vielleicht von Ihren jüngeren Geschwistern, Kindern, Nichten oder Enkeln bekannt. Weil Kleinkinder alles „selber-machen" *wollen* (Holodynski & Oerter, 2008), treiben sie ihre Entwicklung praktisch selbst voran – und die Eltern damit manchmal zur Weißglut oder aber zur Sorge (weil ein Kind z.B. unbedingt gerne *alleine* die steile Treppe herunter gehen möchte!).

Selbstbewertung als zentrales Merkmal des Leistungsmotivs

Es liegt also auf der Hand, dass ein ausgeprägtes Leistungsmotiv dazu führen kann, dass sich Personen ausdauernd und konzentriert mit einer Aufgabe beschäftigen und auch bei Rückschlägen nicht gleich aufgeben (Rheinberg & Vollmeyer, 2019). In dem Ausmaß, in dem eine solche Person schulische Standards für verbindlich erachtet, also in der Schule „gut zu sein“ und „viel Wissen aufzubauen“, wird das Leistungsmotiv dazu beitragen, dass sich die Person durch Schule und Hausaufgaben angesprochen und herausgefordert fühlt (Brunstein, 2018). Ein ausgeprägtes Leistungsmotiv wird dann also für eine gewisse Energetisierung sorgen.

Allerdings sind im Schulkontext auch noch viele andere Anreize präsent, die weniger gut zum Leistungsmotiv passen. Wenn beispielsweise Noten und der soziale Vergleich zwischen den Schüler*innen in den Vordergrund drängen, wenn bedeutsame und weitreichende Folgeanreize mit dem Lernen in der Schule verknüpft sind, dann spielt die eigene Kompetenzentwicklung möglicherweise zunehmend eine untergeordnete Rolle und andere „Motivationen“ gewinnen an Bedeutung (Scherrer & Preckel, 2019). Diese Multideterminierung von schulischem Lernen ist vermutlich ein Grund dafür, warum das reine Leistungsmotiv kein besonders starker Prädiktor von Schulerfolg ist (Schiefele & Schaffner, 2015). Auch geht eine erhöhte leistungsthematische Wahrnehmungs- und Bewertungstendenz nicht automatisch mit kompetenzförderlichen Erlebens- und Verhaltensmustern einher.

Die Richtung des Leistungsmotivs

Für einige Personen steht nämlich überdauernd nicht die *Hoffnung auf Erfolg* im Vordergrund, also dass etwas besonders gut gelingen kann, sondern die Angst davor, dass man scheitern könnte (Atkinson, 1957; Heckhausen, 1963, vgl. auch das Eingangszitat von Jürgen Klopp). Es ist also nicht nur die *Stärke* des Leistungsmotivs relevant, um vorherzusagen, wie sich eine Person in einer leistungsthematischen Situation verhält, was sie denkt und fühlt, sondern auch die *Richtung* des Motivs. Sogenannte *misserfolgsorientierte* Schüler*innen (= *Angst vor Misserfolg*) meiden geradezu solche Aufgaben, die angesichts ihres Lern- und Leistungsstands besonders geeignet wären, um sich zu verbessern oder etwas darüber zu erfahren, was man schon kann und was (noch) nicht (Rheinberg & Vollmeyer, 2019).

Festzuhalten bleibt also, dass Schüler*innen sich in Ausprägung und Richtung leistungsthematischer Wahrnehmungs- und Verhaltensmuster unterscheiden können, die die Auseinandersetzung mit persönlichen Herausforderungen unterschiedlich attraktiv erscheinen lassen. Gelingt es im Falle der *erfolgszuversichtlichen* Schüler*innen, dieses natürliche Motivationsreservoir durch die Darbietung geeigneter Gelegenheitsstrukturen anzuzapfen und das „Selber-schaffen-Wollen“ zu stimulieren, kann ein höchst funktionaler Zustand entstehen, der Lernbemühungen „wie von selbst“ und bemerkenswert ausdauernd ablaufen lässt. Der Traum einer jeden Lehrperson (und vermutlich auch jedes Fußball-Coachs)! Umgekehrt kann man sich fragen, was passieren musste, dass einige Schüler*innen relativ stabile Tendenzen entwickeln, die einen solchen Zustand nahezu ausschließen, und wie man sie dabei unterstützen kann, wieder „Lust" auf die Steigerung der eigenen Kompetenz zu entwickeln. Die hierzu entwickelten Trainings (Rheinberg & Krug, 2017) setzen an den spezifischen Denkmustern solcher Kinder und Jugendlichen an. Neben einer realistischen Zielsetzung und einer angemessenen Selbstbewertung, umfassen diese insbesondere die wahrgenommenen Ursachen von Erfolg und Misserfolg, sogenannte leistungsthematische Attributionen. Wir kommen später hierauf zurück (vgl. Abschnitt 4.3.3).

Take-Home Message

- Ein Motiv ist eine (relativ) stabile, affektiv aufgeladene Präferenz für situationsübergreifende Handlungs- und Zielklassen.
- Beim Leistungsmotiv im engeren Sinn geht es um die besondere Bevorzugung (Hoffnung auf Erfolg) oder Ablehnung (Angst vor Misserfolg) von Situationen, in denen ein Gütemaßstab als verbindlich erachtet wird.
- Ausdauerndes Verhalten an sich ist noch kein Hinweis für eine hohe Leistungsmotivation im engeren Sinn; entscheidend ist, ob die antizipierte Zufriedenheit nach Erfolgen (oder Kompetenzsteigerung) sowie Selbstbewertungsaspekte handlungsleitend sind.

3.2.2 Ursachenzuschreibungen

Woran lag's?

Bei der Rückgabe einer Klassenarbeit schnappt Herr Müller folgende Unterhaltung zwischen den Sitznachbarn Marlon und Jonathan auf, die beide die Note „Vier" für ihren Aufsatz erhalten haben:

Marlon: „Wieder 'ne Vier, war ja klar. Der Müller hat mich irgendwie auf dem Kieker. Ich finde, mein Text hätte locker eine Drei plus verdient. Schließlich schaue ich regelmäßig englische Serien auf Netflix. Englisch ist ja keine Raketenwissenschaft."

Daraufhin Jonathan: „Naja, ich weiß nicht. Du hast dir ja nicht wie ich zur Vorbereitung die Nachmittage um die Ohren geschlagen. Keine Ahnung wie ich mich bei meinem Sprachtalent noch verbessern soll. Maria scheint das alles irgendwie ganz locker aus dem Ärmel schütteln zu können. Die hat auch nicht viel für ihre Zwei machen müssen."

Denkanstoß

Waren Sie schon einmal besonders verblüfft von einem positiven Ergebnis oder haben sich gefragt, wie es zu einem Misserfolg kommen konnte? Bitte erinnern Sie sich an eine solche Situation aus der jüngeren Vergangenheit (idealweise in den letzten beiden Wochen). Das kann das Ergebnis einer Klausur gewesen sein, eine positive oder negative Beurteilung durch einen Kollegen oder eine Vorgesetzte, eine mehr oder weniger erfolgreiche Interaktion in der Nachhilfe oder im Förderunterricht oder aber ein Erfolg bzw. Misserfolg beim Sport. Notieren Sie bitte kurz die Situation und (1) benennen Sie, was für Sie den Erfolg bzw. Misserfolg gekennzeichnet hat. Überlegen und notieren Sie bitte anschließend, (2) was aus Ihrer Sicht der *Hauptgrund* war, der zu dem Ergebnis geführt hat und (3) wie Sie sich anschließend gefühlt haben. Vielleicht waren Sie besonders niedergeschlagen, stolz, oder hoffnungsvoll? Wir erleben solche Situationen in unserem Alltag ständig. Es müssen keine „großen" Erfolge oder Misserfolge sein, an die Sie sich erinnern.

Übung: Zu eigenen Erfolgen und Misserfolgen

Situationsbeschreibung	(1) Erfolg oder Misserfolg benennen	(2) Hauptursachen benennen	(3) Emotion im Anschluss
Klausur in einem Angstfach	Nicht bestanden	Schwierigkeit des Fachs	Scham
...	...	...	...

Nach Weiner (1985, 2005) wollen Menschen generell verstehen, wieso bestimmte Ereignisse eingetreten sind, besonders wenn sie nicht erwartet wurden oder als Misserfolg erlebt werden. Sie entwickeln gewissermaßen Laientheorien, um sich zum Beispiel zu erklären, wie Erfolge und Misserfolge zustande gekommen sind (vgl. *Rückschauendes Begreifen* als Theorie-Praxis-Bezug, Abschnitt 1.2.1). Wir entwickeln solche *Attributionen* (= Ursachenerklärungen) mehr oder weniger automatisch und immer wieder, sodass sich bestimmte Denkmuster auch verfestigen können. Eines dieser Denkmuster haben wir schon als fundamentalen Attributionsfehler kennen gelernt (vgl. Abschnitt 3.1.6).

Kausalitätsdimensionen

Bei der Analyse von Erfolg und Misserfolg kann man schematisch unterscheiden, ob das Auftreten dieser Ergebnisse typischerweise eher auf Merkmale der Person oder der Situation zurückgeführt wird, die sogenannte *Lokationsdimension*. Zudem lässt sich unterscheiden, ob eine Ursache eher als stabil oder variabel angesehen wird, also die *Zeitstabilitätsdimension*. Anhand dieser beiden Dimensionen hat Weiner (1985) folgendes Vier-Felder-Schema mit typischen Ursachen vorgeschlagen vgl. *Abbildung 10*.

Typische Attributionen in Lern- und Leistungskontexten

Als typische internale (also innerhalb der Person verortete), stabile Ursache (also zeitstabil) gilt die *Fähigkeit* einer Person (Dresel et al., 2005). So verändert sich zum Beispiel die Intelligenz einer Person typischerweise nicht von Tag zu Tag und ist auch nicht von der Situation abhängig. Vielmehr wird davon ausgegangen, dass eine Person mehr

		Lokation	
		Internal (innerhalb der Person)	*External (außerhalb der Person)*
Stabilität	*Zeitlich stabil*	Fähigkeit (z.B. Intelligenz)	Aufgabenschwierigkeit (z.B. Schwierigkeit eines Schulfachs)
	Zeitlich variabel	Anstrengung (z.B. investierte Lernzeit)	Zufall (z.B. Glück und Pech)

Abbildung 10: Vier-Felder-Schema der Attribution (vgl. Weiner, 1985)

oder weniger intelligent *ist*. Andere Beispiele für relativ stabile Fähigkeiten wären: Wie gut kann man generell Autofahren, wie begabt ist man künstlerisch etc.? Jonathan etwa scheint seine mangelnde Begabung für Englisch (bzw. Sprachen im Allgemeinen) als ausschlaggebend für seine eher schlechte Note zu betrachten. Als typische internal-variable Attribution in Leistungskontexten gilt *Anstrengung*. Im Vergleich zu Fähigkeiten wird Anstrengung zwar auch in der Person verortet (das Ausmaß der Anstrengung entspringt der Person), aber als weniger stabil angesehen. In einer bestimmten Situation strengt eine Person sich an, in einer anderen eben nicht. So unterstellt Jonathan Marlon eine mangelnde Anstrengung, während dieser wiederum eher keine Verantwortung bei sich sieht.

Typische externale Ursachen sind im Schulkontext die *Schwierigkeit eines Fachs* und *Zufall* (bzw. Glück und Pech), wobei Ersteres in der Regel als stabil und Letzteres als variabel wahrgenommen wird. Glück und Pech sind flüchtig und können jeden treffen, während Physik und Mathematik typischerweise im Vergleich zu eher musischen Fächern generell als „schwieriger" betrachtet werden (vgl. Marlons Aussage, Englisch sei keine Raketenwissenschaft). Marlon sieht viel eher Herrn Müller als zentrale Ursache für seine Vier, weil er ihn eben nicht besonders gerne hat. Auch das wäre ein externaler, stabiler Grund (Sympathien verändern sich nicht von heute auf morgen).

Attributionen müssen nicht „wahre" Ursachen widerspiegeln

Wir möchten an dieser Stelle hervorheben, dass es sich bei Attributionen um Wahrnehmungen handeln, die von Einzelpersonen aber auch kollektiv geteilt werden können. Dies bedeutet weder, dass die vermutete Ursache mit der tatsächlichen Ursache für ein Ergebnis übereinstimmen muss (sofern es überhaupt eine einzelne „wahre" Ursache geben kann), noch dass die (typische) Charakterisierung einer Ursache stimmen muss (vgl. Dresel & Lämmle, 2017). Ob beispielsweise Intelligenz tatsächlich nicht veränderbar ist oder Englisch tatsächlich ein besonders leichtes Fach ist, ist gar nicht die Frage (zu Wahrnehmungen über die Veränderbarkeit von Intelligenz erfahren wir noch einiges mehr in Abschnitt 3.2.4). Für die motivationale Wirksamkeit von Attributionen spielt es zunächst eine untergeordnete Rolle, ob diese Wahrnehmungen „korrekt" sind.

Doch zurück zu Ihren Beispielen. Konnten Sie mit Hilfe des Vier-Felder-Schemas Ihre Erklärungen für Ihr (Miss-) Erfolgserlebnis einordnen? Eine Erklärung für einen Misserfolgs wie „An diesem Tag war ich irgendwie nicht richtig fit, deshalb war ich nicht so erfolgreich." wäre ein Beispiel analog zu Anstrengung, also ein internal-variabler Grund (der eigene Gesundheitszustand, der von Tag zu Tag variieren kann). Eine Erklärung für einen Erfolg wie „Auch ein blindes Huhn findet mal ein Korn." wäre ein gutes Beispiel für schicksalhaftes Glück (external-variabel), das nichts mit der Person zu tun hat und kommt und geht.

Motivational-emotionale Auswirkungen von Attributionen

Der dritte Teil unserer Aufgabe bestand darin, sich daran zu erinnern, wie Sie sich mit Ihrem Erfolgs- und Misserfolgserlebnis gefühlt haben. Und hier wird es nun aus motivationaler Sicht besonders interessant. Die Attributionstheorie eignet sich nämlich nicht nur zur Klassifizierung verschiedener Ursachenzuschreibungen, sondern verknüpft damit auch bestimmte motivational-emotionale Konsequenzen, die relevant sind für zukünftige Lern- und Leistungssituationen (Weiner, 1985, 2005). Je nachdem wie Sie (oder eben Schüler*innen) sich Erfolg und Misserfolg erklären, insbesondere welchem Quadranten im Vier-Felder-Schema eine Ursache zugeordnet wird, hat dies unterschiedliche Auswirkungen für zukünftige Erwartungs- und Werteinschätzungen: also welche Erfolgserwartungen Sie in ähnlichen Situationen entwickeln und ob Sie einen motivational-affektiven „Schub" bzw. „Dämpfer" erhalten.

Angenommen, Sie haben einen Erfolg erlebt und darauf zurückgeführt, dass Sie in diesem Fall einfach Glück hatten. Können Sie dann ähnlich zufrieden mit sich sein und zuversichtlich an zukünftige ähnliche Aufgaben herangehen, als wenn Sie Ihren Erfolg an Ihren besonderen Fähigkeiten oder Ihrer Anstrengung festgemacht hätten? Vermutlich nicht. Im „Glücksfall" können Sie wohl kaum darauf hoffen, dass Sie mit großer Sicherheit wieder Glück haben werden. Die Handlungs-Ergebnis-Erwartung (vgl. Abschnitt 3.1.3) wäre eher niedrig, die Situations-Ergebnis-Erwartung eher hoch. Da nicht *Sie* es waren, die oder der den Erfolg verursacht hat, wären Sie wohl kaum besonders stolz auf sich. Glück (und Pech) hat schließlich jeder mal.

Angenommen, Sie sehen Ihren Misserfolg in Ihren mangelnden Fähigkeiten begründet oder in einem stabilen Merkmal der Situation („Meine Vorgesetzte mag mich einfach nicht, die drückt mir immer eine schlechte Bewertung rein.", vgl. die Aussagen von Marlon), dann wären

Sie vermutlich weniger optimistisch, dass sich die Situation noch zum Guten wenden könnte, als wenn Sie eine eher variable Ursache als Grund für Ihren Misserfolg vermuten (z.B. die geringe Zeit, die Sie aufgewendet haben), und entsprechend weniger motiviert, eine Veränderung der Situation herbeizuführen. Hinzukommt, dass Sie vermutlich eher ein Gefühl der Scham entwickelt haben, wenn Sie davon ausgegangen sind, dass der Misserfolg Ihren geringen Fähigkeiten geschuldet war („Ich bin einfach nicht gut genug.“) und nicht beispielsweise dem fehlenden Sympathieverhältnis zu Ihrer Vorgesetzten. In letztgenannten Fall hätten Sie vielleicht eher Ärger empfunden. Das würde zwar das grundsätzliche Problem nicht lösen, aber wenigstens sind Sie als Person dann nicht zwangsläufig „wertlos“. Dieser Selbstschutzmechanismus spiegelt sich auch in der Aussage von Marlon wider.

Allgemein lassen sich aus der Attributionsforschung folgende Prinzipien ableiten (Dresel & Lämmle, 2017; Weiner, 1985, 2005):

- Die *Stabilitätsdimension* ist vor allem für die zukünftige Erfolgserwartung und bei Misserfolgserlebnissen relevant: Stabile Ursachenzuschreibungen führen zu sinkenden Erfolgserwartungen; hingehen erlauben variable Ursachenzuschreibungen es, (relativ) zuversichtlich und optimistisch zu bleiben im Hinblick auf mögliche zukünftige Erfolge; werden Erfolge erfahren, spielt diese Dimension eine weniger große Rolle.
- Die *Lokalisationsdimension* ist vor allem für affektiv-motivationale Bewertungen relevant: Bei Erfolgserlebnissen entscheidet sie darüber, ob eine Person eher Stolz und Freude (internale Ursachenzuschreibung) oder Erleichterung (externale Zuschreibung) erlebt. Bei Misserfolgen ändert sich das Muster dramatisch: Eine externale Ursachenzuschreibung ermöglicht dann eine Aufrechterhaltung des Selbstwerts; eine internale Zuschreibung löst eher Scham und Hoffnungslosigkeit aus.

Aus diesen Prinzipien ergibt sich auch, dass zwei Schüler (Marlon und Jonathan), bei gleichen Fähigkeiten und Vorleistungen, das gleiche Ergebnis (eine Vier in Englisch) motivational betrachtet vollkommen unterschiedlich verarbeiten können. Angenommen, Marlon hätte die Vier als Ausrutscher eingestuft („Ich hatte diesmal einfach Pech mit dem Thema.“), dann könnte er relativ optimistisch in die Vorbereitung auf die nächste Klassenarbeit gehen. Idealerweise würde er dazu auch seine eigenen Einflussmöglichkeiten sehen. Bliebe Jonathan hingegen weiterhin von seiner sprachlichen „Unfähigkeit“ überzeugt, würde er vermutlich seine Anstrengungen in der Folge noch weiter zurückfahren. Sie sehen, dass das zu Beginn des Kapitels aufgegriffene Ordnungsprinzip von Erwartung und

Wert (vgl. Abschnitte 3.1.3 bis 3.1.5) auch bei Ursachenerklärungen eine zentrale Rolle spielt.

Bezüge zum Leistungsmotiv

Darüber hinaus scheinen sich systematische Unterschiede in den Attributionsmustern von erfolgs- und misserfolgsorientierten Schülerinnen und Schülern zu zeigen (vgl. Leistungsmotiv in Abschnitt 3.2.1). Motivational (un-) günstige Ursachenerklärungen für Erfolg und Misserfolg stellen damit vermutlich einen von mehreren Vermittlungsmechanismen dar, die erklären, wie eine bestimmte Motivausprägung das Lern- und Leistungsverhalten beeinflusst (Elliot & Thrash, 2002; Heckhausen, 1977) und wie es überhaupt dazu kommen kann, dass anfänglich tendenziell eher (über-) optimistische Kinder (Harter, 1999) im Laufe ihrer Entwicklung in eine negative Spirale aus Misserfolgserlebnissen, unrealistischen Zielsetzungen, ungünstigen Ursachenerklärungen und einer negativen Selbstbewertungsbilanz abgleiten (Heckhausen, 1975).

Eine besonders ungünstige Konstellation scheint in diesem Zusammenhang zu sein, wenn Kinder und Jugendliche Misserfolge nicht nur internal-stabil attribuieren, sondern zudem keinerlei Möglichkeit sehen, auf die vermuteten Ursachen Einfluss zu nehmen (vgl. *Kontrollierbarkeit* als dritte Attributionsdimension, Weiner, 1985). Als chronisches Muster kann hieraus *erlernte Hilflosigkeit* entstehen (vgl. Gerrig & Zimbardo, 2008), ein Phänomen, das insbesondere durch eine Unterschätzung durchaus vorhandener Handlungsmöglichkeiten charakterisiert ist.

Erlernte Hilflosigkeit

3.2.3 Fähigkeitsselbstkonzept

Mädchen können kein Mathe und Jungen kein Deutsch!?
Wie häufig hat Herr Müller schon von verschiedenen Seiten gehört, dass es Geschlechtsunterschiede in unterschiedlichen Fähigkeitsbereichen gibt. Insbesondere in seiner Funktion als Vertrauenslehrer hat er diese Vorurteile schon von Schüler*innen, Eltern sowie Lehrer*innen gehört. Das macht ihn traurig und wütend, denn er sieht, dass insbesondere Mädchen in den „Zahlenfächern" häufig unbegründet ein sehr niedriges Zutrauen in ihre Fähigkeiten haben. Aber auch bei vielen Jungs hat er den Eindruck, dass ihre durchaus vorhandenen Möglichkeiten in manchen Bereichen durch solche Geschlechtsstereotype unnötig eingeschränkt werden. Dabei schließen sich mathematisch-naturwissenschaftliche und sprachlich-soziale Fähigkeiten aus seiner Sicht natürlich nicht grundsätzlich aus. Wer sich engagiert und gewisse Lernstrategien kennt, kann sich letztlich in allen Schulfächern verbessern.

Ausgehend von dem Befund, dass erfolgs- und misserfolgsmotivierte Personen Fähigkeiten mal eher mit Erfolgen (erstgenannte) und mal eher mit Misserfolgen (letztgenannte) in Verbindung bringen (Kukla,

1972), geriet mehr und mehr die Frage in das Zentrum der Motivationsforschung, was Menschen über ihre Fähigkeiten *denken*. Solche Einschätzungen werden typischerweise als „Fähigkeitsselbstkonzept“ oder auch „schulisches (bzw. akademisches) Selbstkonzept“ bezeichnet (ein analog verwendeter Begriff ist das Selbstkonzept der Begabung, Möller & Trautwein, 2015; Stiensmeier-Pelster & Schöne, 2008; im Folgenden verwenden wir all diese Begriffe synonym). Dieser Forschungszweig hat sich mittlerweile zu einem der produktivsten in der Pädagogischen Psychologie entwickelt (vgl. Möller & Trautwein, 2015). Das hat vermutlich damit zu tun, dass die Befunde teilweise aufsehenerregend, weil überraschend, waren (Marsh, 1987; Köller, 2004), dass eine enge, wechselseitige Verbindung zwischen Fähigkeitsselbstkonzept und schulischen Leistungen angenommen und gefunden wurde und vielleicht auch damit, dass Selbstkonzepte auch in großangelegten Befragungen recht sparsam erfasst werden können. Schließlich kann man Schüler*innen relativ einfach dazu befragen, für wie fähig bzw. talentiert sie sich in bestimmten Bereichen halten. Dazu reicht mitunter eine einzige Frage wie „Ich bin gut im Fach Deutsch.“ (vgl. Gogol et al., 2014). Im Gegensatz zum Selbstwert („Wie finde ich mich?“ „Bin ich zufrieden mit mir?“), geht es beim Selbstkonzept also vor allem um das (mehr oder weniger akkurate) Wissen um die eigenen charakteristischen Eigenschaften, Fähigkeiten und Vorlieben („Was macht mich aus?“), nicht primär um deren affektive Bewertung (Lohaus & Vierhaus, 2015; Möller & Trautwein, 2015).

Das Wissen um eigene (schulische) Fähigkeiten kann als Teilbereich des allgemeines Selbstkonzepts angesehen werden, das auch soziale Aspekte („Wie beliebt bin ich?“), emotionale Aspekte („Was mag ich?“) und physische Aspekte („Wie attraktiv bin ich?“) beinhalten kann (Möller & Trautwein, 2015; Shavelson et al., 1976). Nachdem sich herausgestellt hatte, dass Schüler*innen ihre generellen Fähigkeiten in Mathematik und sprachlichen Fächern sehr unterschiedlich einschätzten, ließ sich die Idee eines hierarchisch organisierten schulischen Selbstkonzept jedoch nicht mehr aufrechterhalten. Vielmehr postulieren Marsh et al. (1988) zwei relativ unabhängige (wahrgenommene) Fähigkeitsbereiche, die einmal den mathematisch-naturwissenschaftlichen Bereich umfassen (mathematisches Selbstkonzept der Begabung) und zum anderen den sprachlichen Bereich (verbales Selbstkonzept der Begabung).

Unabhängigkeit des mathematischen und sprachlichen Fähigkeitsselbstkonzepts

Exkurs: So viele verschiedene „Selbsts"?!
In der (Alltags-) Psychologie existieren eine Reihe recht ähnlicher selbstbezogener Konzepte und Begriffe, deren Gemeinsamkeit darin besteht, dass das Individuum auf *sich selbst* blickt. In *Tabelle 2* haben wir die wichtigsten Begriffe und deren zentralen Merkmale gegenübergestellt.

Begriff	Beschreibung	Besonderheit
Selbstkonzept	Kognitiv-beschreibende Komponente des Bildes über die eigene Person („Wie bin ich?")	Häufig bereichsspezifisch (d.h. die Eigenschaften einer Person differenziert betrachtend) konzeptualisiert
Selbstwert	Affektiv-bewertende Komponente der eigenen Person („Wie zufrieden bin ich mit mir?")	Häufig global (d.h. die Person als Ganzes betreffend) konzeptualisiert
Identität	Mehr oder weniger kohärentes, gleichbleibendes Selbstbild, das die eigene Einzigartigkeit beschreibt („Wer bin ich und möchte ich sein?")	Wichtige Entwicklungsaufgabe und lebenslanger Prozess
Selbstbewusstsein	Sich der eigenen Identität bewusst sein (oder werden)	≠ „Selbstvertrauen"; vermutlich nicht auf humanoide Lebensformen beschränkt
Selbstwirksamkeit	Der Glaube an die eigene Wirksamkeit in der Auseinandersetzung mit der (sozialen) Umwelt (vgl. Abschnitt 3.1.3)	In der Regel auf spezifische Tätigkeiten bezogen, aber teilweise auch als globale Eigenschaft konzeptualisiert
Selbstvertrauen	Im Alltag typischerweise mit einem sicheren Auftreten in sozialen Situationen assoziiert	Keine passgenaue Entsprechung in der wissenschaftlichen Selbstkonzeptforschung

Tabelle 2: Übersicht über selbstbezogene Konzepte in Wissenschaft und Alltag (vgl. Lohaus & Vierhaus, 2015)

Ein vielfach replizierter und aufsehenerregender Befund war in diesem Zusammenhang, dass Schüler*innen im Durchschnitt kaum eine systematische Verbindung zwischen ihren Fähigkeiten im mathematischen und verbalen Bereich sehen (= Fähigkeitsselbstkonzept), obwohl sich empirisch deutlich zeigt, dass diejenigen, die eher gut in Mathe sind (operationalisiert als Schulnoten), gleichzeitig auch eher gut in sprachlichen Fächern sind (Möller et al., 2009). Vielmehr zeigt sich sogar ein negativer Zusammenhang zwischen dem Selbstkonzept in einem Bereich und der Leistung in dem anderen Bereich. Einige Jugendliche (und auch deren Eltern und Lehrer*innen, Frome & Eccles, 1998) sehen offensichtlich einen Widerspruch darin, zum Beispiel sowohl gut in Mathe als auch gut in Deutsch sein zu können, obwohl die Befundlage klar dafür spricht, dass Jungen wie Mädchen in beiden Domänen gute Leistungen zeigen *können*! Über eine Vielzahl an Schüler*innen gemittelt ist es aber offensichtlich so, dass wer eher gute Noten in Mathe bekommt, sich weniger in Deutsch zutraut und umgekehrt. Wie kann das sein?

Quellen des Selbstkonzepts

Nach dem sogenannten Internal-External-Frame-of-Reference-Modell (Marsh, 1986) hat dies damit etwas zu tun, dass wir unterschiedliche Informationsquellen hinzuziehen, wenn wir einschätzen, was wir wie gut können. Dazu gehören frühere Erfahrungen, Vergleiche mit anderen sowie direkte und indirekte Rückmeldungen, die wir von anderen hinsichtlich unserer Fähigkeiten erhalten (Filipp, 1984; Möller & Trautwein, 2015). Das kann ein Lob nach einer Klassenarbeit durch die Lehrperson sein oder die Mitschüler*innen, die bei der Mannschaftswahl im Sport einen bestimmten Schüler immer zuletzt benennen. So einfach wie Fragen zum Selbstkonzept in einem Fragebogen gestellt werden, ist der Schlussfolgerungsprozess, der dieser Antwort zu Grunde liegt, also nicht. Denn je nachdem, welche Referenzwerte wir zugrunde legen, kommt möglicherweise eine andere Antwort heraus. Gerade im mittleren Schulalter spielen dabei die direkten Peers eine wichtige Rolle (Möller & Trautwein, 2015). Wenn ich in meiner Klasse leistungsmäßig zu den Besseren in Mathe gehöre, dann muss ich wohl eher talentiert für Mathe sein (so ein möglicher Schluss einer Schülerin oder eines Schülers).

Drei zentrale Vergleiche: sozial, dimensional und temporal

Dieser *soziale Vergleich* legt also eine positive Beziehung zwischen Schulnoten und dem akademischen Selbstkonzept in einem Bereich nahe, und dies zeigt sich empirisch auch deutlich (vgl. *Abbildung 11*). Potentiell problematisch daran ist, dass das eigene Fähigkeitsbild entscheidend von der Bezugsgruppe abhängt (der sogenannte „Big-fish-little-pond"-Effekt = „Großer-Fisch-im-kleinen-Teich", Marsh, 1987). Eine durchschnittliche Schülerin wird in einer eher schwachen Klasse positiv herausstechen (sie ist dann der „große Fisch" im „kleinen Teich") und entsprechend von sich glauben, „gut zu sein" oder eine hohe Fähigkeit zu besitzen. Wechselt sie die Klasse (z.B. bei einem Schulwechsel), besteht dann eine hohe Wahrscheinlichkeit, dass ihr Selbstkonzept sinkt, ohne dass sich irgendetwas an ihren Fähigkeiten verändert hat, da ihre neuen Mitschüler*innen im Vergleich zu ihrer alten Klasse im Durchschnitt mit hoher Wahrscheinlichkeit stärker sind.

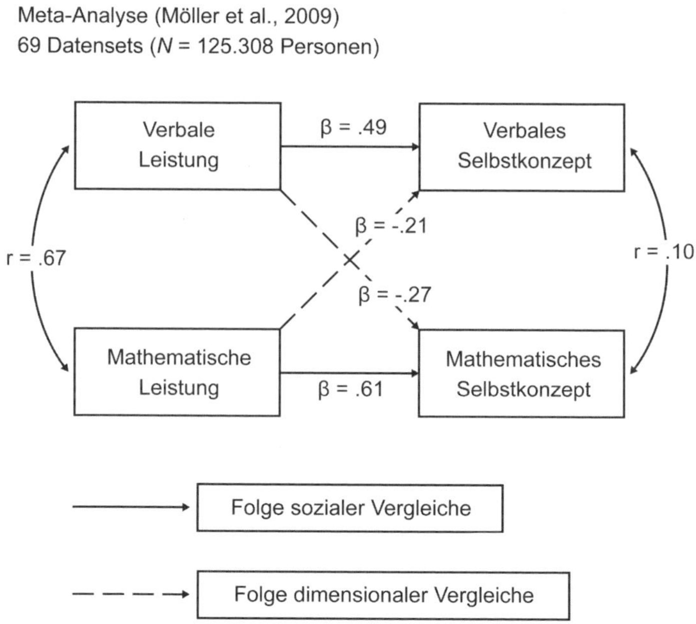

Abbildung 11: Zentrale Ergebnisse der Meta-Analyse von Möller et al. (2009) zum Internal-/External-Frame-of-Reference-Model (vgl. Möller & Trautwein, 2015)

Bei der Betrachtung von *Abbildung 11* sollten Sie bedenken, dass Zusammenhänge Korrelationenswerte zwischen -1 und 1 annehmen können (vgl. Abschnitt 1.3.1). Ein positiver Zusammenhang von β = .61 (Matheleistung und mathematisches Selbstkonzept) deutet also auf einen durchaus großen Zusammenhang hin. Der dimensionale Vergleich offenbart schwächere und negative Zusammenhänge. Je höher die Leistung in Deutsch, umso niedriger das mathematische Selbstkonzept (und umgekehrt).

Heranwachsende vergleichen sich aber nicht nur mit anderen, sondern auch mit sich selbst. Hier geht unter anderem ein, ob man sich über einen gewissen Zeitraum in einem Bereich verbessert oder verschlechtert hat (der sogenannte *temporale Vergleich*) und auch wie die Leistung in zwei verschiedenen Bereichen aussieht (*dimensionaler Vergleich*). Wenn ich mich in einem Bereich verbessert habe, dann muss ich hier offensichtlich auch über eine gewisse Fähigkeit verfügen (bzw. ich habe diese weiter ausgebaut). Außerdem ist es verlockend zu schauen, ob ich Unterschiede zwischen zwei Dimensionen bzw. Domänen (z.B. Schulfächern) wahrnehme. Dies verleitet mitunter zu der Annahme (bzw. dem Fähigkeitsselbstkonzept), dass „mir Mathe leichter fällt als Deutsch" (oder umgekehrt).

Kontrastphänomene

Dabei scheint es zu einer Art Kontrasteffekt zu kommen, in dem kleine vorhandene Unterschiede zu Gunsten des vermeintlich stärkeren Fachs und zu Ungunsten des vermeintlich schwächeren Fachs in der eigenen Wahrnehmung überbetont werden (Möller & Marsh, 2013). Hinzu kommt möglicherweise auch eine Art selbsterfüllender Prophezeiung: Weil Kati *glaubt*, Mathe eher als Deutsch zu beherrschen, verhält sie sich auch entsprechend und passt ihr Engagement bereichsspezifisch an. Dies wiederum spiegelt sich dann in den Noten wider, die als Informationsquelle der Selbstkonzeptentwicklung dienen.

Wechselwirkung zwischen schulischem Selbstkonzept und schulischen Leistungen

Es ist demnach davon auszugehen, dass eine wechselseitige Beziehung zwischen schulischer Leistung und akademischem Selbstkonzept besteht (Helmke & van Aken, 1995; Marsh & Craven, 2006; Marsh & O'Mara, 2008). Die *self-enhancement-* (in etwa: Selbstverstärker-) Perspektive geht davon aus, dass ein stabiles, hinreichend positives Selbstkonzept bessere Leistungen begünstigt (Valentine et al., 2004). Die *skill-development-* (in etwa: Kompetenzentwicklungs-) Perspektive geht hingegen davon aus, dass Kompetenzgewinne (z.B. zunehmendes Wissen) in einem Bereich zu einem hohen Selbstkonzept beitragen.

Problematik: Unterschätzung eigener Fähigkeiten

Die wesentliche Botschaft der Selbstkonzeptforschung besteht darin, dass Schüler*innen sich Gedanken über ihre Fähigkeiten machen. Die Einschätzungen, die aus der Zusammenführung einer ganzen Reihe von Informationen resultieren, sind nicht nur das Ergebnis früher Schulleistungen und (sozialer) Vergleiche. Sie können auch motivational wirksam sein, im Sinne generalisierter Erwartungshaltungen, die spezifische Erfolgserwartungen bei einer bestimmten Aufgabe bedingen und auf diese Weise Lernverhalten und schulische Leistungen beeinflussen (Reinhard & Dickhäuser, 2009). Dabei müssen solche fähigkeitsbezogenen Einschätzungen keinesfalls realistisch sein. Gerade vor dem Hintergrund der *self-enhancement*-Annahme ist eine Unterschätzung der eigenen Fähigkeiten jedoch höchst problematisch. Andererseits bedeutet Entwicklung und Reifung auch, realistisch zwischen eigenen Stärken und Schwächen sowie Vorlieben differenzieren zu können (Harter, 1999; Krapp, 2002, 2018). Ein unrealistisch positives Selbstkonzept in allen relevanten Bereichen kann deshalb nicht das alleinige Ziel von Erziehung sein (Helmke, 1992; Schütz, 2005). Es ist zudem davon auszugehen, dass enge Wechselwirkungen zwischen Erfolgs- und Misserfolgsattributionen und dem Fähigkeitsselbstkonzept bestehen (Dresel & Lämmle, 2017). So sollte bei einem hohen bereichsspezifischen Selbstkonzept zum Beispiel eine Attribution von Erfolgen auf internal-stabile Quellen wahrscheinlicher sein und wiederholte Erfolgserlebnisse in diesem Bereich wiederum das eigene Fähigkeitsselbstkonzept stärken.

Take-Home Message

- Beim (akademischen) Selbstkonzept geht es darum, wie eine Person sich selbst beschreibt, z.B. hinsichtlich ihrer Fähigkeiten, Eigenschaften und Vorlieben.
- Das Selbstkonzept wird zentral geprägt durch soziale Vergleiche und Informationen, aber auch durch Vergleiche „innerhalb" der Person (z.B. zwei Fähigkeitsbereiche).
- Selbsteingeschätzte Fähigkeiten und Fähigkeitspotentiale müssen nicht „korrekt" sein, sondern können die Realität verzerrt abbilden.
- Es ist von einer wechselseitigen Beziehung zwischen akademischem Selbstkonzept und schulischen Leistungen auszugehen.

3.2.4 Implizite Fähigkeitstheorie/Intelligenztheorie

Sind Fähigkeiten angeboren?

Als Herr Müller in der Turnhalle die Geräte für die anstehende Sportstunde aufbaut, kommen Esila und Jonathan. Die beiden sind in ein Gespräch vertieft. Herr Müller hört den beiden zu.

Jonathan: „Bei mir ist das halt nicht so wie bei Jonna, die kann Englisch halt super, weil sie begabt ist. Und ich halt nicht."

Esila: „Naja, also ich war in Englisch auch nicht so super, aber mit der Zeit bin ich immer besser geworden. Ich habe eben auch relativ viel dafür investiert."

Jonathan: „Tja, ich leider nicht. Ich habe auch schon Nachhilfe bekommen, aber das hat nichts gebracht. Ich kann es einfach nicht."

Esila: „Macht dir Englisch eigentlich Spaß?"

Jetzt bemerken die beiden Herrn Müller und das Gespräch verstummt.

Dass die Einschätzung der Ausprägung von Fähigkeiten bei Schüler*innen eine wichtige Rolle spielt, wurde im vorangegangenen Abschnitt deutlich. Doch nicht nur die Einschätzung der Höhe der eigenen Fähigkeiten, sondern auch Annahmen bezüglich deren Veränderbarkeit stellen zentrale, motivationsrelevante Aspekte dar. Ein Ansatz, der dies beschreibt, ist die sogenannte implizite Fähigkeitstheorie (Dweck, 1999, 2006; Dweck & Leggett, 1988). Als „implizit" werden die Theorien bezeichnet, da die Lernenden oft nicht bewusst über diese Annahmen nachdenken und um „Theorien" handelt es sich, da die Annahmen als eine Art Filter fungieren, durch die die eigenen Fähigkeiten interpretiert werden (vgl. Greene, 2018).

In dem Beispiel oben wird deutlich, dass Jonathan nicht nur ein niedrig ausgeprägtes Fähigkeitsselbstkonzept für das Fach Englisch hat, sondern auch davon ausgeht, dass seine Fähigkeiten unveränderlich sind. Esila hingegen ist der Meinung, dass sie ihre Fähigkeiten durch eigene Anstrengung beeinflussen kann. Sie ist also der Ansicht, dass ihre Fähigkeiten veränderbar sind. Die implizite Fähigkeitstheorie unterscheidet genau diese beiden Gruppen: Menschen, die eher der Überzeugung sind, dass Fähigkeiten, insbesondere auch Intelligenz stabil und unveränderlich sind, werden als Entitätstheoretiker*innen bezeichnet. In unserem Beispiel ist das Jonathan. Die andere Gruppe hält ihre Fähigkeiten (und auch ihre Intelligenz) für veränderbar und beeinflussbar. Diese werden als Modifizierbarkeitstheoretiker*innen bezeichnet. In unserem Beispiel ist Esila dieser zweiten Gruppe zuzuordnen.

Definition: Modifizierbarkeits- vs. Entitätstheoretiker*innen
„Modifizierbarkeitstheoretiker*innen" sind der Überzeugung, dass Fähigkeit (z.B. Intelligenz) eine erweiterbare Eigenschaft darstellt.
„Entitätstheoretiker*innen" hingegen sind der Überzeugung, dass Fähigkeit (z.B. Intelligenz) eine unveränderbare, stabile Eigenschaft ist.

Der Ansatz wird teilweise mit unterschiedlichen Begriffen übersetzt, z.B. werden auch die Begriffe *fixed mindset* und *growth mindset* verwendet, wobei das fixed mindset der impliziten Entitätstheorie entspricht und das growth mindset der impliziten Modifizierbarkeitstheorie.

„Modifizierbarkeitstheoretiker*innen" neigen dazu, sich die Frage zu stellen, wie sie sich verbessern können, während „Entitätstheoretiker*innen" sich fragen, ob ihre Fähigkeiten ausreichend sind. In Bezug auf den Umgang mit Fehlern (vgl. Abschnitt 5.3) sehen „Modifizierbarkeitstheoretiker*innen" Erfolge wie auch Misserfolge als Informationsquelle. Daher neigen sie dazu, sich mit einem Fehler auseinanderzusetzen und diesen zu überwinden bzw. aus diesem lernen zu wollen. Für „Entitätstheoretiker*innen" sind sowohl Erfolge als auch Misserfolge stattdessen Indikatoren hoher oder niedriger Fähigkeiten. Daher führt diese Überzeugung eher dazu, dass Fehler nicht weiter beachtet werden oder zu vertuschen versucht werden (Nicholls, 1984). Nach Misserfolgen geben „Entitätstheoretiker*innen" eher auf, anstatt sich mehr anzustrengen, andere Strategien anzuwenden oder Ähnliches.

Interessant ist die gemeinsame Betrachtung von Fähigkeitsselbstkonzept und impliziter Fähigkeitstheorie: Während bei einem hohen Fähigkeitsselbstkonzept in Verbindung mit einer Entitätstheorie kaum negative Folgen zu erwarten sind, scheint die Kombination von Entitätstheorie und niedrigen Fähigkeitsselbstkonzept problematisch zu sein und zu Demotivation zu führen. Hingegen kann eine Modifizierbarkeitstheorie bei niedrig eingeschätzten Fähigkeiten als Puffer gegen sinkende Motivation (und auch Leistungen) fungieren (Dweck, 1999).

Trotz dessen, dass der Ansatz häufig untersucht wird und etliche Trainingsprogramme zur Förderung der Modifizierbarkeitstheorie vorliegen, ist die empirische Evidenz vor allem in Bezug auf die Wirksamkeit der Programme uneinheitlich und die Effekte oft kleiner als angenommen (z.B. Costa & Faria, 2019; Sisk et al., 2018; Yeager & Dweck, 2020).

3.2.5 Selbstbestimmungstheorie

Warum hat Lejan keine Lust mehr auf Englisch?
Lejans Engagement im Unterricht hat in den letzten Jahren deutlich nachgelassen. Wirkte er anfangs noch zuversichtlich im Gespräch mit Herrn Müller, so traut er sich nun kaum mehr zu, sich mündlich zu beteiligen. „Kein Wunder!" denkt sich Herr Müller. Häufig gelingen Lejan auch keine guten Formulierungen, wenn er sich doch mal vor der Klasse äußern muss, zum Beispiel, wenn Herr Müller ihn durch Aufrufen einzubeziehen versucht. Lejan selbst findet das besonders nervig. Er würde lieber selbst entscheiden, wann er sich beteiligt und wann nicht. Zwar versteht er, dass Herr Müller ihm helfen will, aber er fühlt sich auch durch ihn gegängelt. Lieber würde er gemeinsam mit Esila üben, denn die ist seine Freundin.

Die Selbstbestimmungstheorie (SBT, Deci & Ryan, 2000, 1985; Ryan & Deci, 2020) ist eine Rahmentheorie, die mehrere Teiltheorien umfasst. Ohne Zweifel gehört sie im pädagogischen Kontext zu den am meisten beforschten und am weitesten verbreiteten Ansätzen, was sie nicht zuletzt ihrer Anwendungsnützlichkeit zu verdanken hat (vgl. *Technologie* als Theorie-Praxis-Bezug, Abschnitt 1.2.1). Aber auch das zugrundeliegende humanistische Menschenbild, die Eingängigkeit der zentralen Grundannahmen sowie der Einbezug der Begriffe „extrinsische" und „intrinsische Motivation" mag zu dieser Popularität beigetragen haben, was nicht heißt, dass einige Annahmen und Befunde nicht durchaus kontrovers diskutiert werden (Cameron et al., 2001; Deci et al., 2001).

Psychologische Grundbedürfnisse

Zentraler Ausgangspunkt ist die *Teiltheorie der psychologischen Grundbedürfnisse*, deren Annahme es ist, dass Menschen über drei universelle, angeborene psychologische Grundbedürfnisse verfügen. Ähnlich dem physiologischen Defizitärbedürfnis Hunger (vgl. Maslow, 1954), sollen Menschen ein Bedürfnis nach Autonomie, nach Kompetenzerleben und nach sozialer Eingebundenheit (auch Affiliationsbedürfnis genannt) aufweisen, deren kurzfristige Vernachlässigung zu einem innerorganismischen Ungleichgewicht führt, das nach Ausgleich *verlangt* (im Sinne eines Triebs) und deren langfristige Vernachlässigung zu schwerwiegenden Folgen für das psychologische Wohlergehen und die Gesundheit führt (vgl. *Tabelle 3*). Umgekehrt fördert die Befriedigung der drei Grundbedürfnisse das menschliche Wachstum im Allgemeinen und höherwertige Lernprozesse im Besonderen, so die Annahme (Ryan & Deci, 2020).

Grundbedürfnis	Beschreibung	Befriedigung durch	Frustration durch
Autonomie (Selbstbestimmung)	Bedürfnis, eigenständig und frei von äußerem Druck handeln zu können	Handlungs- und Gestaltungsspielräume	Äußerer Zwang und Vorgaben
Kompetenz	Bedürfnis, sich kompetent und wirksam mit der Umwelt auseinanderzusetzen	Erfolgserlebnisse und Kompetenzentwicklung	Scheitern und Stagnation
Soziale Eingebundenheit (Affiliation)	Bedürfnis, vertrauensvolle und unterstützende Beziehungen aufzubauen	Soziale Einbindung und Vertrauen	Sozialer Ausschluss und Konkurrenz

Tabelle 3: Grundbedürfnisse in der Selbstbestimmungstheorie (vgl. Deci & Ryan, 2000)

Gemeinsamkeiten und Unterschiede zu Motiven

Auf den ersten Blick weist diese Teiltheorie einige Verbindung zu den drei klassischen Motiven nach Leistung, Macht und Anschluss auf (vgl. Abschnitt 3.2.1). Beide Sichtweisen teilen in gewisser Weise die Annahme von Bedürfnissen (Deci & Ryan, 2000; Sheldon & Schüler, 2011). Auch die Inhaltsbereiche „Leistung“ und „Kompetenz“ sowie „Anschluss“ und „soziale Eingebundenheit“ weisen deutliche Überschneidungen auf. Ein wesentlicher Unterschied besteht jedoch in der Annahme, dass die Grundbedürfnisse universell gelten, also für jeden Menschen eine gleichermaßen hohe Bedeutung aufweisen (Deci & Ryan, 1985), während sich Menschen, je nach ihren frühen Befriedigungserfahrungen, explizit in der Ausprägung ihrer jeweiligen Motivstärke unterscheiden sollen (McClelland, 1985). Motive haben auch einen handlungsleitenden Charakter, da sie Erleben und Verhalten im Hinblick auf eine spezifische Klasse von Verhaltensweisen ausrichten und belohnen, während die Grundbedürfnisse eher „passiv“ erfüllt werden müssen. Neuere Forschung zeigt jedoch auch Verbindungen zwischen beiden Ansätzen, in dem Sinne, dass Menschen durchaus unterschiedliche Dinge anregend finden (unterschiedliche Motivpräferenzen), deren Befriedigung aber ähnlich im Sinne der drei Grundbedürfnisse erfahren (Sheldon & Schüler, 2011).

Selbstbestimmungskontinuum

Die zweite zentrale Teiltheorie, die sogenannte *Theorie der organismischen Integration*, greift nun die Begriffe „intrinsische" und „extrinsische Motivation" auf, die wir bereits in Abschnitt 3.1.4 kennen gelernt haben und ordnet diese auf einem Kontinuum der Selbst- bis Fremdbestimmung an (siehe *Abbildung 12*).

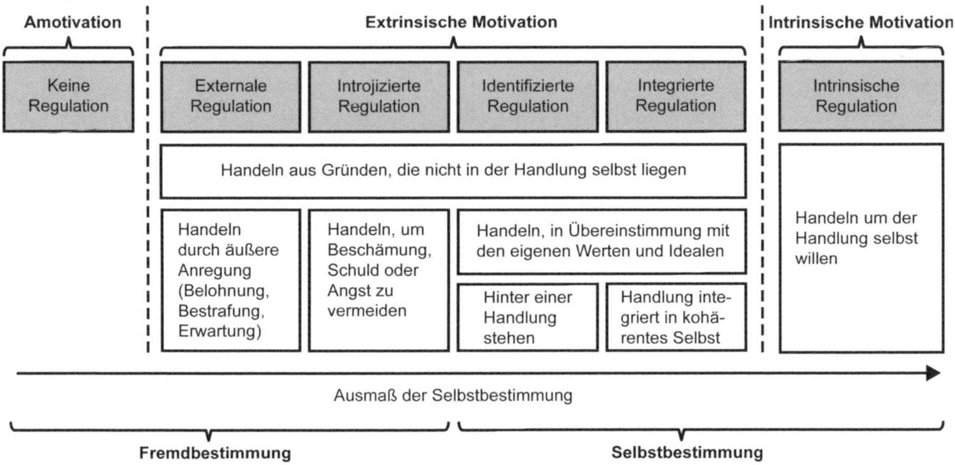

Abbildung 12: Regulationsstufen und Integrationsprozess nach der Selbstbestimmungstheorie (vgl. Deci & Ryan, 2000)

Verschiedene Formen extrinsischer Motivation

Eine wesentliche Erkenntnis, die sich aus der Forschung zur SBT ableitet, ist, dass es DIE eine extrinsische Motivation nicht gibt. Vielmehr lassen sich bis zu vier unterschiedliche Motivations- bzw. Regulationsformen, die an den Folgen des Handelns ausgerichtet sind (und dementsprechend als extrinsisches bzw. instrumentelles Verhalten bezeichnet werden können, vgl. Abschnitt 3.1.4), nach dem Grad ihrer Selbstbestimmung unterscheiden.

Nach der SBT sind *extrinsisch regulierte* Tätigkeiten solche, bei denen die Kontrolle der Folgenanreize, also Belohnung und Bestrafung, anderen Menschen obliegt. Wir sind also in gewisser Weise abhängig von anderen, um den Folgeanreiz zu erlangen. Einen eigenen Sinn sehen wir (noch) nicht in der Ausführung der Tätigkeit. Wenn Lejan überhaupt versucht, für Englisch zu lernen, dann weil seine Eltern ihm versprochen haben, dass er bei einer besseren Note mehr Zeit mit seinem Smartphone verbringen darf oder aber, weil sie bei weiterhin schlechten Noten drohen, ihm das Smartphone ganz wegzunehmen.

Introjizierte Regulation bezieht sich auf Situationen, in denen der extrinsisch-kontrollierende Anreiz nicht mehr direkt vorhanden ist (z.B. die Eltern belohnen oder bestrafen nicht mehr direkt), sondern von der handelnden Person gewissermaßen vorweggenommen wird. Lejan weiß ja, dass ein bestimmtes Lernverhalten von anderen erwartet wird. Deshalb hat er ein schlechtes Gewissen und verspürt einen gewissen inneren Druck, der ihn dazu bringt, sich entsprechend sozial konform zu verhalten (indem er zum Beispiel halbherzig versucht die Hausaufgaben zu machen, auch wenn seine Eltern gerade nicht anwesend sind). Von außen betrachtet handelt das Kind dann freiwillig oder eigenständig; innerlich erlebt es sich aber nicht als selbstbestimmt (Ryan et al., 1991). Perls (1973) illustriert ein solches Verhalten anschaulich damit, dass der äußere Anreiz zwar von der Person „geschluckt", aber noch nicht „verdaut" wurde.

Bei *identifizierter Regulation* ist der Internalisierungsprozess bereits weiter fortgeschritten. Hausaufgaben werden nun nicht mehr lediglich als lästige Pflicht wahrgenommen, sondern als hilfreich für die Erreichung eigener Ziele. Dadurch bekommt das Verhalten nun einen selbstbestimmten Charakter. Der Schritt von introjizierter zu identifizierter Regulation ist damit aus Sicht der SBT besonders entscheidend. Der Unterschied zu einer *integrierten Regulationsform* ist nun sowohl konzeptuell als auch empirisch weniger leicht nachzuvollziehen (Vallerand et al., 1992). Konzeptuell geht es darum, inwiefern ein selbstgewähltes, identifiziertes Ziel (z.B. „Ich will Lehrerin werden!") sich in das umfassendere Werte- und Zielsystem einer Person integrieren lässt. Ist dies nur in geringem Maße der Fall (z.B. weil ein Berufsziel mit Freizeit- oder Familieninteressen der Person in Konflikt steht), wäre das zielbezogene Verhalten identifiziert reguliert. Denkbar wäre zum Beispiel, dass eine Person gerne in der Beratungsbranche arbeiten würde, die damit verbundene Vielfliegerei aber mit dem hohen Umweltbewusstsein der Person kollidiert. Ob und inwiefern integrierte Regulation im Alltag in Reinform wiederzufinden ist, ist daher eine offene Frage.

Bedeutung fürs Lernen

Pädagogisch interessant ist die vorgeschlagene Unterscheidung vor allem deshalb, weil selbstbestimmte Motivations- bzw. Regulationsformen andere Lernprozesse und auch Lernergebnisse zu bedingen scheinen als fremdbestimmte Motivation (vgl. Ryan & Deci, 2020;

Schiefele & Schaffner, 2015). So zeigt sich beispielsweise, dass intrinsische gegenüber extrinsischer Motivation eher mit tiefenverarbeitenden Lernstrategien und besseren Lernleistungen einhergeht (Howard et al., 2021; Schaffner & Schiefele, 2007; Vansteenkiste, Simons et al., 2005; Vansteenkiste, Zhou et al., 2005).

Zwei typische Missverständnisse

In diesem Zusammenhang möchten wir auf zwei weitverbreitete Missverständnisse eingehen. (1) Wenn Motivation von „innen" kommt, muss sie nicht zwangsläufig „intrinsisch" sein. Dieser Punkt sollte durch Lejans Beispiel zu introjizierter Regulation deutlich geworden sein (vgl. auch Ryan et al., 1991). (2) Bereits in Abschnitt 3.1.4 hatten wir beschrieben, dass sich intrinsische und extrinsische Motivationsformen nicht notwendigerweise ausschließen *müssen*. Gerade selbstbestimmt-extrinsische und intrinsische Gründe gehen häufig Hand in Hand. Dinge, die wir tun, weil Sie *uns* wichtig sind (identifizierte und integrierte Regulation), erleben wir häufig auch freudvoll (Grund et al., 2014). Wenn allerdings der Internalisierungsprozess überhaupt nicht fortschreitet, bestimmte Ziele und Aktivitäten, die mit ihrer Verfolgung verbunden sind, weder Kompetenz- noch Autonomieerleben ermöglichen und zudem keine soziale Anerkennung erfahren wird, dann wird das Festhalten an diesen Zielen mit hoher Wahrscheinlichkeit eher unangenehm erlebt werden. Im Zuge dieses möglichen Widerspruchs hat der sogenannte Korrumpierungseffekt (engl. *overjustification effect*) große Aufmerksamkeit, insbesondere in pädagogischen Kontexten, erfahren (Deci et al., 1999, 2001; Lepper et al., 1973).

Debatte zum Korrumpierungseffekt

Der Effekt besagt, dass anfängliche intrinsische (oder zumindest selbstbestimmt extrinsische) Motivation durch die Hinzugabe fremdbestimmt extrinsischer Anreize (z.B. in Form von Belohnung) reduziert oder gar „zerstört" wird. Da die Belohnung besonderer Leistungen (oder überhaupt von schulischem Engagement) in Form von Auszeichnungen, Gewährung besonderer Rechte, Geld oder einfach nur in Form von „Punkten auf dem Marienkäfer" recht typische Motivierungsstrategien darstellen (Ryan et al., 1991) und da intrinsische Motivationsformen im Laufe der Schulzeit kontinuierlich abzunehmen scheinen (Scherrer & Preckel, 2019; vgl. hierzu mehr in Abschnitt 4.1), liegt der Verdacht nahe, dass Schule oder Erziehung im Allgemeinen zu einer Korrumpierung intrinsischer Motivation beiträgt.

Wie so häufig ist auch hier die Sachlage etwas komplizierter, da die durchgeführten Experimente relativ weit vom Schul- und Lernalltag entfernt waren (vgl. Exkurs: Studie zum Korrumpierungseffekt).

Exkurs: Studie zum Korrumpierungseffekt

In einer mittlerweile klassischen Studie boten Lepper et al. (1973) Vorschulkindern in der Ganztagsbetreuung die Möglichkeit mit „Magic markers" zu malen, besondere Stifte, die in dieser Altersgruppe üblicherweise eine hohe Attraktivität besitzen. Anschließend wurden drei Gruppen gebildet. In Gruppe 1 (Experimentalgruppe = *angekündigte Belohnung*) wurde den Kindern eine Belohnung in Aussicht gestellt, wenn sie im Rahmen der Untersuchung erneut mit den Stiften für die Forscher*innen malten. Die Belohnung war ein personalisierter „Good player award" für die Teilnahme der Kinder an der Malaufgabe. In Gruppe 2 (Kontrollgruppe 1 = *unangekündigte Belohnung*) bekamen Kinder, die malten, im Nachhinein eine Belohnung, ohne diese vorher erwartet zu haben. Kinder in Gruppe 3 (Kontrollgruppe 2 = *ohne Belohnung*) erwarteten weder eine Belohnung für ihr Malen noch bekamen sie später unangekündigt eine solche Belohnung. Nach dieser Prozedur hatten die Kinder erneut die Möglichkeit, frei mit den Stiften zu malen.

Es stellte sich heraus, dass Kinder in Gruppe 1 anschließend weniger Zeit mit den „Magic markers" verbrachten als Kinder aus den Gruppen 2 und 3 und zudem auch weniger gelungene Bilder malten (nach Einschätzung von unabhängigen Gutachterinnen und Gutachtern). Interpretiert wurde dieses Verhalten im Sinne eines Korrumpierungseffekts intrinsischer Motivation durch extrinsische Motivation: Das anfänglich vorhandene Interesse der Kinder an den Stiften wird durch die Belohnung „korrumpiert". Da eine Zufallszuweisung (Randomisierung, vgl. Abschnitt 1.3.1) der Kinder zu den drei Gruppen stattgefunden hatte, kann man davon ausgehen, dass etwaige Ausgangsunterschiede zwischen den Gruppen im Interesse an den Stiften, am Malen generell oder in vorhandenen Malfertigkeiten bei der Erklärung der Befunde zu vernachlässigen sind. Was führte dann dazu, dass sich Kinder, die wegen der Belohnung malten, sich weniger Mühe gaben und anschließend die Lust am Malen verloren?

Erklärt wird der Korrumpierungseffekt dadurch, dass sich durch die Belohnung der wahrgenommene Verantwortungsfokus verschiebt. Wenn eine ohnehin freudvolle Tätigkeit zusätzlich durch äußere Anreize belohnt wird, dann kann dies dazu führen, dass die handelnde Person zu zweifeln beginnt, ob sie wirklich freiwillig handelt (vgl. Autonomiebedürfnis). Ist kein externer Anreiz vorhanden und ein Kind spielt dennoch viel und gerne mit den Stiften, dann muss es zu dem Schluss kommen, dass der Grund für sein Handeln *in ihm* oder *ihr selbst* liegt (z.B. persönliche Vorlieben und Fähigkeiten). Auch wenn man das Experiment sicherlich wegen seines spezifischen Aufbaus und hinsichtlich der Generalisierbarkeit der Befunde kritisch betrachten kann, so war es zu diesem Zeitpunkt der Forschungsgeschichte äußerst bemerkenswert, dass man ein Verhalten belohnen kann (durch eine positive Verstärkung) und damit möglicherweise sogar das Gegenteil dessen bewirkt, was man erreichen wollte (die Verstärkung eines bestimmten Verhaltens). Diese generelle Feststellung ist von hoher Bedeutung für Erziehungskontexte.

Zusammenfassend lässt sich wohl sagen, dass Belohnungen (z.B. durch die Lehrperson oder die Eltern) nicht notwendigerweise dazu führen *müssen*, dass Kinder ihre Lust an bestimmten Tätigkeiten verlieren. In dem Maße, indem Kinder (oder Jugendliche) aber an ihrer Rolle als kausal verantwortliche *Verursacher* ihres ursprünglich selbstbestimmten Handelns zu zweifeln beginnen („Will ich das, oder wollen das andere?"), kann der intrinsische Charakter verloren gehen (Deci et al., 2001). Offenbar hat dies vor allem etwas mit der Art der Anreize zu tun, die „von außen" angeboten werden. So haben beispielsweise positive Rückmeldungen (z.B. Lob) in Bezug auf die Qualität der Aufgabendurchführung keine negativen Konsequenzen (Deci et al., 1999), während sich für handfeste Belohnungen, wie das obligatorische Eis, das im Vorfeld des Lernens versprochen wird, durchaus in experimentellen Settings Korrumpierungseffekte nachweisen lassen. Zudem scheinen die Art der Aufgabe (z.B. wie herausfordernd sie wahrgenommen wird, Eisenberger et al., 1999) und das Ausmaß, in dem die Aufgabe zuvor tatsächlich vor allem intrinsisch motiviert war (Cameron et al., 2001), eine Rolle zu spielen.

Diese Variationen verdeutlichen eindrücklich das zu Beginn des Buches (vgl. Abschnitt 1.3.1) aufgeworfene Grundproblem, dass experimentelle Forschung im Labor stark von der jeweiligen Operationalisierung abhängt (Welche Zielaufgabe wurde ausgewählt? Welche Belohnung wurde versprochen? Wie wurde die anfängliche und resultierende intrinsische Motivation gemessen?) und daher nur eingeschränkt auf natürliche Lernsituationen übertragen werden kann. Sie müssen also im Alltag als Lehrperson nicht jede Art von Belohnung oder Lob zwanghaft vermeiden. Gleichwohl lohnt es sich, darüber nachzudenken, ob Ihre Motivierungsstrategie vor dem Hintergrund der postulierten psychologischen Grundbedürfnisse passend und überhaupt notwendig ist. So hat die pädagogisch-psychologische Forschung auch eine Reihe von paradoxen Effekten von Lob aufgezeigt (Rheinberg & Vollmeyer, 2018). Zum Beispiel kann Lob für eine aus Sicht von Lejan vermeintlich leichte Aufgabe eher den Eindruck erwecken, Sie trauen ihm grundsätzlich wenig zu, was sicherlich nicht Ihre Intention war.

Abbildung 13 bietet abschließend einen Überblick zu den beiden besprochenen Teiltheorien der SBT. Demnach existieren drei fundamentale psychologische Grundbedürfnisse. Gleichzeitige Befriedigung der *Bedürfnisse nach Autonomie* und *Kompetenzerleben* (mitunter auch nach sozialer Bezogenheit, Deci & Ryan, 2000) soll der Entwicklung *intrinsischer Motivation* vorausgehen, also einem Handeln, dass an sich bereits als freudvoll und befriedigend erlebt wird. Man muss sich also sowohl kompetent bei etwas fühlen und auch noch frei von äußerem Druck, damit intrinsische Motivation entstehen kann. Beides

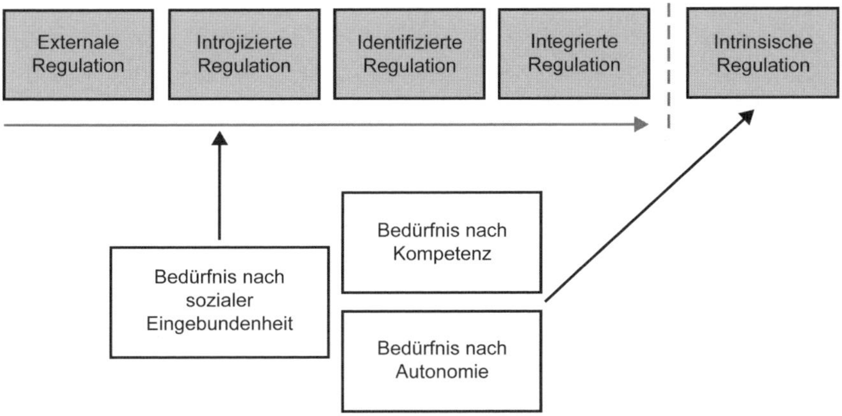

Abbildung 13: Überblick zur Selbstbestimmungstheorie

scheint bei Lejan offensichtlich nicht der Fall zu sein. Da Heranwachsende aber auch ein *Bedürfnis nach sozialer Bezogenheit* aufweisen, sind sie grundsätzlich bereit, von außen vorgegebene Normen, Einstellungen und Ziele zu übernehmen. Anders wäre dieses Bedürfnis kaum zu befriedigen, da nahestehende Personen (z.B. Eltern, Lehrer*innen) im Rahmen von Sozialisierungsprozessen mitunter andere Dinge wollen, als das Kind selbst. In dem Ausmaß, in dem bei der Ausführung ehemals extrinsischer Regulationsformen auch Autonomie- und Kompetenzerfahrungen gemacht werden, und in dem Ausmaß, in dem man sich sozial gut eingebunden fühlt, kann es zu einem Integrationsprozess kommen, über introjizierte und identifizierte Regulation bis hin zu integrierter Regulation. Ein solches Verhalten wäre zwar noch extrinsisch motiviert, in dem Sinne, dass der Anreiz nicht im Handlungsprozess selbst liegt, gleichzeitig aber hoch selbstbestimmt, da das Verhalten mit den eigenen Werten übereinstimmt. Vielleicht wäre die engere Zusammenarbeit mit Esila für Lejan daher ein erster Schritt heraus aus seiner momentan eher fremdbestimmten Motivation im Englischunterricht. Auch kann ein Kind durchaus Spaß an einer Tätigkeit (z.B. Handballtraining) entwickeln, wenn es Fortschritte wahrnimmt und sich bei der Ausführung autonom erlebt, selbst wenn es ursprünglich von seinen Eltern dazu animiert wurde. Extrinsische Motivation schließt demnach die Erfüllung der Grundbedürfnisse nicht prinzipiell aus; im Rahmen der Sozialisation ist sie sogar essenziell (Deci & Ryan, 2000; Schiefele & Schaffner, 2015).

Take-Home Message

- Laut Selbstbestimmungstheorie weisen alle Menschen die angeborenen psychologischen Grundbedürfnisse nach Autonomie (bzw. Selbstbestimmung), Kompetenz und sozialer Eingebundenheit auf, deren Befriedung Voraussetzung für intrinsische Motivation und Gesundheit ist.
- Extrinsische Motivation lässt sich in fremd- und selbstbestimmte Regulationsformen unterscheiden, wobei letztere mit ähnlich positiven Effekten wie rein intrinsische Motivation verbunden zu sein scheinen.

3.3 Die Motivation von Lehrer*innen

Ist es denn bei Lehrer*innen anders?
Ab und an ertappt sich Herr Müller bei dem Gedanken, dass er in manchen Situationen ja auch selbst „Schüler" ist und sich dann auch entsprechend verhält. Neulich hatte er eine Wochenend-Fortbildung, die ihm letztlich durch die Schulleitung auferlegt wurde. Großen Sinn hatte er in der Maßnahme nicht gesehen. Entsprechend unkonzentriert war er während der diversen Vorträge und entsprechend zurückhaltend war dann auch sein Engagement in den interaktiven Phasen. Er dachte eher die meiste Zeit des Wochenendes daran, was er gerade Schönes verpasste. Ein bisschen wie damals im Studium. Oder wie montags, wenn eine neue Woche voller Stress auf ihn wartet.

3.3.1 Auch Lehrer*innen sind mal mehr oder weniger motiviert

Nach den vorangegangenen Ausführungen dürften Sie nicht sonderlich überrascht sein, dass auch das Erleben und Verhalten von Lehrerinnen und Lehrern maßgeblich durch ihre Motivation geprägt ist. So wie wir diese allgemeinen Ideen bisher auf die „Lernmotivation" von Schüler*innen angewendet haben, können wir sie auch auf die „Lern- und Lehrmotivation" von Lehrerinnen und Lehrern anwenden.

Denkanstoß

Bei nahezu allen durchgespielten Beispielen können Sie sich also überlegen (nehmen Sie sich dazu ruhig ein bisschen Zeit und notieren Sie sich ggf. Auffälligkeiten oder Fragen, über die Sie nochmal in Ruhe nachdenken möchten):

- Welche Tätigkeits- und Folgeanreize verbinden Sie mit Ihrem (zukünftigen) Beruf?
- Sind Sie generell eher erfolgs- oder misserfolgsmotiviert?
- Sind Ihre Zielsetzungen abhängig von Ihren Fähigkeiten realistisch, zu hoch, oder zu niedrig?
- Worauf führen Sie Erfolg und Misserfolg in Ihrem Beruf (bzw. Studium) zurück?

- Welche Ursachenzuschreibungen vermitteln Sie typischerweise an Ihre Schüler*innen?
- Wie sieht es mit Ihrem berufsspezifischen Fähigkeitsselbstkonzept aus?
- Sind Sie eher ein „big fish“ oder ein „small fish“? Wie sieht es mit Ihrem „pond“ aus?
- Wie erging es Ihnen, als Sie an die Universität gewechselt sind und damit in eine relativ starke, neue Bezugsgruppe?
- Gibt es bereichsspezifische Unterschiede in Ihren Fähigkeiten (z.B. in unterschiedlichen Fächern oder in unterschiedlichen Aufgabenbereichen wie fachliche und soziale Problemstellungen oder Elternarbeit)?
- Inwiefern glauben Sie, dass Intelligenz etwas Veränderbares oder Stabiles ist?
- Inwiefern erlauben die Strukturen, in denen Sie sich bewegen, die Befriedigung von Autonomie- und Kompetenzerleben sowie sozialer Eingebundenheit?
- Bei welchen typischen Tätigkeiten agieren Sie eher identifiziert reguliert, bei welchen eher introjiziert oder external reguliert?

Reflektion von Praxisbezügen

Sie sehen: Auch (angehende) Lehrer*innen sind nur Menschen. Im Sinne einer *differenzierten Wahrnehmung* (vgl. Abschnitt 1.2.1) sollten Sie bei konzentrierter Lektüre des bisherigen Kapitels nun viel eher etwas mit der Beantwortung dieser Fragen anfangen können. Idealerweise geht der Praxisbezug sogar noch etwas weiter und hilft Ihnen bei der Beantwortung der Frage:

Denkanstoß
Und welche Konsequenzen hat dies alles für meine Entscheidungen, mein Erleben und mein Verhalten während meiner Berufsausübung (und sicherlich auch darüber hinaus)?

Sie sollten sich also einige Dinge in Ihrem eigenen Verhalten nun besser *erklären* können und auch besser *vorhersagen* können, wohin die Dinge zukünftig führen werden, sollte sich nichts Entscheidendes ändern. Das betrifft nicht nur Ihr eigenes Erleben und Verhalten. Als Teil der Situation von Schüler*innen beeinflussen Sie auch deren Überzeugungen und entscheiden, inwiefern deren Bedürfnisse befriedigt werden oder nicht (umgekehrt stellen die Schüler*innen, deren Eltern, Ihr Kollegium, das Schulklima, die Schulleitung sowie das Schulsystem im Allgemeinen relevante Situationsmerkmale für Sie als Lehrer*innen dar). Tun Sie dies bewusst mit dem Ziel der Motivierung (vgl. *Technologie*, Abschnitt 1.2.1) und auf Grundlage wissenschaftlicher Erkenntnisse, handeln Sie professionell.

Im Folgenden gehen wir auf zwei spezielle Bereiche der Motivation von Lehrer*innen ein: die Berufswahlmotive von Lehrer*innen sowie deren Zielorientierungen.

3.3.2 Berufswahlmotive

Es ist ein weitverbreitetes Vorurteil, dass Lehrer*innen ihren Beruf vor allem deshalb gewählt haben, da er ein sicheres und solides Einkommen sowie eine geringe Arbeitszeit und viel Urlaub verspricht (vgl. Schaarschmidt, 2005).

Demgegenüber zeigen systematische Befragungen unter Lehrer*innen typischerweise eine hohe Identifikation mit der pädagogischen Tätigkeit, ein relativ hohes Interesse am jeweiligen Fach und eine hohe Bedeutung der Arbeit mit Kindern und Jugendlichen (vgl. Kunter & Pohlmann, 2015). Wie zuvor im Rahmen der Selbstbestimmungstheorie thematisiert, müssen sich eher extrinsische (Einkommen, Urlaub) und eher intrinsische Gründe (Interesse am Fach und an der Arbeit mit Kindern) prinzipiell nicht ausschließen. In der Regel scheinen die intrinsischen Gründe jedoch gegenüber den extrinsischen zu dominieren (Watt et al., 2012; Wisniewski, 2019), wobei sich abhängig von Schulformen durchaus auch unterschiedliche Gewichtungen verschiedener Gründe finden lassen. So scheint bei Lehrer*innen an Gymnasien im Vergleich zu Grundschulen das Fachinteresse höher und das pädagogische Interesse niedriger ausgeprägt zu sein (Retelsdorf & Möller, 2012).

Denkanstoß
Probieren Sie es doch mal selber aus und prüfen Sie anhand exemplarischer Fragen aus dem FEMOLA (Fragebogen zur Erfassung der Motivation für die Wahl des Lehramtsstudiums, Pohlmann & Möller, 2010, vgl. auch Renger et al., 2022), welche Gründe für Sie bei der Berufswahl entscheidend waren (in den Klammern hinter der Aussage steht die jeweils theoretische Zuordnung der einzelnen Aussagen).

Ich habe das Lehramtstudium gewählt, weil ...	überhaupt nicht wichtig					sehr wichtig
... ich gern mit Jugendlichen und jungen Erwachsenen arbeite (Pädagogisches Interesse)	1	2	3	4	5	6
... ich die Inhalte meiner Fächer interessant finde (Fachliches Interesse)	1	2	3	4	5	6
... ich denke, dass ich ein*e gute*r Lehrer*in bin (Fähigkeitsüberzeugung)	1	2	3	4	5	6

Ich habe das Lehramtstudium gewählt, weil ...	überhaupt nicht wichtig				sehr wichtig
... ich als Lehrer*in finanziell abgesichert bin (Nützlichkeit)	1	2	3	4	5	6
... mir von Freund*innen und Bekannten zum Lehramtsstudium geraten wurde (Soziale Einflüsse)	1	2	3	4	5	6
... das Lehramtsstudium leichter ist als andere Studiengänge (Geringe Schwierigkeit)	1	2	3	4	5	6

Auch ließ sich bei einer Befragung von Studierenden nicht belegen, dass Lehramtsstudierende gegenüber Psychologiestudierenden den Wunsch nach viel Freizeit und Urlaub bedeutsam höher gewichteten (Heine, 2002). Gleichwohl gaben in einer Studie von Spinath et al. (2005) relativ viele Studierende an, das Lehramtsstudium mehr oder weniger „aus der Not heraus" oder aus „Mangel an Alternativen" gewählt zu haben. Mit diesem Verhalten sind sie aber nicht alleine. Gegenüber Studierenden der Rechtswissenschaft scheinen Lehramtsstudierende in dieser Hinsicht sogar eher zu wissen, „was sie wollen" (Römer et al., 2013). Auch wenn man gewisse sozial erwünschte Antworttendenzen bei solchen Befragungen nicht ausschließen kann (wer beschreibt sich schon bereitwillig als faul oder geldgierig?), so deuten diese Vergleiche durchaus an, dass das typische Bild von Lehrer*innen negativ verzerrt ist.

Negative Verzerrung des Berufsbildes

Dass die Gründe für die Berufswahl andererseits durchaus relevant sein können, lässt sich exemplarisch am Beispiel *Enthusiasmus* zeigen. Enthusiasmus beschreibt eine hohe Begeisterung und intrinsische Motivation (vgl. Abschnitt 3.2.5), die man als Lehrperson bei der Berufsausübung erlebt und entsprechend auch nach außen transportiert. Vielleicht erinnern Sie sich an eigene Lehrer*innen (oder auch Dozent*innen an der Universität), die in dieser Hinsicht besonders herausgestochen sind. Inwiefern haben Sie von deren Lernangebot profitieren können? Zusammenfassend lässt sich wohl sagen, dass ein hoher Grad an Enthusiasmus für die Lehrperson sowohl mit einer besseren Gesundheit als auch einer höheren Arbeitszufriedenheit einhergeht und enthusiastische Lehrer*innen darüber hinaus auch besseren Unterricht machen, was sich letztlich auch auf die Motivation der Schüler*innen positiv auswirkt (Kunter & Holzberger, 2014).

Transmissionseffekte

Dieses „Überspringen" der Motivation zeigt sich zum Beispiel darin, dass Schüler*innen von eher selbstbestimmten, interessierten Lehrer*innen ebenfalls berichten, eher Aspekte intrinsischer Motivation im Unterricht zu erleben (Frenzel et al., 2009; Roth et al., 2007). Auch experimentell lassen sich solche Transmissionseffekte von der Lehrperson zur lernenden Person belegen (Babad, 2007; Wild et al., 1992), wobei man hier sicherlich die Authentizität experimentell erzeugter „Leidenschaft" kritisch hinterfragen kann.

3.3.3 Zielorientierungen von Lehrerinnen und Lehrern

Eine enorm einflussreiche Richtung der Motivationsforschung haben wir bisher ausgespart und stellen sie nun knapp am Beispiel von Lehrerinnen und Lehrern vor; dieselben Prinzipien lassen sich aber auch auf Schüler*innen übertragen. Ausgehend von der Frage, wie Leistungsmotive genau wirken, hat Elliot (1999) die Unterscheidung verschiedener Zielorientierungen vorgeschlagen. Unterschieden wird in der Regel zwischen einer sogenannten *Lernziel-* („mastery") und *Leistungszielorientierung* („performance"), wobei Letztere typischerweise nochmal analog zum Leistungsmotiv in eine Annäherungs- und Vermeidungskompetente aufgeteilt wird. Schließlich wird bezugnehmend auf Nicholls (1984) gerade im deutschsprachigen Raum häufig noch eine Arbeitsvermeidungszielorientierung abgegrenzt (Nitsche et al., 2011). Für Lehrer*innen, die eine hohe Lernzielorientierung aufweisen, steht in herausfordernden Situationen im Berufsalltag (Butler, 2007; vgl. Situationen in denen ein Gütemaßstab präsent ist, Abschnitt 3.2.1) im Vordergrund, dass sie hier ihre Kompetenzen weiterentwickeln können. Lehrerinnen und Lehrern mit einer Leistungszielorientierung geht es eher darum, besser als andere zu sein (Annäherung) bzw. im Vergleich mit anderen nicht schlechter dazustehen (Vermeidung). Eine Arbeitsvermeidungszielorientierung ist durch das Ziel gekennzeichnet, den Arbeitsaufwand möglichst zu begrenzen.

Im Bereich der Zielorientierungen existiert eine große Anzahl unterschiedlicher Konzeptualisierungen, die historisch auf verschiedene Arbeitsgruppen um Nicholls (1984), Dweck (1986), Ames (1992) und Elliot (1999) zurückzuführen sind. Die Verwendung recht ähnlicher Begriffe bei teilweise deutlichen konzeptuellen Unterschieden macht es vergleichsweise schwierig, eindeutige Befundmuster herauszukristallisieren (Hulleman et al., 2010).

Vermutete Auswirkungen unterschiedlicher Zielorientierungen

Empirisch zeigt sich, dass solche Zielorientierungen auf der Seite der Lehrer*innen nicht nur mit spezifischen Verhaltensweisen wie der Suche nach Hilfe im Kollegium zusammenhängen (Butler, 2007), sondern auch mit Aspekten der Unterrichtsqualität und des Beanspruchungserlebens (Daumiller & Dresel, 2020; Retelsdorf et al., 2010; Tönjes et al., 2008). Als Merkmale der Lernumgebung scheinen diese motivationalen Orientierungen der Lehrer*innen (bzw. daraus resultierende Unterrichtspraktiken) zudem die Zielorientierungen der Schüler*innen zu beeinflussen (Finsterwald et al., 2009; Friedel et al., 2007; Nitsche et al., 2017). Bei Lehrer*innen, ähnlich wie bei Schüler*innen, scheint generell eine hohe Lernzielorientierung, auch nach dem Eintritt in den Beruf, eine günstige Voraussetzung für die (Weiter-) Entwicklung zu sein (Dresel & Lämmle, 2017).

Durch die Nähe zum Ansatz von Dweck (1986) lassen sich auch leicht Bezüge zu impliziten Fähigkeitstheorien herstellen (vgl. Abschnitt 3.2.4). Eine Lernzielorientierung, beispielsweise, hängt positiv mit einer impliziten Modifizierbarkeitstheorie zusammen. Schüler*innen, die also eine Veränderbarkeit ihrer Fähigkeiten annehmen, messen eher dem Lernen an sich einen hohen Wert bei. „Entitätstheoretiker*innen" hingegen legen den Fokus auf die Demonstration von Fähigkeiten oder auf das Verbergen von mangelnden Fähigkeiten, also Leistungszielorientierungen (Dweck, 1986).

Take-Home Message
Die Motivation von Lehrerinnen und Lehrern ist gleich in doppelter Hinsicht bedeutsam. Einerseits beschreibt und erklärt sie mitunter, wie sich eine Lehrperson im Berufsalltag verhält und wie sie sich dabei fühlt, also Aspekte der Unterrichtsgestaltung und des beruflichen Beanspruchungserlebens. Andererseits scheint die Motivation von Lehrerinnen und Lehrern in direkter (Stichwort: Enthusiasmus) und indirekter Weise (z.B. über die Art der Unterrichtsgestaltung) auf die Motivation von Schüler*innen zu wirken. Vor diesem Hintergrund stellt die Reflektion der eigenen motivationalen Orientierungen und Überzeugungen einen wichtigen Baustein der Professionalisierung dar (Kunter & Trautwein, 2013, vgl. Abschnitt 1.3.2).

3.4 Zum Abschluss

Die Vielzahl an begrifflich und inhaltlich überlappenden Ansätzen ist sicherlich kein Vorteil, wenn es darum geht, Motivationstheorien in die Anwendung zu überführen (Lazowski & Hulleman, 2016; Schiefele & Schaffner, 2015). Die Ordnung des Kapitels wählten wir mit dem Ziel, folgende Zusammenhänge zu verdeutlichen:

Aktuelle Motivation im Sinne tätigkeitsspezifischer Erwartungs- und Wertparameter entsteht vermutlich aus einem Zusammenspiel relativ stabiler personaler Bedürfnisse, Vorlieben, Wünsche und Überzeugungen sowie situativer Merkmale, die mehr oder weniger gut zu den Merkmalen der Person passen. Resultierende Motivation und funktionales Handeln (also Verhalten das ausdauernd und konzentriert erfolgt, ohne emotional zu belastend zu sein) sind also letztlich eine Frage der *Passung* und können sowohl unter einer Anziehungsperspektive (Menschen wollen bestimmte Dinge erreichen oder haben), als auch unter einer Antriebsperspektive (Menschen brauchen bestimmte Dinge) verstanden werden. Auch hier spielt Passung eine Rolle, denn vor allem wenn Ziele, Wünsche und Überzeugungen sich in tiefgreifenden generellen (psychologische Grundbedürfnisse) und/oder personenspezifischen (Motive) Bedürfnissen widerspiegeln, sollte (Lern-) Verhalten optimal motiviert sein (Brunstein, 2018; Grund et al., 2018; Sheldon & Schüler, 2011). Dabei ist zu berücksichtigen, dass motivationale Überzeugungen und Überzeugungsmuster zukünftiges Verhalten auch dann beeinflussen können, wenn sie möglicherweise objektiv falsch bzw. verzerrt sind (vgl. Ursachenzuschreibungen, implizite Intelligenztheorien und akademisches Selbstkonzept). Als Teil der Lernumgebung spielen auch Lehrer*innen und deren Motivation eine Rolle für die Motivation der Schüler*innen, sowie für die Entwicklung eigener professioneller Kompetenz. Diese Bedeutung spiegelt sich allerdings noch nicht unbedingt in der Forschungspraxis wider, denn Untersuchungen zur Motivation der Lehrperson sind bisher verhältnismäßig selten.

Fragen und Aufgaben zur Anregung und zur Überprüfung

- Zur Anregung können Sie auch alle Fragen nutzen, die wir zu Anfang von Abschnitt 3.4 formuliert haben.
- Was sind typische Tätigkeiten in Ihrem Studium (oder Ihrem Beruf), denen eine intrinsische Motivationsform zugrunde liegt?
- Skizzieren Sie das komplexe Zusammenspiel aus unterschiedlichen Erwartungs- und Werttypen (vgl. *Abbildung 8*) für eine bestimmte Aufgabe, die aktuell für Sie ansteht (z.B. Vorbereitung auf eine spezifische Klausur).
- Denken Sie an eine bestimmte Schülerin oder einen bestimmten Schüler (z.B. aus einem Praktikum oder der Nachhilfe) und überlegen Sie, inwieweit hier eher die Hoffnung auf Erfolg oder die Angst vor Misserfolg dominiert. Anhand welcher Merkmale im Verhalten oder im geäußerten Erleben der Schülerin/des Schülers kommen Sie zu diesem Schluss?
- Welche Lehrer*innen aus Ihrer eigenen Schulzeit haben Sie attributionstheoretisch eher gefördert und welche eher nicht? Welche konkreten Äußerungen sind Ihnen in Erinnerung (z.B. „Du musst dich mehr anstrengen!"; „Auch ein blindes Huhn findet mal ein Korn!")?
- Was passierte mit Ihrem akademischen Selbstkonzept beim Wechsel auf die Universität?

- Was glauben Sie: Inwiefern hat sich der Besuch der Universität auf Ihre Intelligenz ausgewirkt?
- Überlegen Sie sich jeweils eine Tätigkeit, die Sie (im Wesentlichen) entweder external, introjiziert, identifiziert oder integriert reguliert ausüben. Was würden Sie einem Freund oder einer Freundin sagen, wenn Sie nach Ihren Gründen für die jeweilige Tätigkeit gefragt werden? Versuchen Sie Ihre Antwort möglichst in direkter wörtlicher Rede zu formulieren.
- Überlegen Sie: Wie müsste ein Studium aussehen, das sowohl Ihr Autonomie- und Kompetenzerleben als auch ihr Bedürfnis nach sozialer Eingebundenheit befriedigt?
- Auflösung zum Denkanstoß zu den verschiedenen Erwartungstypen: Louisas Aussage spricht für eine niedrige Handlungs-Ergebnis-Erwartung (H-E-E), trotz hoher Selbstwirksamkeit. Sie könnten deshalb versuchen, ihr anhand konkreter Erfahrungswerte (z.B. aus der Vergangenheit und/oder bei anderen Kindern) aufzuzeigen, dass das regelmäßige Anfertigen der Hausaufgaben durchaus bereits zu einer Verbesserung geführt hat. Aylinas Aussage spricht für eine hohe Situations-Ergebnis-Erwartung (S-E-E), die gleichzeitig auch eine niedrige H-E-E vermuten lässt. Sie könnten versuchen, ihr deutlich zu machen, dass ihr Sympathiebild nicht korrekt ist oder aber, dass die Leistungsbewertung wesentlich von der tatsächlichen Leistung abhängt und (hoffentlich) nur zu einem geringen Teil von der Sympathie.

Weiterführende Literatur

Anderman, E. M. (2021). *Sparking student motivation: The power of teachers to rekindle a love for learning*. Corwin. (insb. Kap. 1 und 2)

Linnenbrink-Garcia, L. & Patall, E. A. (2016). Motivation. In L. Corno & E. M. Anderman (Hrsg.), *Handbook of educational psychology* (3. Aufl., S. 91–103). Routledge.

Rheinberg, F. & Vollmeyer, R. (2019). *Motivation* (9. Aufl.). Kohlhammer. (insb. Kap. 1, 4 und 6)

Richardson, P. W., Karabenick, S. A. & Watt, H. M. G. (Hrsg.). (2014). *Teacher motivation: Theory and practice*. Routledge.

Schiefele, U. & Schaffner, E. (2015). Motivation. In E. Wild & J. Möller (Hrsg.), *Pädagogische Psychologie* (S. 153–175). Springer.

4. Veränderung von Motivation

Wie bereits in Abschnitt 1.2.1 angedeutet, ist der Weg von der Grundlagenforschung (Motivationspsychologie gilt innerhalb der Psychologie als Grundlagenfach, denn es geht hier in der Regel um grundlegende Prozesse, die jeglichem menschlichen Erleben und Verhalten gemeinsam sind) bis hin zur Ableitung von Empfehlungen und zur Entwicklung geeigneter Technologien zur gezielten Veränderung (bzw. Verbesserung) relevanter Phänomene mitunter sehr lang. Auch Sie, liebe Leser*innen, mussten sich bis zu diesem Kapitel gedulden, bevor es nun (endlich!) „praktischer" wird.

Warum ist das so? Erstens sollten Sie die wissenschaftlichen Grundlagen von Praxisempfehlungen nachvollziehen können. Diese basieren in der Regel auf empirisch geprüften Annahmen. Zweitens sollten Sie ein Verständnis für die Komplexität motivationaler Prozesse entwickeln, die es praktisch unmöglich macht, einfache Rezepte zur Anwendung zu formulieren. Daraus ergeben sich folgende Implikationen:

1. Einen Großteil der „Motivationsarbeit" müssen weiterhin Sie, als (zukünftige) Lehrer*innen, leisten, denn es gilt, die allgemeinen motivationspsychologischen Empfehlungen auf Ihre spezifische Situation und die spezifischen Herausforderungen Ihres Berufsalltags anzupassen. Hierzu haben wir am Ende des Kapitels eine Übung vorbereitet.
2. Diese Anpassungsleistung ist höchst anspruchsvoll, denn es geht letztlich um konzeptuelle Fragen der Unterrichtsgestaltung sowie der kritischen Reflexion Ihrer eigenen Person. Sie werden überrascht sein, wie viel allgemeine Fragen der Klassenführung mit der Motivierung von Schüler*innen zu tun haben. Dies ist letztlich eine gute Nachricht, denn Sie müssen bei Ihrer Unterrichtsplanung nicht über zwei verschiedene Aufgabenbereiche nachdenken: „Guter" Unterricht bedeutet in der Regel auch „motivierender" Unterricht (vgl. Kunter et al., 2007; Kunter & Trautwein, 2013).
3. Sie werden Ihre Motivierungsbemühungen kontinuierlich kritisch überprüfen müssen; die Arbeit endet praktisch nie (aber auch in diesem Punkt gibt es wesentliche Überschneidungen zur sonstigen Unterrichtsplanung).
4. Auch die Interventionsforschung hat in gewisser Weise eine „theoretische" Seite, die wir Ihnen vorstellen werden. Die meisten Grundlagen haben Sie bereits in Kapitel 3 kennengelernt. Das Verständnis einiger Interventionsansätze erfordert aber ein etwas weiteres Ausholen, um die Wirksamkeit gezielter Interventionsmaßnahmen besser einschätzen zu können.

5. Und schließlich: Falls Sie tatsächlich den Eindruck haben, bisher waren unsere Ausführungen noch nicht „praktisch“ genug, dann ist es möglicherweise lohnenswert für Sie, sich nochmals ein paar Minuten Zeit zu nehmen, um folgende Fragen hinsichtlich der Nützlichkeit der bisher vorgestellten Ansätze für sich durchzuspielen (vgl. Abschnitt 1.2.1).

Denkanstoß

Inwiefern können Ihnen die fünf vorgestellten Ansätze aus Kapitel 3 (Leistungsmotiv, Attributionstheorie, akademisches Selbstkonzept, implizite Intelligenztheorien, Selbstbestimmungstheorie) helfen (bzw. haben Ihnen schon geholfen), um motivationale Phänomene

- differenzierter wahrnehmen zu können (Beschreibung),
- rückschauend besser zu begreifen (Erklärung),
- in ihren Folgen besser abschätzen zu können (Prognose) und
- besser zielerreichend bearbeiten zu können (Technologie/Intervention)?

Als Ausgangspunkt können Sie folgende Tabellenskizze nutzen (ein ausführliches Arbeitsblatt hierzu finden Sie unter www.utb.de/doi/book/10.36198/9783838559759 unter „Bonusmaterial“). Versuchen Sie jeweils mindestens einen Gedanken je Ansatz zu notieren. Idealerweise versuchen Sie zu jedem Ansatz jedes Feld zu füllen, dann wird dessen Praxisnutzen am deutlichsten.

Übung: Theorie-Praxis-Verhältnis

	Leistungsmotiv	**Attributionstheorie**	**Selbstkonzept**	**Implizite Intelligenztheorien**	**Selbstbestimmungstheorie**
Inwiefern ist dieser Ansatz hilfreich, um Unterrichtssituationen ...,					
... zu beschreiben? (Differenziertes Wahrnehmen)					
... zu erklären? (Rückschauendes Begreifen)					

	Leistungsmotiv	Attributionstheorie	Selbstkonzept	Implizite Intelligenztheorien	Selbstbestimmungstheorie
... vorherzusagen? (vorrausschauende Folgenabschätzung)					
... zu gestalten? (zielerreichendes Handeln)					

In diesem Kapitel wird es schwerpunktmäßig um die letzte Frage gehen: *Was muss ich tun, um Y zu erreichen*? Konkreter: *Was muss ich tun, um motivationale Prozesse auf der Seite meiner Schüler*innen zu optimieren*? Dazu zeigen wir zunächst auf, welche Forschungsschritte zu gehen sind, bevor solche „Technologie"-Empfehlungen für Praktiker*innen abgeleitet werden können. Anhand von vier spezifischen Ansätzen gehen wir dann darauf ein, was die Forschung über die gezielte Beeinflussung von Motivation bereits herausgefunden hat, bevor wir mit dem Verweis auf Klassenzielstrukturen und Fehlerklima den Bereich einzelner theoretischer Ansätze verlassen und Motivierung umfassender bzw. indirekter betrachten. Anschließend fassen wir dieses Wissen unter Rückbezug auf Pintrich (2003) anhand von allgemeinen Motivierungsprinzipien und daraus abgeleiteten spezifischen Motivierungsstrategien zusammen.

Zur Einordnung dieser Ideen und Empfehlungen skizzieren wir zunächst allgemeine Entwicklungs- und Veränderungsprozesse der Motivation, denn einiges deutet darauf hin, dass Motivierung im Kontext Schule eher eine Konservierung vorhandener Motivationspotentiale bedeutet und weniger eine Steigerung geringer Motivation.

4.1 Allgemeine Entwicklungs- und Veränderungslinien der (Lern-) Motivation

Wo ist die Unbekümmertheit geblieben?
Manchmal verzweifelt Herr Müller an seinem Beruf. Er hat das Gefühl, er kämpft einen Kampf gegen Windmühlen, wenn er versucht seine Schüler*innen zu animieren, Dinge zu hinterfragen und neu zu entdecken. Er fragt sich mitunter, wo im Schulkontext die

unglaubliche „Lust aufs Lernen“ zu finden ist, die er zum Beispiel hautnah an seinen eigenen Kindern im Vorschulalter festgestellt hat (das berühmte „Löcher-in-den-Bauch-fragen“ kennt er von seinen Schüler*innen so kaum). Natürlich sieht er, dass für Jugendliche auch andere Dinge wichtig sind. Aber in der Schule sind sie nun mal zum Lernen! Ihm selbst missfällt, wie groß das Thema Noten mit zunehmendem Alter wird, und es fällt ihm mitunter schwer, die Klasse nicht nur durch diese „Leistungs-Brille“ zu betrachten. Gerade die eher Schwächeren tun ihm in diesem Zusammenhang leid, auch wenn er selbst bei dieser Gruppe durchaus bedeutsame Entwicklungsschritte sieht. Ihr Selbstvertrauen scheint aber eher weiter zu sinken ...,

Kinder *wollen* lernen!

Wenn Sie eigene Kinder haben oder bereits enger mit Kleinkindern Kontakt hatten, dann waren Sie möglicherweise fasziniert von deren Bestimmtheit, Neues zu lernen. Ohne einen gewissen inneren Drang (vgl. Abschnitt 3.1.1), sich offen und wissbegierig mit der (sozialen) Umwelt auseinanderzusetzen, wären die enormen frühkindlichen Entwicklungsschritte kaum möglich (Heckhausen & Heckhausen, 2010; Holodynski & Oerter, 2008). Stellen Sie sich einmal vor, es obläge alleine der Motivierungskunst der Eltern und Erziehungspersonen, ob Kinder bereit sind, zu lernen. Sicher, hier und da müssen wir Kinder locken und ihnen gut zureden, damit sie etwas wagen oder auch sanktionieren, damit sie etwas unterlassen. Aber im Großen und Ganzen scheint die Lernmotivation von Kindern anfänglich höchst ausgeprägt und zielführend im Sinne ihrer Entwicklung. Das setzt sich fort bis in das Vorschulalter und die Grundschule. Viele Kinder warten sehnlichst auf ihren ersten Schultag und berichten dann voll Freude von ihrer neuen Rolle als „SchuKi“. Vor diesem Hintergrund scheint sich die Frage drängender Motivationsprobleme zu erübrigen.

Abfallen der Lernmotivation im Laufe der Schulzeit

Dies ändert sich aber offenbar mit zunehmender Beschulungsdauer. Zahlreiche längsschnittliche Studien, die die gleichen Schüler*innen wiederholt befragen, zeigen ein Absinken der Lernmotivation im Laufe eines Schuljahrs (z.B. Mittag et al., 2009) und auch über verschiedene Schuljahre hinweg (Martin et al., 2015; Jacobs et al., 2002). Nach einer Meta-Analyse (vgl. Abschnitt 1.3.1), die über 100 solcher Studien zusammenfasst (Scherrer & Preckel, 2019), zeigen sich demnach die größten Motivationsabfälle im Bereich intrinsischer Motivation sowie im mathematischen und sprachlichen Selbstkonzept. Zudem scheint der Abfall in Europa größer zu sein als in Nordamerika und Asien. Anders ausgedrückt: Wer beispielsweise in Deutschland oder Luxemburg zur Schule geht, der startet in der Regel mit viel Lust und glaubt in der Regel, dass er oder sie in der Lage ist, den Lernstoff zu bewältigen. Je länger ein Kind zur Schule geht, umso weniger trifft dieser Sachverhalt dann aber weiterhin zu.

Wie lässt sich dies erklären? Haben wir es im Schulkontext also in der Tat mit einem ausgewiesenen Motivationsproblem zu tun, zumindest in späteren Phasen? Tatsächlich gibt es einige Autorinnen und Autoren, die die Schule selbst als hauptverantwortlich für diesen Motivationsabfall sehen. In ihrem *stage-environmental-fit*-Ansatz gehen Eccles et al. (1993; Eccles & Roeser, 2009) davon aus, dass es dem schulischen Umfeld im Durchschnitt immer weniger gelingt, auf die sich verändernden Bedürfnisse von Jugendlichen einzugehen. Während beispielsweise das Bedürfnis nach Autonomie zunehmend ansteigt, scheint die Schule in höheren Klassen sogar eher restriktiver und lehrerzentrierter zu werden (Schiefele & Schaffner, 2015). Auch nehmen Leistungsvergleiche und damit die Konkurrenz zwischen den Schüler*innen zu. Zudem gewinnen im Laufe der Entwicklung außerschulische Interessensfelder zunehmend an Bedeutung, die dann von außen betrachtet häufig eher als Konkurrenz zur Schule denn als Bereicherung dieser angesehen werden (Hofer, 2010, vgl. Abschnitt 2.2.2), obwohl diese Alltagserfahrungen im Unterricht durchaus aufgegriffen werden könnten (Häußler & Hoffmann, 1995).

Stage-environmental-fit-Ansatz

Im Gegensatz zu dieser pessimistischen Sicht gibt es aber auch Perspektiven, die in dem durchschnittlichen Absinken von Lernfreude und akademischen Selbstkonzept durchaus adaptive Entwicklungsprozesse erkennen (Baumert & Köller, 1998; Schiefele & Schaffner, 2015). So ist es kaum denkbar, und wohl auch kaum wünschenswert, dass jede*r alles gleich gut kann und gleich gerne mag. Entwicklung bedeutet also auch, dass, motivational betrachtet, ein Differenzierungsprozess stattfindet (Krapp, 2002). Während es für Kleinkinder durchaus adaptiv sein mag, dass sie überoptimistisch auf ihre Fähigkeiten blicken und sich deshalb (zu) viel zutrauen, geht es im Laufe der Entwicklung auch darum, ein realistisches und differenziertes Selbstkonzept zu entwickeln sowie Interessensfelder, die sich durchaus von denen anderer Schüler*innen unterscheiden können (Hofer, 2010). In gewisser Weise lernt man seine eigenen Stärken und Schwächen sowie Vorlieben besser kennen und kann dann entsprechend passende Kontexte (z.B. Berufsfelder) für sich auswählen. Dies ginge ohne Differenzierung und Relativierung kaum. Insofern ist zu erwarten, dass sich Schüler*innen im Laufe der Schulzeit nicht mehr in allen Fächern für gleich kompetent halten und auch nicht mehr alle Fächer gleich gerne machen. Dies hat vermutlich auch damit etwas zu tun, dass Fähigkeitseinschätzungen („Was kann ich gut?") mitbestimmen, was man mag (Denissen et al., 2007; Jacobs et al., 2002; Möller & Trautwein, 2015). Wir beginnen diejenigen Dinge zu schätzen, in denen wir gut sind. Auch dies kann man im Sinne der allgemeinen Persönlichkeitsentwicklung durchaus positiv interpretieren. So lassen sich dann auch

Adaptiver Differenzierungsprozess

eher *keine* Abfälle im generellen schulischen Selbstkonzept (ausgedrückt in Aussagen wie: „Ich bin gut in der Schule.") oder im allgemeinen Selbstwert feststellen (Scherrer & Preckel, 2019).

Chancengleichheit

Diese Beispiele können aber nicht darüber hinwegtäuschen, dass gewisse Entwicklungen aus psychologischer, pädagogischer und gesellschaftlicher Perspektive kritisch betrachtet werden müssen. Viele davon bilden Stigmatisierungsprozesse bestimmter Gruppen ab, die wiederum die Chancengleichheit einschränken. In dem Ausmaß, in dem beispielsweise das niedrigere Niveau (vgl. Möller & Trautwein, 2015) und stärkere Absinken im mathematischen Selbstkonzept von Mädchen (Dresel et al., 2007) vor allem gesellschaftliche Stereotypen widerspiegelt, auch auf Seiten von Eltern sowie Lehrerinnen und Lehrern (im Sinne von: Mädchen sind eher sprachlich als mathematisch-naturwissenschaftlich begabt, vgl. Dresel et al., 2007; Frome & Eccles, 1998; Meece et al., 2006), und nicht eine vorurteilsfreie, reflektierte Auseinandersetzung mit den eigenen Stärken und Vorlieben, haben wir es sicherlich mit einem handfesten „Motivationsproblem" zu tun. Dies bedeutet im Umkehrschluss wiederum nicht, dass nun *alle* Mädchen Physik studieren sollen oder müssen.

Take-Home Message

- Über alle Schüler*innen hinweg lässt sich mit zunehmender Beschulungsdauer typischerweise ein Abfall in Erwartungs- und Wertparametern beobachten.
- Dies lässt sich vermutlich dadurch erklären, dass schulische Kontexte teilweise schülerseitigen Bedürfnissen entgegenstehen, aber auch damit, dass sich spezifische Interessens- und (wahrgenommene) Fähigkeitsbereiche im Sinne eines Differenzierungsprozesses verfestigen.

4.2 Der lange Weg von der Forschung zur Praxis

Dass wie zuvor angedeutet der Weg von der Grundlagenforschung zur Empfehlung und Verbreitung einer „best practice" im Kontext von Schule mitunter steinig und aufwendig sein kann, lässt sich auch an dem Modell von Daniel (2012) veranschaulichen. Er schlägt fünf Schritte vor, die dafür notwendig sind:

1. Zunächst muss in einer experimentellen (Labor-) Studie ein kausaler Prozess nachgewiesen werden (z.B. eine spezifische Intervention, die Motivation bzw. motivationale Wirkungen wie Ausdauer und Konzentration verändert). Beschreibende Zusammenhangsstudien, wie sie in der (Lern-) Motivationsforschung dominieren, reichen als sogenannte *vielversprechende Befunde* nicht aus (vgl. Abschnitt 1.3.1).

2. Ist dies erfolgreich geschehen, können die spezifischen Interventionen in ausgewählten realen Lernkontexten (z.B. bestimmte Schulklassen) ebenfalls überprüft werden, um *vielversprechende Prinzipien* zu identifizieren, die in der Praxis funktionieren können.
3. Anschließend geht es darum, lehrer- bzw. schülerfreundliche Methoden zu entwickeln sowie deren Zuverlässigkeit und Umsetzbarkeit zu sichern und zu prüfen, im Sinne einer *vielversprechenden Praxis*. Allerdings gibt es bisher deutlich weniger Forschung, die auch diesen dritten Schritt abdeckt (ganz zu schweigen von dem folgenden vierten und fünften Schritt, vgl. Hulleman & Barron, 2016).
4. Ist eine solche Praxis etabliert, kann sie in einem breiteren Anwendungskontext (z.B. andere Klassen und Altersgruppen, andere Schulformen und schulische Milieus) zu einer Art *best practice* weiterentwickelt werden, also einer Praxis, die mit hoher Wahrscheinlichkeit in möglichst vielen Kontexten funktioniert.
5. Erst nach dieser Hürde kann diese Maßnahme für Praktiker *weiterempfohlen* werden und gemeinsam mit diesen kontinuierlich *verfeinert* werden.

Zusammenarbeit von Forschung und Praxis

Insbesondere die Schritte 3 bis 5 verlangen eine enge Kooperation zwischen forschenden und praktizierenden Personen; zudem sollte der Prozess geleitet sein von der Zielsetzung, authentische Problemstellungen zu lösen (Hulleman & Barron, 2016). Realistischerweise betreffen die spezifischen Motivationsansätze, die wir im Folgenden beschreiben, Daniels (2012) Schritte 1 und 2, denn sie basieren in der Regel auf jeweils einer theoretischen Perspektive, die Sie in Kapitel 3 kennen gelernt haben. Unsere Ausführungen zu Klassenzielstrukturen zum Ende des Kapitels gehen insofern hierüber hinaus, als dass hier Ideen aus verschiedenen theoretischen Ansätzen kombiniert werden.

4.3 Paradigmen der Motivationsveränderung

4.3.1 Allgemeine Prozesse der Veränderung des Leistungsmotivs

Mit realistischen Zielen fängt es an ...
In Herrn Müllers Klasse zeigt Jamal im Vergleich zu Lasse vollkommen andere Verhaltensmuster im Sportunterricht. Lasse scheint sich auf jede Stunde zu freuen, insbesondere, wenn es darum geht, neue Geräte auszuprobieren. Wenn etwas mal nicht klappt, versucht er es sofort wieder auf eine andere Art und ist kaum zu bremsen, wenn es darum geht, bei etwas besser zu werden. Herr Müller muss kaum eingreifen, außer, um Lasse daran

zu erinnern, dass die Stunde gleich zu Ende ist. Jamal hingegen scheint kaum Spaß am Unterricht zu haben. Herr Müller fällt auf, dass er sich selten über eine gelungene Aktion freut, was auch daran liegt, dass er sich kaum passende Herausforderungen aussucht. Herr Müller versucht dann, Jamal dabei zu helfen, sich nicht zu übernehmen und auch kleine Erfolge für sich zu verbuchen. Wirklich stolz scheint Jamal aber dennoch selten zu sein. Vielmehr lässt er sich leicht runterziehen, wenn ihm etwas nicht gelingt.

Wie bereits angesprochen, gibt es schon sehr frühe Hinweise auf ein spezifisches Leistungsmotiv. Nach Holodynski und Oerter (2008) erfreuen sich bereits Säuglinge am „Effekt", also wenn sie etwas bewirken (z.B. ein Geräusch durch das Schlagen mit einem Holzgegenstand) und Zweijährige wollen alles „selber machen". Ab dem Alter von etwa drei Jahren lernen Kinder das Konzept der eigenen Tüchtigkeit kennen, begleitet durch erste Erfahrungen mit Leistungsemotionen wie Stolz nach eigenem Erfolg und Scham nach Misserfolg. Auch sind Kinder bereits vor dem Schuleintritt grundsätzlich in der Lage, bei konkreten Aufgaben anhand vorangegangener Erfolgs- und Misserfolgserlebnisse ihre Zielsetzungen anzupassen (d.h., ihr Anspruchsniveau zu regulieren). Realisiert ein Kind beispielsweise, dass sein Versuch, ein Ziel mit einem Wurfgegenstand zu treffen, wiederholt scheitert, wird es vermutlich die Distanz zwischen sich und dem Ziel reduzieren, um die Erfolgswahrscheinlichkeit zu erhöhen. Allerdings lassen sich in diesem Alter Kinder auch bereits danach unterscheiden, ob sie grundsätzlich eher orientiert sind an der „Hoffnung auf Erfolg" oder aber an der „Angst vor Misserfolg" (vgl. Abschnitt 3.2.1). Chronifizieren sich solche Tendenzen durch bestimmte Umweltmerkmale (z.B. Elternreaktionen), kann es sinnvoll sein, mit misserfolgsorientierten Kindern spezifische Trainings durchzuführen (Rheinberg & Krug, 2017). Diese basieren auf dem sogenannten Selbstbewertungsmodell (Heckhausen, 1977; Rheinberg & Fries, 2018; Schiefele & Streblow, 2006).

Arbeit mit misserfolgsorientierten Kindern

Grundannahme ist die folgende (vgl. *Tabelle 4*): Erfolgsorientierte Schüler*innen zeigen ein adaptives, sich selbst verstärkendes Muster in den Prozessvariablen Zielsetzung, Attribution von Erfolg und Misserfolg sowie der affektiven Selbstbewertungsbilanz. Dieses Muster ist gekennzeichnet durch eine realistische Zielsetzung, eine internale Attribution von Erfolgen und eine variable Attribution von Misserfolgen, sowie durch eine positive Selbstbewertungsbilanz. Letzteres bedeutet, dass mit relativ starken positiven Emotionen (z.B. Stolz und Freude) auf sich einstellende Erfolge reagiert wird und mit relativ schwachen negativen Emotionen (z.B. Scham) auf Misserfolge. Misserfolgsorientierte Schüler*innen weisen hingegen ein maladaptives Muster auf,

Drei zentrale Prozessvariablen: Zielsetzung, Attribution und Selbstbewertung dass sich selbst verstärkt und dadurch chronifiziert. Sie setzen sich entweder zu leichte oder zu schwierige Ziele (was Erfolgserlebnisse entweder unwahrscheinlich macht oder nicht wertvoll erscheinen lässt), führen ihre Misserfolge auf eher stabile Ursachen zurück (z.B. „Ich bin generell unfähig dazu.“, „Dieses Thema ist einfach generell zu komplex, um es verstehen zu können.“) und reagieren affektiv-emotional stärker auf Misserfolge als auf Erfolge.

Prozessvariable	Hoffnung auf Erfolg	Angst vor Misserfolg
Zielsetzung	Realistische Ziele (Aufgabenwahl)	Zu leichte oder zu schwere Ziele (Aufgabenwahl)
Ursachenzuschreibung		
Erfolg	Anstrengung/Fähigkeit (internal)	Bei leichter Aufgabe: Aufgabenleichtigkeit Bei schwieriger Aufgabe: Glück (external)
Misserfolg	Anstrengung/Pech (variabel)	Bei leichter Aufgabe: Begabung Bei schwieriger Aufgabe: Aufgabenschwierigkeit (stabil)
Selbstbewertungsbilanz	Positive Affektbilanz (stark positive Emotionen bei Erfolg und schwach negative Emotionen bei Misserfolg)	Neutrale oder negative Affektbilanz (geringe positive Emotionen bei Erfolg und Vermeidung negativer Emotionen)

Tabelle 4: Wechselseitige Beeinflussung des Leistungsmotivs durch drei Prozessvariablen im Selbstbewertungsmodell der Leistungsmotivation

Konsequenz aus dieser Annahme ist, dass *alle drei Teilprozesse gleichzeitig* bearbeitet werden müssen, um misserfolgsorientierte Kinder aus ihrer Negativspirale leistungsmotivierten Erlebens und Verhaltens herauszuführen (Rheinberg & Fries, 2018). Elemente solcher umfassender Motivtrainings lassen sich durchaus in den Schulalltag einbinden (vgl. Rheinberg & Krug, 2017). In dieser Hinsicht können wir also von einer *vielversprechenden Praxis* ausgehen (vgl. Daniel, 2012). Weiter gehen wir im Folgenden auf zwei verwandte Interventionsbereiche näher ein, die unmittelbare Bedeutung für das Handeln als Lehrperson haben: die Betonung individueller Bezugsnormen und Re-Attribution. Beiden Bereichen liegt letztlich das gleiche, zentrale Motivierungsprinzip zu Grunde:

Ermögliche es Lernenden, den Zusammenhang zwischen eigener Anstrengung und Erfolg bzw. Misserfolg zu erleben! (vgl. auch Handlungs-Ergebnis-Erwartung bzw. Selbstwirksamkeit in Abschnitt 3.1.3).

4.3.2 Betonung individueller Bezugsnormen

Was bedeutet „gut"?
Vor kurzem hat Herr Müller in einer Zeitschrift ein Interview mit dem Fußballtrainer Jürgen Klopp gelesen. Befragt nach den besten Fußballern, die er bisher trainiert hatte, sagte dieser: „Der beste Spieler, den ich je trainiert habe? Mario Götze. Er war unglaublich." Klopp weiter: „Der Spieler, der sich am meisten verbessert hat, war jedoch (Robert) Lewandowski."
Als er diese Aussagen las, dachte Herr Müller an seine Klasse. Er war sich ziemlich sicher, dass Jonna von allen am besten in Englisch war. Sie konnte so gut sprechen und schreiben, dass sie ohne Probleme später mal im Ausland studieren könnte. Besonders beeindruckt ist er aber von Esila. Sie kam erst vor Kurzem neu in seine Klasse und brachte nur wenige Vorkenntnisse mit. Seitdem hat sie sich enorm verbessert, auch wenn sie (noch) nicht so gut wie Jonna ist.

Die Umsetzung komplexer Motivtrainingsprogramme ist für Lehrer*innen ohne Unterstützung kaum möglich und auch nicht nötig, um präventiv günstige motivationale Bedingungen für möglichst viele Schüler*innen zu schaffen. Basierend auf den Überlegungen zum Leistungsmotiv und dessen Förderung hat Rheinberg eine Art "naturwüchsiges Motiväanderungsprogramm" (1980, S. 125) vorgeschlagen. Bevor wir dieses Prinzip näher beschreiben, bitten wir Sie folgende Übung für sich durchzuspielen (vgl. Rheinberg, 2001):

Denkanstoß
Stellen Sie sich vor, Ihre Klasse hat neun Schüler*innen, mit denen Sie monatliche Tests durchführen (vgl. *Abbildung 14*). In jedem Test können 100 Punkte erreicht werden, wobei durchschnittlich 50 Punkte erreicht werden. Ihre Aufgabe ist es, die Leistung im letzten Test zu beurteilen. Sie können Ihre Bewertung auf einer elfstufigen Skala angeben, wobei 5x Plus „sehr gut" bedeutet und 5x Minus „sehr schlecht". Lassen Sie alle Felder frei, wäre es eine neutrale Leistung, also weder gut noch schlecht. Wenn Sie sich unsicher sind, wie Sie eine Leistung bewerten sollen, entscheiden Sie bitte danach, was Sie persönlich für richtig halten.

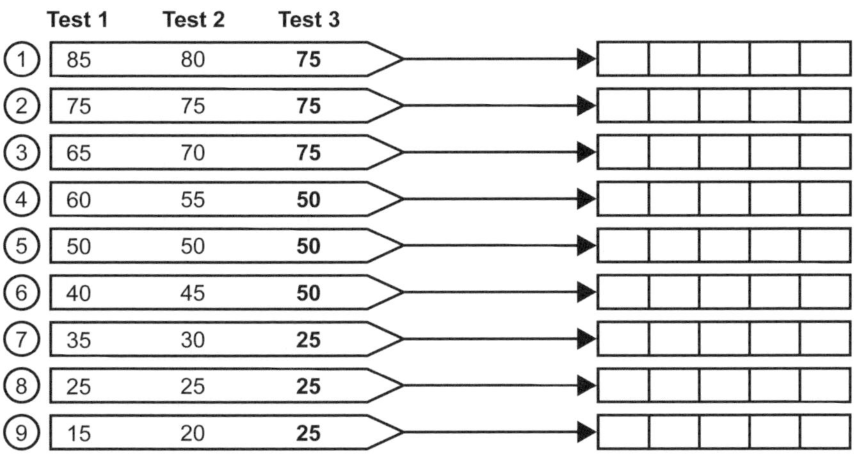

Abbildung 14: Beurteilungsaufgabe (nach Rheinberg, 2001)

Vermutlich hatten einige von Ihnen Schwierigkeiten, zu einer klaren Linie bei der Bewertung der fiktiven Klasse zu kommen. Sehr wahrscheinlich unterscheiden sich auch die Ergebnisse mitunter deutlich, zu denen zwei verschiedene Beurteiler*innen (z.B. zwei Lehrer*innen) kommen. Zumindest sind das unsere Erfahrungen in Seminaren mit Lehramtsstudierenden, wenn wir diese Übung gemeinsam durchführen. Das liegt daran, dass im Lehrerberuf (und auch bei Fußballtrainerinnen und -trainern) bei der Leistungsfindung zwei sehr unterschiedliche Aufgaben zu bewältigen sind: die *Leistungsmessung* einerseits und die *Leistungsbewertung* andererseits.

Zwei unterschiedliche Aufgaben: Leistungsmessung und Leistungsbewertung

Bei der Leistungsmessung geht es zunächst darum, ein bestimmtes Ergebnis möglichst objektiv und messgenau festzustellen. Es geht also um die Quantität und Qualität eines Ergebnisses, zum Beispiel, wie viele Tore Lasse geschossen hat, wie viele Zweikämpfe er gewonnen hat, wie weit Claas geworfen hat, wie viele Fehler er im Diktat oder wie viele Aufgaben er im Rechentest richtig bzw. falsch gemacht hat. Idealerweise unterscheidet sich diese Leistungsmessung kaum zwischen unterschiedlichen Lehrerinnen und Lehrern (wobei diese genaue Messung bei komplexeren Aufgaben wie dem Schreiben eines Aufsatzes oder der Gesamtbetrachtung eines Fußballspiels natürlich ungleich schwieriger wird, vgl. Wisniewski, 2019). In unserer Übung hatten wir die Aufgabe der Leistungsmessung bereits für Sie übernommen. Alle Ergebnisse für den letzten Test (und auch für die beiden vorangegangen Tests) lagen vor.

Im Anschluss an die Leistungsmessung stellt sich nun die Frage der Leistungsbewertung. Was bedeutet dieses Ergebnis bzw. diese Leistung? Wie „gut" oder „schlecht" war ein Ergebnis? Wenn wir Ihnen mitteilen, dass Lasse in 90 Minuten fünf Zweikämpfe gewonnen hat, dann können Sie mit dieser Information vermutlich noch recht wenig anfangen. Sie würden vermutlich zunächst gerne wissen: Um welches Spiel ging es? Wenn es um Fußball ging: Auf welcher Position spielt Lasse? In der Abwehr oder im Angriff? Wie sehen die Zahlen für andere Spieler auf seiner Position aus? Wie sahen sie in der Vergangenheit für Lasse aus? Sind neben seiner Zweikampfführung noch weitere Leistungsparameter bekannt?

Bezugsnormen als Bewertungsstandards

Sie benötigen diese Kontextinformationen, um die Leistung einschätzen und bewerten zu können. In unserer Übung waren verschiedene *Bezugsnormen* als Kontextinformationen bereitgestellt und je nachdem, welche dieser Normen Sie stärker berücksichtigt haben, sind Sie vermutlich zu unterschiedlichen Bewertungen gekommen. Im Zuge der Leistungsbewertung in Schulen lassen sich drei Arten von Bezugsnormen (auch Standards) unterscheiden (vgl. Rheinberg, 2001; Rheinberg & Fries, 2018):

- *Individuelle Bezugsnorm (IBN)*: Hier wird ein Ergebnis mit früheren Leistungen derselben Person in Beziehung gesetzt. Hat sich die Person verbessert? Dann wäre es eine „gute" bzw. eine „sehr gute" Leistung, abhängig von der Stärke des Zuwachses. Umgekehrt würde man bei einer Verschlechterung von einer „schlechten" oder „ungenügenden" Leistung sprechen. Man spricht deshalb auch von einer temporalen (= zeitlichen) Bezugsnorm. Nach diesem Prinzip kann es auf jedem Leistungsniveau gute oder schlechte Leistungen geben, abhängig davon, wie eine Person zuvor abgeschnitten hat. Zum Beispiel wären in unserer Übung die Personen 3 und 9 bei der Anwendung der IBN gleich „gut" gewesen, da sie beide im Vergleich zum ersten Test 10 Punkte hinzugewonnen haben. Beide haben sich gleichermaßen verbessert.
- *Soziale Bezugsnorm (SBN)*: Bei dieser Norm steht der Vergleich mit anderen im Vordergrund. Wie hat die Person im Vergleich zu einer bestimmten Vergleichsgruppe (in der Schule in der Regel die eigene Klasse) abgeschnitten? Bei einer überdurchschnittlichen Leistung würde man von einer „guten" Leistung sprechen, bei einer unterdurchschnittlichen Leistung von einer „schlechten" Leistung. Dabei wäre es egal, ob es zu Verbesserungen oder Verschlechterungen „innerhalb" der Person gekommen ist. Die Personen 1 bis 3 in unserem Beispiel hätten dann alle eine gleich gute Leistung erbracht, auch wenn sich Person 1 verschlechtert und Person 3 verbessert hat.
- *Kriteriale oder sachliche Bezugsnorm (KBN)*: Bei dieser Norm steht die Frage im Vordergrund: Wie verhält sich die erbrachte Leistung zu einem definierten Standard? Hat eine Person den Standard über-

troffen oder nicht? Ein solcher Standard spiegelt beispielsweise bestimmte Kompetenzstufen wider, wie sie typischerweise in Bildungsstandards hinterlegt sind. Die entscheidende Frage wäre dann zum Beispiel, ob ein Kind ein bestimmtes Kompetenzniveau erreicht, das ihm ein selbstbestimmtes Leben ermöglichen sollte, oder nicht. Die Fähigkeit, ein Studium in der Fremdsprache Englisch erfolgreich absolvieren zu können, wäre ein solches Kompetenzniveau. Ein anderes Beispiel für eine kriteriale Bezugsnorm wäre die von einem Sportverband festgelegte Leistung, die Sportler*innen erreichen müssen, um an den Olympischen Spielen teilnehmen zu können. Alle, die die Norm erreichen, wären dann gut genug um mitzufahren; alle anderen nicht.

Abbildung 15 fasst die drei Bezugsnormen und die ihnen zugrundeliegende Vergleichsarten noch einmal anschaulich zusammen. Bei unserer Übung hat vermutlich keiner von Ihnen eine Bezugsnorm in Reinform angewandt. Denn auch wenn man beispielsweise eine IBN grundsätzlich befürwortet, stellt sich doch recht schnell ein Ungerechtigkeitsgefühl ein, würde etwa Person 9 eine bessere Note erhalten als Person 1; ausschließlich auf Grundlage dessen, dass Letztere sich verschlechtert hat und Erstere sich verbessert hat. Sie alle werden deshalb vermutlich eine Mischform der drei Bezugsnormen angewendet haben. Vielleicht versuchen Sie einmal für sich zu reflektieren, welche Norm Sie wie stark gewichtet haben, um zu einem „gerechten“ Ergebnis zu kommen. Sie praktizieren dann übrigens *differenziertes Wahrnehmen* als Theorie-Praxis-Bezug (vgl. Abschnitt 1.2.1).

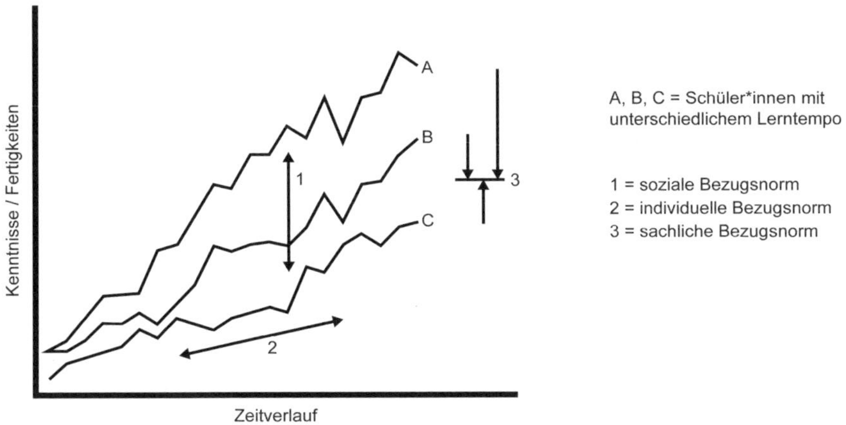

Abbildung 15: Veranschaulichung der drei Bezugsnormen (nach Rheinberg, 2001)

Denkanstoß: Bezugsnormen

Welche BN haben Sie in der Aufgabe wie stark gewichtet?	**IBN**	**SBN**	**KBN**
Prozent (bitte auf 100% aufsummieren)			

Unterschiede in der Bezugsnormorientierung

Interessanterweise scheinen sich Lehrer*innen in ihren Präferenzen für verschiedene Bezugsnormen zu unterscheiden, insbesondere darin, ob sie eher eine *soziale* (SBNO) oder *individuelle Bezugsnormorientierung* (IBNO) aufweisen (Rheinberg & Fries, 2018). Das ist deshalb von Bedeutung, da davon ausgegangen wird, dass insbesondere eine IBNO motivationsförderliche Effekte aufweist (Krug & Lecybyl, 2005; Rheinberg, 2001). Wenn sich Schüler*innen auf ihren eigenen Fortschritt konzentrieren und diesen mit ihren eigenen Bemühungen in Verbindung setzen, dann sollte dies im Sinne des Selbstbewertungsmodells der Leistungsmotivation (Heckhausen, 1977; vgl. Abschnitt 4.3.1) zu günstigen Wert- und Erwartungseinschätzungen bei zukünftigen Aufgaben führen („Seit ich mich mehr anstrenge/besser konzentriere/andere Lernstrategien einsetze, verbessere ich mich kontinuierlich. Ich kann also stolz sein und optimistisch an die nächsten Aufgaben herangehen."). Dies sollte insbesondere für solche Schüler*innen gelten, die im Vergleich zu ihrer Klasse eher unterdurchschnittliche Leistungen erbringen. Betrachten diese nur, was andere besser können als sie, entsteht vor allem der Eindruck einer geringen Fähigkeit, die für ihre relativen „Misserfolge" ursächlich ist, was wiederum eher negative Auswirkungen auf Wert- und Erwartungseinschätzungen haben sollte (vgl. Abschnitt 3.1.5). Sie sehen: Die hinzugezogene Norm verändert in gewisser Weise, was als Erfolg und Misserfolg definiert ist! Unter einer SBN erleben unterdurchschnittliche Schüler*innen praktisch nur Misserfolge, mitunter selbst dann, wenn sie dazulernen! Da auch alle anderen über ein Schuljahr gesehen in der Regel etwas dazulernen, bleiben sie immer eher unter dem Klassendurchschnitt (vgl. *Abbildung 15*). Aber auch für überdurchschnittliche Schüler*innen kann die Anwendung einer IBN motivierend sein. Sie merken dann nämlich mitunter, dass sie sich auch weiterhin anstrengen müssen, um sich zu verbessern (Rheinberg, 2001).

Was wird als Erfolg betrachtet?

Aber was können Sie als Lehrer*innen nun konkret tun, um die Motivation Ihrer Schüler*innen positiv zu beeinflussen? Zunächst sollten Sie Ihre eigene Bezugsnormorientierung reflektieren (vgl. Denkanstoß „Bezugsnormen"). Vor diesem Hintergrund gewinnt dann möglicherweise die Studie von Krug und Lecybyl (2005) eine besondere Bedeutung. Hier wurde einer Lehrperson beigebracht, in einer bestimmten Klasse (= Experimental- oder Treatmentgruppe) verstärkt eine IBN anzuwenden und damit auch den Schüler*innen vorzuleben. In einer anderen Klasse agierte die Lehrperson eher entsprechend einer SBN (= Kontrollgruppe). Abgeleitet aus Messverfahren zur Feststellung einer dominanten Bezugsnormorientierung (also wie sich Lehrer*innen, die eher eine IBNO bzw. SBNO aufweisen, typischerweise im Unterricht verhalten und was sie typischerweise denken, vgl. Dickhäuser & Rheinberg, 2003), wurden folgende Verhaltensweisen zur Förderung einer IBN umgesetzt:

Motivationsförderliche Verhaltensweisen der Lehrperson

- Hohe Sensibilität für die Lernfortschritte des Einzelnen zeigen
- Aufgaben bereitstellen, die eine Binnendifferenzierung erlauben (also Aufgaben unterschiedlichen Schwierigkeitsgrads anbieten)
- Lob bei ansteigenden und Unzufriedenheit bei abfallenden Leistungen ausdrücken
- Vermehrt internal-variable Attributionen sowohl bei Erfolg als auch Misserfolg vertreten (vgl. Abschnitt 4.3.3 zu Re-Attribution)

Im Ergebnis zeigte sich, dass die Schüler*innen in der Klasse, in der die Lehrperson einer IBN folgte, sich im Verlauf von mehreren Unterrichtseinheiten eher aktiv am Unterricht beteiligten (mehr Meldungen im Unterrichtsgespräch), den Unterricht motivierender erlebten und mindestens ebenso gut bei einem abschließenden Leistungstest abschnitten, wie die Schüler*innen der Klasse, in der die Lehrperson eine SBN angewandt hatte (z.B. gleiche, mittelschwere Aufgaben für alle anbieten, Lob und Tadel am Klassendurchschnitt orientieren, stabile Leistungsattributionen äußern). Interessanterweise profitierten nicht nur die eher schwächeren Schüler*innen von der IBN-Maßnahme, sondern alle Leistungsgruppen (Krug & Lecybyl, 2005). Die Studie kann daher als gelungenes Beispiel für Schritt 3 der Implementationsforschung gelten (Daniel, 2012). Vielversprechende Prinzipien der Motivierung (abgeleitet aus Befunden zum Leistungsmotiv und zur Attribution von Erfolg und Misserfolg, Abschnitte 3.2.1 und 3.2.2) wurden in der Zusammenarbeit mit einer Lehrperson in eine vielversprechende Praxis überführt, wenngleich diese Fallstudie dann wiederum weniger gut die üblichen Kriterien interner Validität und statistischer Aussagekraft erfüllt. Ziel war hier aber eher die Umsetzbarkeit und Machbarkeit der umfassenden Maßnahme zu prüfen (umfassend auch deshalb, weil die verschiedenen Verhaltensweisen sich im Prinzip mit verschiedenen theoretischen Perspektiven begründen lassen). Fallen hier bestimmte Probleme bei der Gestaltung der Interventionsmaßnahmen auf, dann kann davon wiederum die Theorieentwicklung und experimentelle Forschung profitieren (Mortensen & Cialdini, 2010).

Bezugsnormenvielfalt als Primat

Abschließend sei auf ein potentielles Missverständnis hingewiesen. Es geht uns keinesfalls darum, die soziale und kriteriale Bezugsnorm grundsätzlich zu Gunsten der individuellen Bezugsnorm aus dem Klassenraum zu verbannen. Alle drei Bezugsnormen haben ihre Berechtigung, erfüllen bestimmte Funktionen und weisen jeweils bestimmte „blinde Flecken" auf (Rheinberg & Fries, 2018). *Tabelle 5* stellt verschiedene Vor- und Nachteile der jeweiligen Bezugsnorm in einer Übersicht dar.

Bezugs-normen	**Individuelle BN**	**Soziale BN**	**Kriteriale BN**
Vorteile	• Zusammenhang zwischen Anstrengung und Leistung wird deutlich • Auf jedem Niveau motivationsförderlich	• Bedürfnis nach sozialem Vergleich wird befriedigt • Wird teilweise als „gerecht" erlebt	• Klarer Bezug zum Curriculum • Gut kombinierbar mit IBN
Nachteile	• Überdauernde Leistungsunterschiede zwischen SuS werden ausgeblendet • Nicht praktikabel als Zugangsvoraussetzung	• Stark abhängig von der Bezugsgruppe • Eigene Verbesserung wird nur bemerkt, wenn man in der Klassenhierarchie „aufsteigt" • Lernzuwachs der gesamten Gruppe wird nicht bemerkt	• Großer Aufwand, der ein klares Kompetenzmodell voraussetzt • Ggf. wird individueller Lernzuwachs nicht bemerkt

Tabelle 5: Potentielle Vor- und Nachteile der verschiedenen Bezugsnormen

So ist die IBN beispielsweise „blind" im Hinblick auf das generelle Leistungsniveau einer Person. Entsprechend würde man beispielsweise eine Übergangsentscheidung nicht alleine orientiert an der IBN fällen, sondern die gemachten Entwicklungsschritte mindestens auch in Bezug zu einem generellen Kompetenzniveau (vgl. KBN) setzen. Die

Anwendung einer SBN ist mitunter deshalb sinnvoll, weil Schüler*innen gerne wissen wollen, wo sie im Vergleich mit ihren Peers stehen. Allerdings übersieht die reine Anwendung der SBN eben auch, dass prinzipiell die gesamte Klasse ein bestimmtes Kompetenzkriterium nicht erreichen könnte. Entsprechend würde Herr Müller Jonna nicht alleine deshalb als „Englischgenie" bezeichnen, nur weil sie die Beste in seiner Klasse ist. Dies ergibt sich bereits aus der Tatsache, dass in stark segregierten Bildungssystemen, wie beispielsweise dem Deutschen, sich enorme Kompetenzunterschiede innerhalb einer Alterskohorte zwischen unterschiedlichen Schulformen oder Bundesländern zeigen können. Gegen die Anwendung einer KBN spricht inhaltlich im Wesentlichen kaum etwas, da eine solche Norm prinzipiell immer auch den Vergleich mit anderen oder mit sich selbst erlaubt. Dafür müssen Kompetenzstufen aber transparent und nachvollziehbar gestaltet und fortlaufend eingesetzt werden, so dass eine Person im Gespräch mit anderen auch immer vergleichen kann, wo sie relative Schwächen aufweist („Jonna hat in Mathe bereits Stufe 3 erreicht, ich nur Stufe 2."), oder beim Blick auf erreichte Standards aus der Vergangenheit, wie sie sich entwickelt hat („Letztes Jahr war meine Kompetenzstufe die 4, dieses Jahr habe ich Stufe 5 erreicht."). Allerdings ist die Festlegung solcher Standards bzw. deren Runterbrechen auf den eigenen Unterricht mitunter sehr aufwendig.

Als Fazit bleibt festzuhalten, dass Lehrer*innen in der Lage sein sollten, über die Bedeutung der drei Bezugsnormen zu reflektieren, ihre eigenen Präferenzen (Stichwort: Bezugsnormorientierung) hierbei kritisch zu hinterfragen und prinzipiell in der Lage sein sollten, alle drei Bezugsnormen anzuwenden, je nachdem, welches pädagogische Ziel für sie gerade im Vordergrund steht. Rheinberg und Fries (2018) plädieren daher für eine Bezugsnormenvielfalt im Unterricht. Sollten Sie aber primär das Ziel verfolgen, Schüler*innen zu motivieren, dann bietet die verstärkte Anwendung einer individuellen Bezugsnorm hierzu großes Potential.

4.3.3 Re-Attribution

Woran lag's? Teil II.

Nachdem Herr Müller Marlon und Jonathan zugehört hatte (vgl. Abschnitt 3.2.2), spricht er Jonathan auf dem Schulflur nochmal an:

Herr Müller: „Eine Vier. Ich hatte eigentlich gedacht, dass du den Stoff ganz gut verstanden hast. Woran lag es?"

Daraufhin Jonathan etwas beschämt: „Ich weiß nicht. Irgendwie habe ich das Gefühl, mir fehlt das gewisse Talent für Sprachen."

Herr Müller: „Ich sagte doch gerade, dass ich das Gefühl hatte, dass du es im Unterricht eigentlich ganz gut hinbekommen hast. Außerdem hattest du in der Vergangenheit ja auch schon deutlich bessere Noten in Englisch. Hast du dir denn die Übungsblätter, die ich euch zur Vorbereitung mitgegeben hatte, alle angesehen?"
Jonathan: „Angefangen hatte ich. Aber dann war ich mit unsicher, ob ich es richtig gemacht habe und habe aufgehört. Ich wollte dann Maria fragen, aber es war mir irgendwie peinlich."
Herr Müller: „Bitte sag mir das nächste Mal gleich Bescheid, wenn du Fragen hast. Dann kann ich dir sicherlich schnell weiterhelfen und du bist für die nächste Klassenarbeit besser vorbereitet. Und Maria anzusprechen ist sicherlich auch keine schlechte Idee, die passt nämlich im Unterricht immer ziemlich gut auf."

Günstige und ungünstige Ursachenerklärungen

Ausgangspunkt von sogenannten Re-Attributionstrainings ist die Annahme, dass es motivatonal-emotional betrachtet, günstigere und ungünstigere Selbsterklärungen für Erfolg und Misserfolg gibt, die wiederum zukünftiges Lern- und Leistungsverhalten beeinflussen (vgl. Abschnitt 3.2.2). Entsprechend gilt es als Lehrperson, günstige Ursachenerklärungen auf Seiten der Schüler*innen zu verstärken und ungünstige zu schwächen. Zielgruppe solcher Maßnahmen sind in der Regel ebenfalls Schüler*innen, die eher misserfolgsorientierte Erlebens- und Verhaltensweisen zeigen (Dresel & Lämmle, 2017). Bei ihnen sollen ungünstige durch günstige Erklärungen „ersetzt" werden (= Re-Attribution). Es geht dabei explizit *nicht* darum, „falsche" Erklärungen für Erfolg und Misserfolg nahezulegen (also z.B. einen fachlich eher schwächeren Schüler davon zu „überzeugen", dass er grundsätzlich über eine ausgesprochen hohe Fähigkeit in diesem Bereich verfügt). Vielmehr sollen unrealistische und häufig pessimistische Einschätzungen über die eigenen Fähigkeiten und Einflussmöglichkeiten korrigiert werden. Ausgehend von der Annahme, dass sich Anstrengung grundsätzlich auszahlen sollte, zumindest bezogen auf eine individuelle Bezugsnorm (vgl. Abschnitt 4.3.2), geht es unter anderem darum, diesen tatsächlichen Zusammenhang erfahrbar zu machen. Wer sich anstrengt (z.B. mehr Zeit investiert, konzentrierter arbeitet), der wird sich in der Regel verbessern. Wer dies nicht tut, in der Regel nicht.

Förderung realistischer und günstiger Attributionen

Indirekte und direkte Motivationsförderung

Lehrer*innen als Multiplikatoren

Realisiert werden soll dies indirekt über die Lehrer*innen oder direkt in der Arbeit mit den Schüler*innen selbst. Trainings mit Lehrer*innen (vgl. Ziegler & Schober, 2001) haben den Vorteil, dass sie eine potentielle Multiplikatorwirkung haben und auf diese Weise viele Schüler*innen gleichzeitig in ihrer Motivation beeinflusst werden können. Der Einfluss der Lehrperson muss dabei auch nicht immer über solche dezidierten Trainingsmaßnahmen vermittelt werden. Letztlich kann jede Form der Interaktion im Unterricht dazu genutzt werden, wenn Lehrer*innen über gewisse Kenntnisse der Attributionstheorie verfügen (Dresel & Lämmle, 2017). Die wichtigste Technik dazu ist ein sogenanntes *attributionales Feedback* im Rahmen von Leistungserbringungen, welches sowohl verbal oder schriftlich erfolgen kann. Das muss nicht immer die Rückgabe von Klassenarbeiten oder Zwischentests sein, sondern kann sich auch auf gelungene Wortmeldungen im Unterrichtsgespräch beziehen.

Attributionales Feedback

Ein Beispiel für ein verbales, attributionales Feedback wäre, wenn Sie auf eine falsche Wortmeldung zu einer Rechenaufgabe antworten würden:

> „Das ist leider nicht ganz richtig, Tisa. Wenn du dich beim nächsten Mal etwas besser konzentrierst und nochmal gedanklich die besprochenen Rechenschritte, einen nach dem anderen, durchgehst, bevor du antwortest, dann wirst du die richtige Lösung nennen können."

Die Aussage spiegelt eine internal-variable Ursache für den „Misserfolg" wider (mangelnde Konzentration, unzureichende Anwendung der Rechenschritte). Sie suggeriert einerseits, dass Tisa selbst mitverantwortlich für den Misserfolg ist, und damit auch, dass sie selbst auch etwas dafür tun kann, um den Misserfolg zu korrigieren bzw. abzuschwächen. Entsprechend der grundlegenden Annahmen der Attributionstheorie sollte Tisa deshalb trotz des Misserfolgs hoffnungsvoll bleiben und sich trauen, sich bei einer ähnlichen Frage wieder zu melden.

Ein Beispiel für ein schriftliches, attributionales Feedback wäre beispielsweise, wenn Sie unter das Deutschdiktat von Jonathan schreiben:

> „Eine ‚Zwei' gut, Jonathan! Kommasetzung liegt dir einfach."

> „Eine ‚Zwei', gut, Jonathan! Seit du die Hausaufgaben regelmäßig machst, hast du dich bei der Kommasetzung enorm gesteigert."

Im ersten Fall würde eine internal-stabile Ursache für die gute Note nahegelegt (generell hohe Fähigkeiten im Bereich Kommasetzung), im zweiten Fall eine internal-variable Ursache (zunehmendes Engagement bei den Hausaufgaben).

Natürlich hängt es im Alltag von den jeweiligen Schülerinnen und Schülern ab, ob ein solcher Kommentar realistisch wäre. Vorsicht ist zum Beispiel geboten, wenn Sie den Eindruck haben, Kati hat sich bereits maximal angestrengt (z.B. indem sie ausgesprochen viel Zeit in die Vorbereitung auf eine Klassenarbeit investiert hat); dennoch hat sie leider keine gute Leistung erbracht. In einem solchen Fall wäre es unangebracht (und motivational-emotional betrachtet auch ungüns-

Vorsicht bei Anstrengungsattributionen

tig), wenn Sie Kati eine mangelnde Anstrengungsbereitschaft attestieren würden. Sie sollten dann eher darauf hinweisen, dass Kati möglicherweise eine unangemessene Lernstrategie eingesetzt hat (auch dies wäre zukünftig korrigierbar, also internal-variabel) oder aber darauf, dass bei dieser Arbeit viele Schüler*innen eher schlecht abgeschnitten haben (external-variabel). In beiden Fällen könnte Kati grundsätzlich optimistisch bleiben und müsste nicht an ihrem generellen Potential zweifeln oder ihren Selbstwert in Frage stellen.

Kovariationsinformation

Im Eingangsbeispiel hat Herrn Müller zudem darauf hingewiesen, dass Jonathan ja durchaus schon bessere Leistungen erbracht hat. Die Darbietung solcher Kovariationsinformation sollte Schülerinnen und Schülern helfen, angemessenere Kausalanalysen vollziehen zu können (vgl. Kelley, 1971; Ziegler & Heller, 1998). Wenn Jonathan schon einmal eine gute Leistung in Englisch erzielt hat, dann kann es ihm ja nicht *generell* an Talent fehlen! Vielmehr hat die schlechtere Leistung vermutlich etwas damit zu tun, was Jonathan im Vorfeld der Klassenarbeit *getan* oder *nicht getan* hat. Herr Müller hat also einerseits auf ein ungünstiges Lernverhalten hingewiesen und Jonathan gleichzeitig ein alternatives Verhalten aufgezeigt (die Lehrperson früher ansprechen und nicht nur Hilfe bei der Mitschülerin suchen).

Herausforderungen im Lehralltag

Die Beispiele machen aber auch deutlich, dass die verbale Rückmeldung im Unterrichtsgespräch für die Lehrperson durchaus anspruchsvoll ist. Spontan eine passende, realistische und motivational günstige Formulierung zu finden, ist nicht ganz einfach. Zudem können solche Äußerungen durch ihre Öffentlichkeit vor der Klasse, gerade bei Misserfolgen, mitunter ungünstig aufgefasst werden kann. Aber auch ein öffentliches Lob kann ungewollte Auswirkungen haben, etwa wenn dadurch eine besondere Nähe zur Lehrperson vermittelt wird („Streber", vgl. Kessels et al., 2008; Rheinberg & Vollmeyer, 2018).

Die schriftliche Kommentierung ist daher sicherlich ein guter Einstieg, um motivational günstig auf die eigenen Schüler*innen einzuwirken. Hierzu kann es sinnvoll sein, sich einen Fundus an allgemeinen Strategien und Formulierungen anzueignen. In *Tabelle 6* haben wir auf Basis der einschlägigen Literatur (z.B. Dresel & Lämmle, 2017; Ziegler & Finsterwald, 2008) dazu einige Beispiele vorbereitet.

Misserfolg	
Mangelnde Anstrengung (internal-variabel)	„Ich denke, du würdest es besser verstehen, wenn du dich etwas mehr anstrengen würdest und etwas mehr Zeit in die Hausaufgaben investieren würdest. So wie letztes Jahr."
Mangelnder Strategieeinsatz (internal-variabel)	„Du hast zwar viel Zeit mit den Beispielaufgaben im Vorfeld der Klassenarbeit verbracht, aber leider vor allem auswendig gelernt. Versuch das nächste Mal dir eigene Beispiele auszudenken. Dann kannst du das Gelernte auch besser auf andere Probleme anwenden."
Schwierige Aufgabenstellung (external-variabel)	„Dies Mal ist es leider nicht so gut gelaufen. Allerdings waren die Aufgaben, die ich gestellt habe, dieses Mal auch relativ schwer. Viele hatten damit ihre Probleme."
Pech/Zufall (external-variabel)	„Ich denke, das war dieses Mal einfach Pech. Beim nächsten Mal klappt es sicherlich wieder besser, wenn du weiterhin so fleißig mitmachst."
Erfolg	
Hohe Fähigkeiten	„Sehr gut! Dieses Thema scheint dir wirklich zu liegen."
Hohe Fähigkeiten	„Vokabeltests sind einfach dein Ding."
Hohe Anstrengung	„Sehr gut. Je mehr du dich anstrengst, umso besser werden auch deine Ergebnisse."
Hohe Anstrengung	„Man merkt, dass du dich dieses Mal viel konzentrierter auf die Klassenarbeit vorbereitet hast."

Tabelle 6: Günstige Attributionsformulierungen

Denkanstoß

Zur Übung können Sie zudem eigene Aussagen formulieren (vgl. auch das Arbeitsblatt unter www.utb.de/doi/book/10.36198/9783838559759 unter „Bonusmaterial"). Idealerweise stellen Sie sich dazu ein oder zwei konkrete Schüler*innen vor, die Sie aus dem Unterricht (bzw. aus der Nachhilfe oder dem Praktikum) kennen und bei denen Sie das Gefühl haben, diese unterschätzen eher ihre Fähigkeiten oder aber ihre Einflussmöglichkeiten in einem bestimmten Bereich.

Übung: *Attributionales Feedback*

	Misserfolg (variabel)	**Erfolg (internal)**
Schülerin 1	*Ihre Formulierungen*	*Ihre Formulierungen*
Schüler 2	*Ihre Formulierungen*	*Ihre Formulierungen*

Abgesehen von der allgemeinen Prämisse, dass eine internale Attribution von Erfolgen und eine variable Attribution von Misserfolgen motivationsförderlich sein sollte, sollten Sie als Fazit folgende Aspekte bei Ihren Re-Attributionsbemühungen berücksichtigen (vgl. Dresel & Lämmle, 2017; Ziegler & Finsterwald, 2008; Ziegler & Heller, 1998):

- Bei Misserfolgen: Bieten Sie zusätzliche Kovariationsinformation, die eine mangelnde Fähigkeit als Hauptursache unwahrscheinlich erscheinen lässt („Es war schon mal anders.“, „Andere hatten dieses Mal auch Schwierigkeiten.“).
- Bei Erfolgen: Verweisen Sie zunächst auf Anstrengungsparameter und schließen Sie im weiteren Verlauf auch Fähigkeitsattributionen ein.
- Wiederholung: Da wiederholte Handlungszyklen Motivationstendenzen formen, dauert es mitunter recht lange, bis sich ungünstige Muster verändern; ein einzelnes unerwartetes Ereignis oder ein einzelnes korrigierendes attributionales Feedback reichen dann sicherlich nicht aus, um eine Veränderung im Fähigkeitsselbstkonzept herbeizuführen. Es besteht eine Wechselwirkung zwischen Selbstkonzept und Attributionstendenzen.
- Bleiben Sie realistisch hinsichtlich der erwartbaren Effekte! Im Unterricht ist die „Dosis“, die jeder Schüler und jede Schülerin durch Ihre Kommentierungen empfängt, relativ gering. Eine Kombination mit Strategien der individuellen Bezugsnormenorientierung könnte deshalb hilfreich sein. Andererseits können Sie kaum den Einfluss anderer Lehrer*innen oder der Eltern auf Selbstkonzept und Attributionstendenzen ihrer Schüler*innen kontrollieren (z.B. wie welche Attributionen die Eltern bei der Hausaufgabenbegleitung nahelegen).

4.3.4 Veränderung der intrinsischen Motivation und des Interesses

Raum für Autonomie- und Kompetenzerleben.
Herrn Müller beschäftigt regelmäßig die Frage, wie viel Eigenverantwortung er seinen Schülerinnen und Schülern gewähren kann bzw. soll. Würde er seiner Rolle noch gerecht werden, wenn er eher ein problemorientiertes Lernformat umsetzen würde, bei dem die Kinder der Klasse selbst entscheiden können, was sie wie tun? Würden sie dann überhaupt noch etwas Vernünftiges tun und lernen? Schließlich trägt er die Verantwortung für einen gelingenden Unterricht. Andererseits weiß er aus eigener Erfahrung, wie unzufrieden er manchmal ist, wenn sie als Lehrer*innen im Rahmen von Schulentwicklungsmaßnahmen letztlich vor allem das umsetzen sollen, was im Ministerium, weit entfernt vom Schulalltag, an Reformvorgaben entwickelt wurde. Viel befriedigender war es da doch, als er gemeinsam mit mehreren Kolleginnen eine eigene Initiative zur Verbesserung des Schulklimas initiiert und umgesetzt hat, bei der sie von der Schulleitung relativ freie Hand bekommen hatten...

Interessensbegriff

Auch wenn intrinsische Motivation und Interesse keine deckungsgleichen Begriffe sind, so behandeln wir sie im Folgenden gemeinsam, da die Maßnahmen zur Beeinflussung beider Konzepte recht ähnlich sind und zu großen Teilen auf der Selbstbestimmungstheorie (Deci & Ryan, 2000; Ryan & Deci, 2020; vgl. Abschnitt 3.2.5) basieren. Von (personalem bzw. individuellem) Interesse wird gesprochen, wenn eine spezifische Beziehung zwischen einer Person und einem Gegenstand gemeint ist (Krapp, 2002; Schiefele, 1996). Solche Gegenstände können Themen (z.B. ein bestimmter Sport, gotische Bauwerke, Sprachen) sowie Tätigkeiten sein (z.B. Reisen). Wie *Abbildung 16* zeigt, ist der spezifische Person-Gegenstands-Bezug gleichermaßen durch eine positive Erlebensqualität („Es macht mir Freude, mich mit dem Gegenstand auseinanderzusetzen."), eine hohe Bedeutsamkeit sowie ein explizites Erkenntnisziel gekennzeichnet („Es ist mir wichtig, viel über den Gegenstand zu wissen."). Interesse geht mit dieser *wertbezogenen Valenzüberzeugung* (vgl. Krapp, 2002) und dem Erkenntnisziel recht weit über den Gegenstandsbereich intrinsischer Motivation hinaus, der vor allem durch die erstgenannte Komponente, also die *gefühlsbezogene Valenzüberzeugung* (vgl. auch *situationales Interesse;* Exkurs: Situationales und personales Interesse) gekennzeichnet ist. In der gefühlsbezogenen Valenzüberzeugung liegen wiederum die Überschneidungen in den Interventionsmaßnahmen, auf die wir uns im Folgenden konzentrieren.

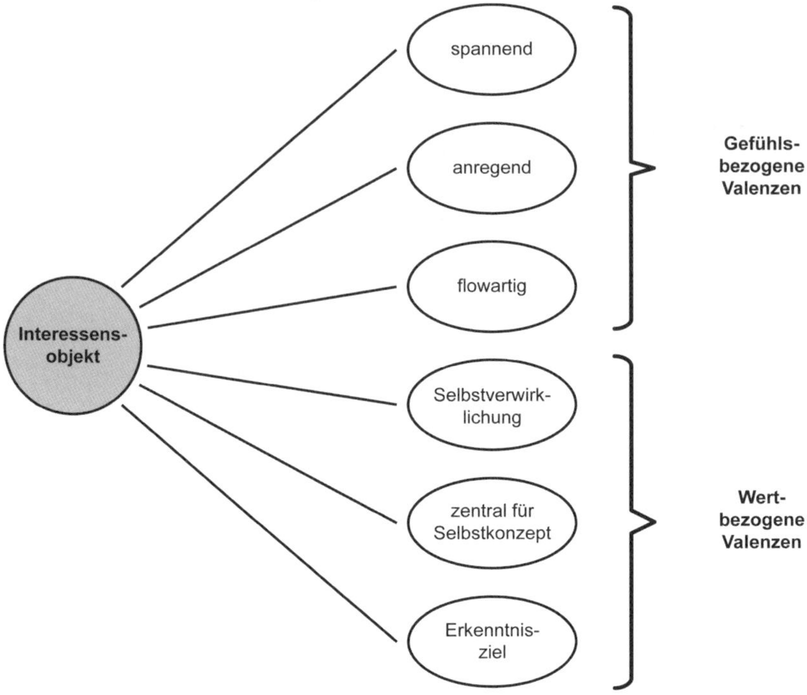

Abbildung 16: Charakterisierung von Interesse

Exkurs: Situationales und personales Interesse

Typischerweise wird situationales Interesse von personalem Interesse abgegrenzt (Schiefele, 2009). Dabei kann sich unter bestimmten Bedingungen (z.B. durch Effekte der sozialen Umwelt) Letzteres aus Ersterem entwickeln (Hidi & Renninger, 2006). *Situationales Interesse* meint einen durch äußere Umstände hervorgerufenen Zustand, der durch erhöhte Aufmerksamkeit und komplexe Gefühle wie Neugier, Absorbiertsein und Faszination gekennzeichnet ist (Schiefele & Schaffner, 2015). *Personales Interesse* ist charakterisiert durch eine hoch autonome, kontinuierliche Auseinandersetzung mit einer inhaltlichen Thematik oder einer bestimmten Tätigkeitsklasse, die keiner externen Unterstützung (mehr) bedarf (Hidi & Renninger, 2006).

Entsprechend der Annahme dreier psychologischer Grundbedürfnisse, deren Befriedigung der Entwicklung intrinsischer Motivation vorausgeht (Deci & Ryan, 1985; Ryan & Deci, 2020), ist die zentrale Ableitung, um intrinsische Motivation (und personales Interesse) nicht nur kurzfristig, sondern dauerhaft positiv zu beeinflussen, recht eindeutig:

> *Gestalte deinen Unterricht so, dass er das Bedürfnis der Schüler*innen nach Selbstbestimmung, Kompetenzerleben und sozialer Eingebundenheit befriedigt!*

Gemäß dem ersten Schritt von Daniel (2012) konnte in einer Vielzahl von Labor- und Feldexperimenten gezeigt werden, dass Bedingungen, die sowohl Selbstbestimmung als auch Kompetenzerleben ermöglichen, zu höherer intrinsischer Motivation und Ausdauer führen. Wenn beispielsweise eine Aufgabe mit einer autonomieunterstützenden Instruktion eingeführt wird (z.B. „Wir bitten dich...“, „Du kannst ...,“), dann berichteten Lehramtsstudierende eine tiefere Verarbeitung und ein besseres Verständnis beim Lesen eines Sachtexts, im Vergleich zu Studierenden, die eine kontrollierend formulierte Instruktion erhalten hatten („Du musst ...,“; „Du solltest ...,“, vgl. Vansteenkiste et al., 2004). Spannender wird es aus pädagogischer Sicht nun bei der Konkretisierung dieser Prinzipien in realen Lernsettings, gerade, wenn man davon ausgeht, dass die Aufrechterhaltung intrinsischer Motivation eine große Herausforderung in schulischen Kontexten darstellt (vgl. Abschnitt 4.1). Wie schafft man im Unterricht (oder auch bei der Bearbeitung der Hausaufgaben oder dem Lernen für eine Klassenarbeit zu Hause) Möglichkeiten zur Selbstbestimmung, zum Erleben von Kompetenz und zum sozialen Austausch? Und wie schafft man dies, obwohl bestimmte Rahmenbedingungen, wie das Primat von Noten und der soziale Vergleich in vielen Kontexten allgegenwärtig sind und der Entwicklung bzw. Aufrechterhaltung intrinsischer Motivation möglicherweise entgegenstehen?

Umsetzung im Schulalltag

Die Überführung eines solchen theoretischen Prinzips in eine evidenzbasierte Praxis setzt zunächst voraus, dass man ein präzises Verständnis der theoretischen Begrifflichkeiten hat. Sie brauchen also Beschreibungswissen, wie wir es Ihnen in Kapitel 3 zur Verfügung gestellt haben. Und Sie benötigen ein gewisses Praxisverständnis, also Wissen darüber, welche Umsetzungen möglich und realistisch wären. Die besten Ideen nützen Ihnen aber nichts, wenn sie dann unter realen Bedingungen nicht umgesetzt oder nur schlecht umgesetzt werden können. Dann *könnte* die eingesetzte Maßnahme zwar wirksam sein; sie *ist* es aber möglicherweise nicht, weil sie nicht gut genug umgesetzt werden konnte.

Beispiel: Förderung intrinsischer Motivation im Deutschunterricht

Als gelungenes Beispiel für eine Interventionsmaßnahme gemäß Daniel (2012) in dessen Schritt 2 kann die Studie von Mittag et al. (2009) dienen. Explizites Ziel war hier die Förderung selbstbestimmter Lernmotivation im Deutschunterricht der achten Klasse. Stichprobe waren Schüler*innen von insgesamt 20 Haupt-, Real- und Gymnasialklassen in Baden-Württemberg. Entsprechend einem quasi-experimentellen

Design (vgl. Abschnitt 1.3.1) wurde etwa die Hälfte der Klassen einer Treatment-Bedingung zugeordnet, in der die Motivierungsmaßahme im Verlauf von zwei Unterrichtseinheiten (über ca. 2–3 Monate) zu *Kommasetzung* und *Sachtexte erschließen* umgesetzt wurde. Die Schüler*innen der Kontroll-Klassen behandelten die gleichen Themen im Regelunterricht ohne gezielte Motivationsfördermaßnahme. Erwartet wurde, dass Schüler*innen der Treatment-Klassen im Vergleich zu den Kontroll-Klassen nicht nur mehr intrinsische Lernmotivation berichten, sondern die Unterrichtsinhalte auch besser erlernen (da intrinsische Lernmotivation eine tiefere Auseinandersetzung mit den Inhalten ermöglichen sollte, vgl. Ryan & Deci, 2020).

Werkstattheft als zentrales pädagogisches Element

Implementiert wurde die Maßnahme anhand zweier Hauptbausteine. Zum einen nahmen Lehrer*innen der Treatment-Klassen an einem zweitägigen *Workshop* teil, in dem sie sich die in Abschnitt 3.2.5 skizzierten Prinzipien der Selbstbestimmungstheorie erarbeiteten. Zum anderen arbeiteten die Schüler*innen in den Treatment-Klassen mit einem sogenannten *Werkstattheft*. Dieses zielte darauf ab, Möglichkeiten zur Bedürfnisbefriedigung zu schaffen. So konnten die Schüler*innen beispielsweise weitgehend unabhängig von der Lehrperson ihren Lernweg (z.B. Reihenfolge und Tempo der Aufgabenbearbeitung) eigenständig festlegen und den eigenen Wissensstand anhand eines Lösungsheftes prüfen. Sie entschieden auch weitgehend eigenständig über zusätzlichen Übungsbedarf oder neue fakultative Aufgaben. Schließlich konnten sie entscheiden, ob sie allein, in Partner- oder in Gruppenarbeit lernen. Kompetenzerleben wurde vor allem darüber sichergestellt, dass die Aufgaben und Erklärungen hierzu für die Schüler*innen klar erkennbar schwierigkeitsgestaffelt angeordnet waren. Die Lehrer*innen hatten im Wesentlichen eine beratende Funktion, sollte Bedarf entstehen.

Besseres Lernerleben als Ergebnis

Die zentralen Ergebnisse lassen sich wie folgt zusammenfassen (vgl. Mittag et al., 2009): Die Treatment-Klassen berichteten im Vergleich zu den Kontroll-Klassen mehr Lernfreude. Allerdings war dieser Unterschied vor allem darauf zurückzuführen, dass die Lernfreude in den Kontroll-Klassen stärker absank, *nicht* darauf, dass die Lernfreude in den Treatment-Klassen stieg (vgl. Abschnitt 4.1 zu generellen Entwicklungstendenzen der Lernmotivation). Außerdem ließ sich für die Gymnasial- und Realschulklassen, die an der Motivierungsmaßnahme teilgenommen hatten, bessere Lernleistungen zeigen als in ihren jeweiligen Vergleichsklassen. In den Hauptschulklassen zeigte sich hingehen ein negativer Effekt. Hier wurde im Regelunterricht besser gelernt als mit dem Werkstattheft.

Praktische Herausforderungen

Ein solches uneinheitliches Befundmuster ist nichts Ungewöhnliches und deutet viel mehr darauf hin, dass der Schritt von einem vielversprechenden Befund zur Entwicklung einer „Best practice“ (Daniel,

2012), die uneingeschränkt empfohlen werden kann, mitunter sehr weit ist. Wir können an dieser Stelle nicht auf alle diskussionswürdigen Punkte der Studie eingehen. Es sollte aber deutlich geworden sein, dass nicht jede potentiell wirksame Maßnahme unbedingt für jeden, in jedem Umfeld und im Hinblick auf jedmögliches Erfolgsmaß funktionieren muss. Abhängig davon, an welcher Schulform Sie arbeiten, welche Lernvoraussetzungen und -gewohnheiten die Kinder und Jugendlichen mitbringen und was Ihr Ziel ist, können unterschiedliche Maßnahmen zur Förderung des Autonomie- und Kompetenzerlebens sowie der sozialen Eingebundenheit wirksam sein. Das ist aber gleichzeitig auch eine gute Nachricht, denn die konkreten Möglichkeiten zur Förderung der drei Grundbedürfnisse sind nahezu unbegrenzt und Sie, als (bald) praktizierende Lehrer*innen, haben vermutlich die besten Ideen, was Sie im Unterricht wie realisieren können. Um Ihnen einige Anregungen zu geben, haben wir in *Tabelle 7* hierzu einige Unterrichtspraktiken zusammengestellt (vgl. auch Dresel & Lämmle, 2017 sowie Schiefele & Schaffner, 2015).

Vielfältige Maßnahmen sind möglich

Selbstbestimmung	**Kompetenz**	**Soziale Bezogenheit**
• Mitbestimmung bei Lerngegenständen, -zielen und -aktivitäten gewähren	• Positive Rückmeldungen geben (loben)	• Kooperatives Lernen und Team-Arbeit ermöglichen
• Freiräume bei der Aufgabenbewältigung schaffen	• Klare, gut strukturierte Präsentation von Lernstoffen und verständnisorientierte Instruktion	• Partnerschaftliches Verhältnis zwischen Lehrperson und Schüler*innen etablieren und pflegen
• Eigene Problemlösungen suchen und ausprobieren lassen	• Unterschiedliche Aufgabenschwierigkeiten anbieten	• Sozialen Vergleich bei der Leistungsbewertung nicht in den Vordergrund stellen
• Selbstbewertungsmöglichkeiten bieten	• Bei herausfordernden Aufgaben unterstützen	• Positives Fehlerklima (vgl. Abschnitt 4.5)
• Klassenregeln gemeinsam aushandeln	• Förderung aktiver Beteiligung bei Problemlösungen (Experimente, Projektarbeit, Fallanalysen)	• …

Selbstbestimmung	Kompetenz	Soziale Bezogenheit
• ...	• Aufgaben anbieten, bei denen vielfältige Kompetenzen eingebracht werden können	• ...

Tabelle 7: Maßnahmen zur Förderung intrinsischer Motivation

Verhältnis zwischen Autonomie- und Kompetenzerleben

Zentral scheint hierbei zu sein, dass die Befriedigung eines Bedürfnisses nicht unbeabsichtigt die Frustration eines anderen Bedürfnisses zur Folge hat, indem man z.B. sehr viel Autonomie gewährt, bestimmte Gruppen damit aber überfordert und so gerade das Gegenteil von Kompetenzerleben bewirkt. Zum Glück zeigt sich aber typischerweise, dass die Gabe von festen Strukturen, die Kompetenzerleben ermöglichen (z.B. durch die Vorgabe von Schritten und häufiges informatives bzw. elaboriertes Feedback, vgl. Steuer & Dresel, 2019), durchaus auch mit Autonomieerleben einhergehen kann (Jang et al., 2009). Denn es geht weniger darum, die Schüler*innen besonders eng zu führen, sondern ihnen jederzeit eine selbstständige Orientierung im Unterricht zu ermöglichen.

Interesse: zusätzliche Förderung der subjektiven Bedeutsamkeit

Maßnahmen zur Interessensförderung versuchen typischerweise ebenfalls das Autonomie- und Kompetenzerleben zu fördern (Schiefele & Streblow, 2006). Darüber hinaus geht es aber auch um die direkte *Förderung der subjektiven Bedeutsamkeit* eines Lerngegenstands, im Sinne einer wertbezogenen Valenzüberzeugung (vgl. *Abbildung 16*). Gemäß der Theorie der organismischen Integration (Deci & Ryan, 2000; vgl. Abschnitt 3.2.5), geht es hier also eher um die Entwicklung identifizierter und integrierter Motivationsformen bzw. einer Verankerung im affektiv-emotionalen Selbstkonzept. Erreicht werden soll dies in der Regel über eine Verknüpfung von Lernthemen mit bedeutsamen Alltagserfahrungen der Schüler*innen. Empfohlen wird in diesem Zusammenhang unter anderem Folgendes (vgl. Schiefele & Streblow, 2006):

- Unterrichts- und Lernziele müssen klar formuliert und bedeutungsvoll sein („Was hat das mit meinem Leben zu tun"?)
- Lehrende sollen ihr eigenes Interesse am Lerngegenstand zum Ausdruck bringen (vgl. *Enthusiasmus* in Abschnitt 3.3)
- Der emotionale Gehalt des Lernstoffs sollte erhöht werden (indem dieser z.B. inhärent mit emotionalen Erlebnissen und Geschichten verbunden wird)
- Praktische Anwendungsmöglichkeiten sollten hervorgehoben werden (Stichwort: problembasierter Unterricht, vgl. Dochy et al., 2003)

- Der Lernstoff sollte mit natürlichen, altersangemessenen Interessen verbunden werden

Einige dieser Aspekte finden sich bei Häußler und Hoffmann wieder (1995), orientiert an dem praktischen Ziel, Mädchen vermehrt für den Physikunterricht zu begeistern bzw. ihr Fähigkeitsselbstkonzept in diesem Bereich zu stärken. Dabei haben sie in der Jahrgangsstufe 7 unter anderem folgende Maßnahmen umgesetzt:

- Einbettung der Physikinhalte in wenig geschlechtsstereotype alltagspraktische Erfahrungen und Interessenskontexte (z.B. Bau von Musikinstrumenten)
- Wiederholte Thematisierung der Bedeutsamkeit der Naturwissenschaften für die Gesellschaft bzw. ihres lebensnahen Nutzens (vgl. auch Hulleman et al., 2010; Hulleman & Barron, 2016)
- Teilweise mono-edukativer Unterricht (Trennung von Jungen und Mädchen, um das physikspezifische Fähigkeitsselbstkonzept der Mädchen zu stärken)

4.4 Theorieübergreifende Maßnahmen am Beispiel der Klassenzielstruktur

Umfassende Motivierungsprogramme

Die bisher vorgestellten Ansätze und Umsetzungen zur Motivationsveränderung stellen nach Hulleman und Barron (2016) im Wesentlichen sogenannte *target interventions* dar, die typischerweise Daniels (2012) ersten und zweiten Schritt der Implementationsforschung abbilden. Im Gegensatz dazu versuchen *comprehensive* bzw. *multicomponent interventions* ein Motivierungsproblem umfassender anzugehen. Dafür ist es häufig nötig, etwas tiefer in das Feld einzutauchen und gemeinsam mit den Anwenderinnen und Anwendern ein Interventionsprogramm zu erarbeiten und zu verfeinern. Im Vordergrund steht dann nicht mehr (alleine) das Forschungsziel, zu überprüfen, ob eine bestimmte, theoretisch angenommene Wirkung besteht (z.B. höhere Ausdauer und bessere Leistungen in der Experimentalgruppe bei höherem Autonomie- und Kompetenzerleben, vgl. Abschnitt 1.3.1). Vielmehr wird darauf aufbauend versucht, mit Blick auf ein konkretes Alltagsproblem Handlungsempfehlungen für Lehrer*innen abzuleiten und in ihrer Umsetzbarkeit und Wirkung zu prüfen (Hulleman & Barron, 2016): Sollen Lehrer*innen die Schüler*innen anders ansprechen? Andere Unterrichtsmaterialien entwickeln? Andere Lernmethoden einsetzen? Wenn man das Motivierungsproblem von dieser Seite betrachtet, wird schnell deutlich, dass sich eine bestimmte praktische Maßnahme in der Regel über verschiedene theoretische Annahmen begründen lässt. Dies zeigt sich z.B. bei den Maßnahmen der sogenannten Klassenzielstruktur.

Lernen oder Leistung?

Herr Müller möchte, dass seine Schüler*innen möglichst viel in seinem Unterricht lernen, sodass sie gut mit der englischen Sprache zurechtkommen und diese in der Freizeit oder auch später in ihrem Beruf nutzen können. Um diese Anwendungsmöglichkeiten auch für die Schüler*innen sichtbar zu machen, stellt Herr Müller gerne verschiedene Aufgaben zur Wahl, aus denen sich die Schüler*innen diejenigen aussuchen dürfen, die sie am spannendsten finden.

Die Leistung in Tests ist Herrn Müller weniger wichtig, da er seine Schüler*innen auch ohne diese gut einschätzen kann. Daher gibt Herr Müller den Schüler*innen viel mündliches Feedback während des Unterrichts.

Um den Unterricht etwas aufzulockern, veranstaltet er oft Spiele, bei denen verschiedene Schüler*innen oder verschiedene Gruppen von Schüler*innen gegeneinander antreten und bei denen es Gewinner und Verlierer gibt, sodass die Schüler*innen zeigen können, was sie gelernt haben.

Lern- vs. Leistungsziele

Sie haben bereits die Unterscheidung zwischen Lern- und Leistungszielen kennengelernt (vgl. Abschnitt 3.3.3). Zur Wiederholung: Eine Person, die Lernziele verfolgt, lernt, weil ihr das Lernen an sich wichtig ist, und sie versucht die eigenen Fähigkeiten zu erweitern. Eine Person, die Leistungsziele verfolgt, möchte die eigenen Fähigkeiten anderen gegenüber zeigen oder aber ggf. geringe Fähigkeiten verbergen (vgl. Ames, 1984; Dweck, 1986).

Ziele in der Klasse

Neben den knapp beschriebenen individuellen Zielorientierungen der Lernenden (und Lehrenden) gibt es im Unterricht die sogenannte Klassenzielstruktur. Diese legt – vermittelt über das Unterrichtshandeln – bestimmte Ziele in der Klasse nahe.

Definition: Klassenzielstruktur

Die Klassenzielstruktur beschreibt die Wahrnehmung des Ausmaßes, in dem der Klassenkontext das Verfolgen von Lernzielen bzw. Leistungszielen vorgibt oder ermöglicht (Finsterwald et al., 2009).

Wirkungen von Lern- und Leistungszielstrukturen

Die Annahme des Ansatzes der Klassenzielstruktur ist, dass die Motivation, aber auch das emotionale Erleben der Schüler*innen, durch die Klassenzielstruktur beeinflusst wird (Meece et al., 2006; Murayama & Elliot, 2009). So erleben Lernende, die eine starke Lernzielstruktur in ihrem Unterricht wahrnehmen, mehr Freude, weniger Angst und wollen ihre eigenen Fähigkeiten erweitern. Hingegen zeigt sich bei einer starken Leistungszielstruktur mehr Angst, geringeres Wohlbefinden und die Tendenz, besser sein zu wollen als andere (z.B. Bandalos et al., 2003; Bieg et al., 2019; Finsterwald et al., 2009).

Die Klassenzielstruktur beeinflusst die Motivation der Schüler*innen

Dass die Klassenzielstruktur sich auf die Motivation der Lernenden auswirkt, bedeutet wiederum, dass durch die Veränderung der Klassenzielstruktur ein motivational günstigeres Klima geschaffen werden kann und somit indirekt auf die Motivation der Schülerinnen und Schüler Einfluss genommen werden kann. Aber wie funktioniert das?

TARGET-Modell

Die Klassenzielstruktur ist abhängig von einer Reihe von Aspekten, die im TARGET-Modell zusammengefasst sind (Ames, 1992). TARGET ist ein Akronym, das sich aus den sechs relevanten Dimensionen bilden lässt: **T**ask (Aufgaben), **A**uthority (Autonomie), **R**ecognition (Anerkennung), **G**rouping (Gruppenbildung), **E**valuation (Bewertung), **T**iming ([Lern-]Zeit). Die unter dem Begriff „Klassenzielstruktur" beschriebenen Maßnahmen gehen damit deutlich über die Befunde zu Zielorientierungen hinaus und können auch über andere Ansätze begründet werden.

Die nachfolgende Aufstellung entlang der TARGET-Dimensionen zeigt Ziele und entsprechende Maßnahmen zur Förderung einer Lernzielstruktur:

Task beschreibt die Aufgabendimension. Hier geht es darum, welche Aufgaben gestellt und wie Aktivitäten gestaltet werden. Ziel sollte sein, dass die intrinsische Motivation gestärkt wird und das Lernen von den Schüler*innen als sinnvoll erlebt wird.

- Maßnahmen, um das zu erreichen, sind die Steigerung der Vielfältigkeit von Aufgaben (z.B. durch abwechslungsreiche Beispiele), die Wahl eines passenden Anforderungsniveaus für die Schüler*innen (dieses sollte individuell herausfordernd sein, aber nicht überfordernd), die Strukturierung von Lernaktivitäten (z.B. durch das Setzen von Teilzielen) oder die direkte Verknüpfung des Lernstoffs mit der eigenen Erfahrungswelt der Schüler*innen (vgl. Interessenförderung, Abschnitt 4.3.4).

Authority beinhaltet den Umgang mit Autorität und Autonomie. Es geht darum, welche Freiheiten die Schüler*innen erhalten. Ziel sollte die Mitbestimmung und Übernahme von Verantwortung seitens der Schüler*innen sein.

- Umgesetzt werden kann dies beispielsweise, indem Möglichkeiten für Schüler*innen geschaffen werden, Verantwortung für das Lernen eigenständig zu übernehmen, Entscheidungen zu treffen und in manchen Aspekten auch kurzzeitig die Führung zu übernehmen (z.B. Wahl von Lernaktivitäten; selbständiges Arbeiten an größeren Projekten). Schüler*innen können außerdem gefördert werden, indem sie bei der selbständigen Festlegung von Lernzielen unterstützt werden (vgl. Autonomieförderung, Abschnitt 4.3.4).

Recognition betrifft die Anerkennung der Schüler*innen. Ziel sollte es sein, Gelegenheiten für alle Schüler*innen zu bieten, über Lernerfolge Anerkennung zu erhalten. Des Weiteren sollten Fortschritte in Bezug auf Lernziele anerkannt werden.

- Lehrer*innen können dazu die Aufmerksamkeit der Schüler*innen gezielt auf Anstrengung und individuelle Lösungszugänge lenken, indem individuelle Verbesserungen belohnt werden (vgl. individuelle Bezugsnorm, Abschnitt 4.3.2). So steht das Individuum im Vordergrund und nicht der Vergleich mit anderen Schüler*innen, der insbesondere bei leistungsschwächeren Schüler*innen schnell negativ ausfällt und entsprechend demotiviert. Wichtig ist auch, dass herausgestellt wird, dass Fehler keine Hinweise auf mangelnde Kompetenzen sind, sondern Lerngelegenheiten mit viel Potential (vgl. Fehlerklima, Abschnitt 4.5).

Grouping meint die Art, wie Gruppen im Unterricht gebildet werden. Ziel sollte es sein, hierbei eine akzeptierende und anerkennende Umgebung für alle Schüler*innen herzustellen sowie Gelegenheiten zu sozialen Interaktionen zu bieten, die wiederum die (Weiter-)Entwicklung sozialer Fertigkeiten unterstützen.

- Hierzu können (leistungs-)heterogene Gruppen zusammengesetzt werden. Diese ermöglichen, Ziele gemeinsam zu erreichen, wobei jeder seine individuellen Kompetenzen einbringen kann und muss, sowie ein positives Kooperationsklima zu fördern. Auch der Einsatz kooperativer Lernmethoden ist in diesem Rahmen vorteilhaft (vgl. Förderung sozialer Eingebundenheit, Abschnitt 4.3.4).

Evaluation beschreibt die Bewertung der Lernergebnisse der Schüler*innen. Es geht darum, den Lernprozess zu dokumentieren und zu benoten.

- Dazu können Bewertungsmaßstäbe mit vielfältigen Kriterien eingesetzt werden. Zudem sollte jegliches Feedback in Form von privaten Rückmeldungen stattfinden und die Bewertung sollte sich an dem individuellen Fortschritt und dem Erreichen von sachlichen Kriterien orientieren (ähnlich der Maßnahmen zu dem Punkt „Recognition“, vgl. auch Bezugsnormen, Abschnitt 4.3.2).

Timing meint die Kalkulation und Gewährung von Zeit. Ziel ist es hier, dass genügend Zeit für ausgedehntes und bedeutsames Engagement in Lernaufgaben bereitgestellt wird.

- Es sollte ausreichend Zeit für die Bearbeitung von Aufgaben bereitgestellt werden, sodass der Großteil der Schüler*innen die Möglichkeit hat, sich entsprechend mit der Aufgabe auseinanderzusetzen. Um zu verhindern, dass leistungsstärkere Schüler*innen sich langweilen, können unterschiedliche Schwierigkeitsniveaus angeboten werden. Darüber hinaus sollten Gelegenheiten zur eigenverantwortlichen Planung des Lernens und zur eigenständigen Terminierung von Selbstbewertungen angeboten werden.

Günstige Unterrichtsmethoden zur Förderung einer Lernzielstruktur wurden gerade entlang der Dimensionen beispielhaft aufgeführt. Manchmal kann es jedoch hilfreich sein, sich den Gegenpol anzusehen, um das Wissen zu festigen. Dazu werden im Folgenden einige Beispiele für die Förderung einer motivational weniger günstigen Leistungszielstruktur gegeben (vgl. Ames, 1992; Kaplan et al., 2002; Midgley et al., 1998; Urdan, 2004).

Exkurs: Bitte meiden! Eine Leistungszielstruktur wird begünstigt durch:

- Wettbewerbsorientierte Aktivitäten
- Öffentliche Leistungsrückmeldungen
- Häufige extrinsische Belohnungen
- Einen starken Fokus auf korrekten Lösungen
- Forderung der Demonstration von Fähigkeiten
- Leistungsbewertungen nach sozialer Bezugsnorm

Denkanstoß

Lesen Sie sich das zu Beginn des Kapitels abgedruckte Beispiel von Herrn Müller nochmals durch. Wie würden Sie die Ansätze, die Herr Müller verfolgt, bewerten, nachdem Sie dieses Kapitel gelesen haben? Was bewerten Sie als positiv und was als weniger günstig? Hätten Sie eine andere Einschätzung gehabt, bevor Sie das Kapitel gelesen haben? Welche Aspekte müsste Herr Müller ändern, um eine günstigere Zielstruktur in seiner Klasse zu realisieren? Beschreiben Sie geeignete Alternativen zu seinen Methoden (zur besseren Strukturierung finden Sie hierzu ein Arbeitsblatt unter www.utb.de/doi/book/10.36198/9783838559759 unter „Bonusmaterial“).

Rolle der Lehrperson bei der Klassenzielstruktur

Es wurde bereits dargestellt, dass die Klassenzielstruktur über verschiedene instruktionale Methoden der Lehrperson geformt wird. Auch die Rolle der individuellen Zielorientierungen der Lehrperson haben wir angesprochen (vgl. Abschnitt 3.3.3). Doch wie genau ist das Zusammenspiel zwischen Klassenzielstruktur, Zielorientierungen der Lehrer*innen und deren Schüler*innen?

Retelsdorf et al. (2010) konnten zeigen, dass die individuellen Zielorientierungen mit dem instruktionalen Handeln der Lehrer*innen in Zusammenhang stehen. So zeigte sich beispielsweise, dass Lehrer*innen mit einer starken Lernzielorientierung einen kognitiv anregenden Unterricht praktizieren, während von Lehrerinnen und Lehrern mit

Exkurs: „Kein Bock auf Mathe“

Hettmann et al. (2019) beschreiben eine weitere theorieübergreifende Maßnahme, die an einem konkreten Problem ansetzt. Genau genommen ging es um zwei Herausforderungen: Zum einen sollten Schüler*innen für den Matheförderunterricht motiviert werden. Zum anderen sollten Mathematiklehramtsstudierende genau zu dieser Motivierung befähigt werden. Im Vordergrund standen dabei didaktische Maßnahmen der Individualdiagnose („Erfolge vorbereiten“), der Binnendifferenzierung („Erfolge müssen möglich sein“), der Dokumentation von Lernfortschritten („Erfolge müssen erlebt werden“) und des informativen Feedbacks („Erfolge müssen nachbereitet werden“), die für die Studierenden im Rahmen eines neugestalteten Seminar- und Praktikumskonzept über insgesamt sechs Monate entsprechend motivational eingebettet und reflektiert wurden[2].

Im Vergleich zu Studierenden, die das Praktikumskonzept zuvor ohne diese motivationale „Anreicherung“ durchlaufen hatten, berichteten die Teilnehmer*innen der neuen Maßnahme eine höhere Wertschätzung für eine individuelle Bezugsnormorientierung und internal-variable Attributionen in Feedbacksituationen. Zudem wurde das neue Seminar- und Praktikumskonzept durchweg positiv bewertet (Hettmann et al., 2019). Schließlich berichten auch Schüler*innen, die an einer Förderung durch geschulte Studierende teilgenommen hatten, häufiger von Erfolgen (Nahrgang et al., 2019).

Allerdings waren die Effekte der Maßnahme insgesamt weniger umfassend als erwartet. Da sich gerade bei Schüler*innen mit einer langen Misserfolgsgeschichte in der Regel ungünstige Schemata chronifiziert haben (Wentzel & Brophy, 2014), scheinen in einem solchen Setting daher ergänzende Methoden angebracht, die den betroffenen Schüler*innen helfen, Lernen (wieder) als wertvoll und erstrebenswert zu betrachten (Hulleman et al., 2010). Bei dem Versuch, Motivations- und Mathematikförderung aus „einer Hand“ zu vermitteln, sind daher die Anforderungen, gerade für Lehrnovizen, sicherlich nicht zu unterschätzen, da die üblichen Aufgaben der Klassenführung (vgl. Kunter & Trautwein, 2013) zusätzlich noch motivational „geprüft“ werden sollen.

2 Beispiele der verwendeten Übungen aus den Vorbereitungs- und den Begleitworkshops finden Sie unter https://www.herausforderung-lehrerinnenbildung.de/index.php/hlz/article/view/2480/3230

starker Leistungszielorientierung oft Methoden eingesetzt werden, bei denen es um die Demonstration von Fähigkeiten oder um Wettbewerb geht. Mittlerweile konnte empirisch belegt werden, dass die Zielorientierungen der Lehrer*innen – vermittelt über die Unterrichtsziele der Lehrperson und die Wahrnehmung des Unterrichtshandelns aus Sicht der Schüler*innen – in Zusammenhang mit der Wahrnehmung der Klassenzielstruktur durch die Schüler*innen stehen (Fasching, 2020). Insgesamt kann daraus erneut geschlossen werden, dass die Motivation der Lehrer*innen Auswirkungen auf die Motivation der Schüler*innen hat (vgl. Abschnitt 3.3.4).

4.5 Fehlerklima als indirekte Motivationsfördermaßnahme

Wird man aus Fehlern klug?
Herr Müller versucht immer geduldig mit den Schülerinnen und Schülern seiner Klasse umzugehen. Manchmal fällt ihm das gerade im Umgang mit Fehlern jedoch schwer. Erst gestern gab es in seinem Unterricht wieder eine Situation, mit der er im Nachhinein unzufrieden war. Luuk hatte bei einer Grammatikübung einen Fehler gemacht, obwohl Herr Müller direkt davor die Regel erst ausführlich erläutert hatte. Ein paar der Mitschüler*innen begannen zu lachen und Lejan steuerte einen abwertenden Kommentar bei. Herr Müller unterband die Verhaltensweisen der Mitschüler*innen, ist aber im Nachhinein unzufrieden damit, wie er die Situation gehandhabt hat. So vermutet er, dass Luuk sich in Zukunft weniger trauen wird, sich zu beteiligen.

Fehler werden häufig als aversive Erlebnisse wahrgenommen und können daher schnell demotivierend wirken. Das sprichwörtliche Lernen aus Fehlern, wie es in vielen Aphorismen beschworen wird – z.B. „Aus Fehlern wird man klug" – kann so leicht eingeschränkt oder gar verhindert werden. In diesem Kapitel beschäftigen wir uns damit, wie man in der Schule aus Fehlern lernen kann und wie Bedingungen geschaffen werden können, unter denen dies gelingen kann. In Kapitel 3 haben wir uns bereits mit Misserfolg und dessen Ursachenzuschreibungen beschäftigt. Hier soll es nun darum gehen, wie innerhalb einer Klasse mit Fehlern umgegangen wird und warum, und welche Auswirkungen dies auf die Motivation der Schüler*innen und ihr Lernen hat. Motivationsförderung ist in diesem Zusammenhang, neben vielen anderen potentiellen Wirkungen, ein eher indirekter, aber dennoch sehr wichtiger Aspekt des Fehlerklimas.

Fehler sind eine Abweichung von einer Norm

Zunächst ist es wichtig, sich vor Augen zu führen, was ein Fehler eigentlich ist. Fehler können definiert werden als eine Abweichung von einer Norm (vgl. Miller et al., 1960). Das kann im Mathematikunterricht beispielsweise das Unterlassen der Regel „Punkt vor Strich“ sein, was in der Folge zu einem falschen Ergebnis führt. Das führt uns direkt zu einem weiteren Aspekt, der für eine Definition wichtig ist, nämlich dass ein Fehler im Prozess und/oder im Ergebnis liegen kann (vgl. Senders & Moray, 1991). Das bedeutet, dass ein korrektes Ergebnis nicht zwangsläufig auch einen fehlerfreien Prozess garantiert. Beispielsweise können Fehler passiert sein, die nicht relevant für das Ergebnis waren oder aber Fehler können entdeckt und korrigiert worden sein.

Häufig führen Fehler zunächst zu negativen Emotionen wie Scham, Ärger oder Angst und verringern die Motivation (z.B. Götz, 2002; Rausch, 2012). Dies hemmt in der Folge die konstruktive Auseinandersetzung mit dem Fehler, wie die Suche nach der Ursache oder der Planung von Lernaktivitäten, um sich zu verbessern. Diese beiden Reaktionen werden als zwei unterschiedliche Prozesse auf Ebene der Schüler*innen beschrieben, die ein Lernen aus Fehlern eher begünstigen oder aber beeinträchtigen (vgl. Dresel et al., 2013). Das ist auf der einen Seite die *emotional-motivationale Reaktion* nach Fehlern. Hier geht es darum, ob eine Schülerin oder ein Schüler nach einem Fehler positive Emotionen und die Motivation aufrechterhalten kann – also auch nach einem Fehler noch Lust hat, sich weiterhin mit dem Lerninhalt zu beschäftigen oder aber, ob negative Emotionen auftreten und die Motivation weiter zu lernen beeinträchtigt wird. An dieser Stelle wird bereits deutlich, dass der Umgang mit Fehlern etwas mit Motivation zu tun hat und dass die Gefahr besteht, dass die Motivation nach Fehlern sinkt. Auf der anderen Seite gibt es noch die *kognitiv-verhaltensbezogene Reaktion* nach Fehlern. Hier geht es darum, ob sich Schüler*innen mit dem Fehler beschäftigen, diesen analysieren, zu überwinden versuchen und Lernaktivitäten planen, die in Zukunft ähnliche Fehler unwahrscheinlicher machen. Auf beide Aspekte wird in Abschnitt 5.3 genauer eingegangen, in dem wir den Umgang mit Fehlern aus einer Selbstregulationsperspektive beleuchten.

Emotional-motivationale Reaktionen nach Fehlern

Kognitiv-verhaltensbezogene Reaktionen nach Fehlern

Ein Merkmal, das beeinflusst, inwieweit negative Emotionen auftreten, ob die Motivation beeinträchtigt wird und ob Schüler*innen sich zu Fehlern hinwenden oder sich von ihnen abwenden und ob aus Fehlern gelernt wird, ist das Fehlerklima in der Klasse. Häufig wird auch der Begriff „Fehlerkultur“ verwendet (z.B. Oser & Spychiger, 2005). Ein positives Fehlerklima kann also den oft negativen Effekt von Fehlern auf die Motivation abschwächen oder im Idealfall komplett verhindern.

Definition: Fehlerklima
Das Fehlerklima beschreibt die Wahrnehmung, Bewertung und Nutzung von Fehlern im sozialen Kontext einer Schulklasse.

Hierbei spielen neben der Interaktion zwischen Lehrperson und Schüler*innen auch die Interaktionen zwischen Schüler*innen eine Rolle (vgl. Steuer, 2014). Allerdings kann davon ausgegangen werden, dass die Lehrperson deutlich größeren Einfluss auf das Fehlerklima hat als die Schüler*innen. Das liegt vor allem daran, dass die Lehrperson den Rahmen absteckt und zumindest innerhalb des Unterrichts weitgehend kontrolliert, welches Verhalten von Schüler*innen sie toleriert und welches nicht.

4.5.1 Auswirkungen eines positiven Fehlerklimas

Wünschenswerte Wirkungen

In einer Klasse, in der ein gutes Fehlerklima herrscht, werden Fehler tendenziell eher als Lernchance verstanden (z.B. Harteis et al., 2006). Grund dafür ist, dass die Lehrperson einen positiveren Blick auf Fehler und deren Lernpotential hat und diesen auch an die Schüler*innen vermittelt.

Dies bildet den Grundstein dafür, dass Schüler*innen konstruktive Strategien zum Umgang mit Fehlern (siehe oben: emotional-motivationale und kognitiv-verhaltensbezogene Reaktionen nach Fehlern) erwerben können, beispielsweise, indem sie sich diese bei ihrer Lehrperson „abgucken“. Das kann dazu führen, dass sie einen Autonomiezuwachs erleben (vgl. Abschnitt 3.2.5 zur Selbstbestimmungstheorie): Wenn Schüler*innen selber wissen, wie sie mit Fehlern umgehen können, macht sie das in gewisser Weise selbstständiger und unabhängiger. Bei einem guten Fehlerklima können die Schüler*innen auch eine Steigerung ihrer Kompetenz und ihrer Selbstwirksamkeit erleben. In der Folge kann sich das Fähigkeitsselbstkonzept verbessern (vgl. Abschnitt 3.2.3). Wenn ein Fehler nicht mehr als Defizit, sondern als Ansatzpunkt für Lernen gesehen wird, ist dieser nicht mehr selbstwertbedrohlich, sondern ein Ansatzpunkt, um die eigene Kompetenz zu erweitern. Zusätzlich stellt auch der selbständige konstruktive Umgang mit Fehlern eine gewisse Kompetenz dar, die dazu befähigt, gut und eigenständig zu handeln. Ebenso wie das Autonomieerleben ist auch das Kompetenzerleben eines der drei Grundbedürfnisse nach Deci und Ryan (1985, 2000) und geht mit höherem Wohlbefinden und eher intrinsischen Formen der Motivation einher. Somit wird hier eine Brücke geschlagen vom Fehlerklima zur Motivation (vgl. Abschnitt 3.2.5).

Die gesteigerte Motivation führt nachfolgend dazu, dass Schüler*innen sich im Unterricht mehr anstrengen. Dies wird zusätzlich befördert dadurch, dass sie keine Sorge haben, Fehler zu machen, und sich deshalb auch beispielsweise bei Fragen melden, bei denen sie sich nicht vollständig sicher sind, ob ihre Antwort richtig ist. Zusätzlich zeigten sich in bisherigen Studien auch weniger Angsterleben, geringeres Erleben von Hilflosigkeit, eine stärkere Lernzielorientierung und ein verstärkter Einsatz von metakognitiven Strategien (Kreutzmann et al., 2014; Steuer, 2014; Steuer et al., 2013). All dies trägt dazu bei, dass bessere Leistungen erzielt werden können und die Schüler*innen ein höheres Wohlbefinden erleben.

4.5.2 Bestandteile des Fehlerklimas

Das Fehlerklima besteht aus acht Dimensionen

Worauf können Sie nun achten, um ein positives Fehlerklima zu prägen? Das Fehlerklima innerhalb einer Klasse setzt sich aus verschiedenen Bestandteilen zusammen, die im Folgenden „Dimensionen" genannt werden (vgl. Steuer et al., 2013; *Abbildung 17*).

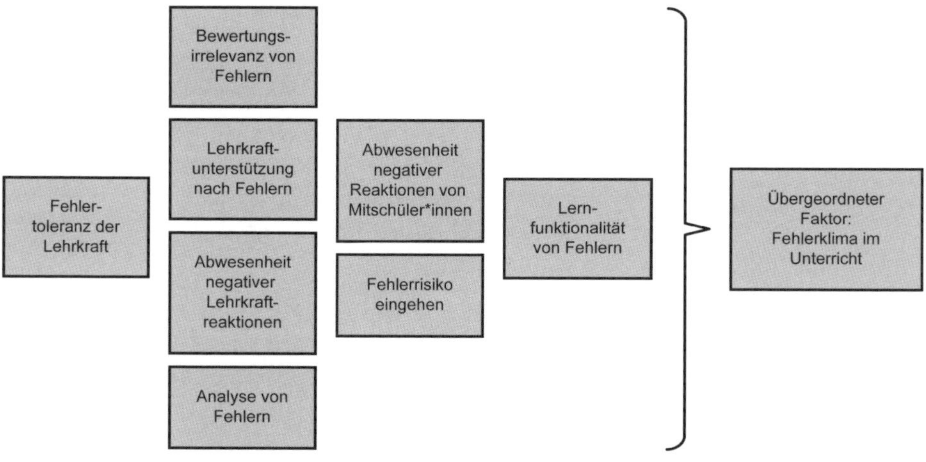

Abbildung 17: Dimensionen des Fehlerklimas (nach Steuer, 2014)

Fehlertoleranz der Lehrperson: Jeder Mensch und somit auch jede Lehrperson hat eine persönliche Einstellung gegenüber Fehlern. Einstellungen beinhalten jeweils eine affektive, eine kognitive und eine verhaltensbezogene Komponente. Die kognitive und affektive Komponente können von Schüler*innen kaum bewusst wahrgenommen werden. Sobald sich die Einstellung jedoch in konkretem Verhalten manifestiert, kann sie von den Schüler*innen wahrgenommen werden. Die Fehlertoleranz stellt den Gegenpol zur sogenannten Fehlervermeidungsdidaktik dar, bei der Fehler als störende Elemente im Unterricht angesehen werden. Fehler werden als hinderlich für den Lernprozess angesehen und zu vermeiden versucht. Daher werden von Lehrerinnen und Lehrern, die eine Fehlervermeidungsdidaktik verfolgen, häufig Unterrichtsformate gewählt, die gut steuerbar sind und wenig (unkontrollierbare) Interaktion zulassen, wie beispielsweise Frontalunterricht. Lehrer*innen, die ein positives Fehlerklima in der Klasse fördern möchten, müssen also zunächst selbst davon überzeugt sein, dass man aus Fehlern lernen kann. Fehler sollten nicht vermieden werden und wenn sie passieren, aufgegriffen und für den Lernprozess fruchtbar gemacht werden.

Bewertungsirrelevanz von Fehlern: Im Unterricht gibt es *Lern*situationen und *Leistungs*situationen. Zu Lernsituationen gehören beispielsweise Erarbeitungs- und Übungsphasen; bei Leistungssituationen geht es um die Prüfung des erworbenen Wissens. Für das Fehlerklima ist eine klare und deutliche Trennung beider Situationen zentral (z.B. Althof, 1999; Meyer et al., 2006). Den Schüler*innen sollte jederzeit klar sein, ob es sich um eine Lern- oder eine Leistungssituation handelt – also ob Fehler gerade erlaubt sind und ohne Folge für die Leistungsbewertung sind oder ob Fehler gerade als Indikatoren für mangelndes Wissen fungieren und sich somit in der Leistungsbewertung niederschlagen. In der Unterrichtspraxis werden beide Situationen oft vermischt. Beispielsweise werden durch „Mitarbeitsnoten" Unsicherheiten geschaffen, die dazu führen, dass Schüler*innen durchgängig versuchen, Fehler zu vermeiden bzw. zu vertuschen. Dies hat zur Folge, dass die Beteiligung am Unterricht sinkt. Für ein positives Fehlerklima muss in Übungsphasen der Probiercharakter betont werden und Bewertungen außen vor bleiben.

Unterstützung durch die Lehrperson nach Fehlern: Einer Lehrperson stehen nach Fehlern zahlreiche Reaktionsmöglichkeiten zur Verfügung. Eine zentrale Entscheidung ist die Hinwendung zum Fehler oder aber der Gegenpol, die Abwendung vom Fehler. Bei der Hinwendung geht es um die Unterstützung der Schüler*innen bei der Überwindung eines Fehlers. Dies kann zusätzliche Erklärungen oder Anleitungen umfassen. Auch nonverbale Signale (z.B. nicken oder lächeln) können zur Aufrechterhaltung (oder gar Steigerung) der Motivation bei den Schüler*innen nach Fehlern beitragen. Studien zeigen, dass Unterstützung durch die Lehrperson in Fehlersituationen in Zusammenhang mit Wohlbefinden (Suldo et al., 2009) und besseren Leistungen (Zumhasch, 2010) steht. Ist die Lehrperson geduldig, bietet Erklärungen und Hilfestellungen an und gibt adäquates Feedback, unterstützt sie dadurch ein positives Fehlerklima.

Abwesenheit negativer Reaktionen der Lehrperson: Studien zeigen nach wie vor, dass negative Verhaltensweisen von Lehrerinnen und Lehrern (z.B. Lächerlichmachen von Schüler*innen, Beschimpfungen, Beleidigungen) keine seltenen Einzelfälle sind, sondern immer wieder berichtet werden (z.B. Melzer et al., 2004). Schüler*innen, die solchen Erfahrungen ausgesetzt sind, haben ein höheres Risiko, ein niedriges Fähigkeitsselbstkonzept und höhere Ängstlichkeit zu entwickeln (Petillon, 1982). Neben den beispielhaft genannten Reaktionen gibt es auch noch solche, die aus Sicht der Lehrperson harmloser wirken, aber für die Schüler*innen mit negativen Konsequenzen einhergehen (z.B. genervt schauen oder einen unangemessenen Scherz machen). Fehler stellen häufig die Anlässe für solches negatives, demotivierendes Verhalten dar. Dieses hat neben den individuellen negativen Konsequenzen auch Auswirkungen auf das Sicherheitsgefühl der gesamten Schulklasse, da die Schüler*innen das Verhalten der Lehrperson auch wahrnehmen, wenn sie selbst nicht die direkten Adressaten sind (siehe „safety culture"; Edmondson, 1999). Ein respektvoller Umgang mit den Schüler*innen trägt hingegen zu einem positiven Fehlerklima bei.

Analyse von Fehlern: Fehler können als Hinweise dafür dienen, was Schüler*innen noch nicht verstanden haben, wo Wissen lückenhaft ist oder Fehlkonzepte vorliegen. Daher ist es wichtig, den Fehler gemeinsam mit den Schüler*innen zu analysieren. Dies trägt auch dazu bei, dass fehlendes Wissen identifiziert und ergänzt werden kann, sowie fehlerhafte Vorstellungen korrigiert werden können. Die an dieser Stelle investierte Zeit lohnt sich insofern, als dass die bloße Fehlerkorrektur in der Regel nicht ausreicht, um Fehlkonzepte zu überwinden, diese Art von Fehler immer wieder auftreten wird und daher wiederholt Zeit für die Fehlerkorrektur nötig ist (vgl. Ruf & Zimmermann, 2004; Weinert, 1999). Dass die reine Fehlerkorrektur nicht ausreichend ist, postulieren auch Oser et al. (1999) in ihrem dreigliedrigen Modell. Demnach sind zum erfolgreichen Lernen aus Fehlern zunächst (1) das Erkennen des Fehlers, dann (2) die Analyse des Fehlers und schließlich (3) die Korrektur des Fehlers nötig. So kann das Lernpotenzial genutzt werden und das Fehlerklima positiv beeinflusst werden.

Abwesenheit negativer Reaktionen von Mitschüler*innen: Im Vergleich zu Lehrerinnen und Lehrern werden negative Verhaltensweisen von Mitschülerinnen und Mitschülern (z.B. auslachen oder verspotten) tatsächlich noch häufiger berichtet (vgl. Baier et al., 2009). Negatives Verhalten zwischen Peers destabilisiert die sozialen Beziehungen der Schüler*innen untereinander und wirkt sich negativ auf das emotionale Befinden sowie auf das Lernverhalten aus (Ladd et al., 1997). Gerade Fehler können auch auf der Ebene von Schüler*innen Auslöser für negative Reaktionen sein. Auf der anderen Seite wird positiven sozialen Beziehungen zu Peers eine bedeutsame Rolle für den Schulerfolg zugeschrieben (z.B. Chen et al., 1997). Lehrpersonen können Verhaltensweisen von Schüler*innen innerhalb der Klasse auf vielfältige Weise beeinflussen (z.B. Lehrperson als Modell; Regeln in der

Klasse). Beispielsweise kann die Lehrperson negative Reaktionen unterbinden. Gleichzeitig kann auch proaktiv auf positive soziale Beziehungen der Schüler*innen untereinander eingewirkt werden. Dies wirkt indirekt auf ein positives Fehlerklima hin.

Fehlerrisiko eingehen: Je nachdem, wie das Klima in der Klasse beschaffen ist, werden Schüler*innen in unterschiedlichem Ausmaß versuchen, Fehler zu vermeiden. Die ohnehin vorhandene Tendenz von Schüler*innen, korrekte Lösungen zu zeigen und das Risiko, Fehler zu begehen, zu minimieren (vgl. Clifford, 1988), kann also beeinflusst werden. Die Vermeidung des Risikos, Fehler einzugehen, führt dazu, dass Schüler*innen sich passiv verhalten und nur Beiträge zum Unterricht leisten, wenn sie sich sicher sind, die gewünschte Antwort zu kennen. Diese Dimension ist stark mit der Furcht, Fehler zu machen, verknüpft (vgl. auch Furcht vor Misserfolg, Abschnitt 3.2.1). Um ein positives Fehlerklima zu fördern, benötigt es also Vertrauen der Schüler*innen zur Lehrperson und auch zu den Mitschüler*innen. Ein geduldiger und respektvoller Umgang der Lehrperson mit den Schüler*innen kann dazu beitragen.

Lernfunktionalität: Die Lernfunktionalität beschreibt die Wahrnehmung der Schüler*innen, inwieweit Fehler in einer Schulklasse tatsächlich als Lerngelegenheiten wahrgenommen und verwendet werden; also inwiefern Fehlern positive Konsequenzen für das Lernen in der Klasse zugeschrieben werden. Diese Dimension kann nur günstig ausgeprägt sein, wenn die vorher beschriebenen Dimensionen insgesamt eine (eher) positive Ausprägung aufweisen. Es sind also eine ganze Reihe an Aktivitäten nötig, um das Fehlerklima positiv auszugestalten. Zentral sind die eigene positive Einstellung gegenüber Fehlern, ein reflexiver Umgang mit Fehlern, das explizite Thematisieren von Fehlern und die Nutzung des Lernpotenzials, das Fehler bieten.

Das Fehlerklima als Ganzes: Jede einzelne der beschriebenen Dimensionen trägt zum Fehlerklima bei. Teilweise bedingen sie sich gegenseitig und ein Stück weit sind sie auch in einer zeitlichen Reihenfolge zu sehen. So ist beispielsweise die Fehlertoleranz eine Voraussetzung für Dimensionen, die eher auf der Verhaltensebene angesiedelt sind, wie die Unterstützung nach Fehlern; und dies wiederum sind Voraussetzungen für das Lernen aus Fehlern.

Denkanstoß

Überlegen Sie auf Basis der beschriebenen Dimensionen, welchen Anteil die Lehrperson und welchen die Schüler*innen am Fehlerklima haben. Nutzen Sie hierfür die *Abbildung 17* zur Struktur des Fehlerklimas und markieren Sie sich die Zuordnung.

Überlegen Sie sich auf Basis der beschriebenen Dimensionen konkrete Ansatzpunkte dafür, wie Lehrer*innen auf ein positives Fehlerklima hinwirken können.

Es zeigt sich also, dass es Dimensionen des Fehlerklimas gibt, die eher auf Seiten der Schüler*innen liegen (Abwesenheit negativer Reaktionen der Mitschüler*innen, Fehlerrisiko eingehen, Lernfunktionalität) und solche, die primär von der Lehrperson beeinflusst werden (Fehlertoleranz der Lehrperson, Bewertungsirrelevanz der Lehrperson, Unterstützung durch die Lehrperson nach Fehlern, Abwesenheit negativer Reaktionen der Lehrperson und Analyse von Fehlern), wobei Letztere überwiegen. Auch auf diejenigen Dimensionen, die zunächst den Schüler*innen zugeordnet werden, hat die Lehrperson einen indirekten Einfluss, insofern, als dass sie beispielsweise negatives Verhalten der Mitschüler*innen unterbinden kann. Die Lehrperson spielt also eine entscheidende Rolle bei der Gestaltung des Fehlerklimas.

Die nächste bitte...

Herr Müller stellt während einer Frontalunterrichtsphase im Fach Englisch eine Frage: „Was heißt ‚Ich hörte auf zu essen, weil ich meine Freunde sah.' übersetzt?" Mehrere Schüler*innen melden sich. Darunter auch Esila. Esila wird aufgerufen und gibt eine falsche Antwort: „I stopped to eat because I saw my friends." Herr Müller sagt knapp, dass die Antwort falsch ist und ruft direkt Maria auf, die sich ebenfalls gemeldet hatte. Maria nennt die richtige Antwort: „I stopped eating because I saw my friends". Herr Müller lächelt und nickt bestätigend. Der Unterricht geht weiter.

Bermuda-Dreieck-Situation

Diese kurze Szene stellt die sogenannte Bermuda-Dreieck-Situation dar (vgl. Oser & Spychiger, 2005). Solche oder ähnliche Situationen kennen viele möglicherweise aus eigener Erfahrung. Zentral ist, dass es eine Schülerin (oder einen Schüler) gibt, die zunächst einen inkorrekten Wortbeitrag macht, und dann durch die Lehrperson andere Schüler*innen aufgerufen werden, die die korrekte Antwort nennen.

Vielleicht wird die Situation auch gar nicht als kritisch wahrgenommen. Tatsächlich aber handelt es sich um einen unguten Umgang mit Fehlern. Bevor Sie weiterlesen, bearbeiten Sie bitte den folgenden, zweiteiligen Denkanstoß:

Denkanstoß

Überlegen Sie zunächst, welche negativen Konsequenzen die beschriebene „Bermuda-Dreieck-Situation" hat. Überlegen Sie dann, welche anderen Möglichkeiten

Ihnen einfallen, um mit einer falschen mündlichen Antwort umzugehen (falls Sie keine Ideen haben, finden Sie unter „Fragen und Aufgaben zur Anregung und zur Überprüfung“ am Ende des Kapitels eine beispielhafte Lösung).

Kritisch an dem Beispiel ist, dass das (Lern-) Potential der Situation nicht genutzt wird. Die Schülerin, die die falsche Antwort nennt, wird aus der Situation aller Wahrscheinlichkeit nach nichts lernen. Das liegt daran, dass sie mit dem Schutz des eigenen Selbstwerts und der Regulation der Emotionen beschäftigt ist. Es muss also durch verschiedene Maßnahmen gegen die erlebte „Bedrohung“ angekämpft werden. Emotionen wie Scham oder Ärger müssen normalisiert werden. Diese Aufgaben kosten mentale Ressourcen, was dazu führt, dass die Konzentration abgeschwächt ist. Im ungünstigsten Fall nimmt die Schülerin die nachfolgende korrekte Antwort nicht einmal wahr. Aber selbst wenn, klärt das in den meisten Fällen noch nicht, worin der Fehler in der ursprünglichen Antwort lag. Das Lernpotential dieser Situation „verschwindet“ – ähnlich einem Schiff im Bermuda-Dreieck.

Ein besseres Vorgehen in dieser Situation wäre es, auf Esila einzugehen, das dem Fehler zugrundeliegende Fehlkonzept (z.B. eine falsche Regel) zu finden und dieses gemeinsam mit ihr zu korrigieren.

Denkanstoß
Fallen Ihnen Beispiele für Situationen ein, in denen es sinnvoll sein kann, nicht näher auf einen Fehler einzugehen (vgl. den nächsten Abschnitt zur Auflösung)?

4.5.3 Zwei weitere generelle Hinweise zur Analyse von Fehlern

Natürlich muss nicht jeder Fehler mit der gesamten Klasse analysiert werden. Dies ergibt nur Sinn, wenn die Lehrperson davon ausgeht, dass der Fehler ein Fehler ist, der mehreren Schüler*innen hätte passieren können. Ein Fehler, den wirklich sonst niemand außer der Person machen würde, die ihn nun begangen hat, muss nicht vor der gesamten Klasse diskutiert werden. Analysieren sollte man solch einen Fehler natürlich dennoch, nur eben mit der Person allein. Die Lehrperson muss also auch immer überlegen, ob und inwieweit der Fehler für den Rest der Klasse relevant ist.

Ein weiterer wichtiger Punkt ist die Unterscheidung zwischen verschiedenen Fehlerarten. Flüchtigkeitsfehler, also Fehler, die nur aus Unachtsamkeit entstehen, wobei das Wissen bei der betroffenen Person eigentlich vorhanden ist, müssen nicht ausführlich diskutiert werden. Hier reicht oft ein kleiner Hinweis, sodass die Person den Fehler selbst bemerkt und korrigiert. Teilweise kann es sogar sinnvoll sein, solche Fehler zu ignorieren, beispielsweise um im Fremdsprachenunterricht den Sprechfluss nicht zu unterbrechen. Hier erleben Schüler*innen auch ihre eigenen Fähigkeiten, sich verständlich ausdrücken zu können, was die Motivation fördern kann.

Denkanstoß

- Wie würden Sie Ihren Unterricht gestalten bzw. wie haben Sie Ihren Unterricht bisher gestaltet? Haben Sie Raum gegeben, dass Fehler passieren konnten oder haben Sie in der Unterrichtsplanung darauf geachtet, dass möglichst keine Fehler vorkommen?
- Sammeln Sie Ideen für einen proaktiven Umgang mit Fehlern im Unterricht. Welche Methoden fallen Ihnen ein, um mit Fehlern so umzugehen, dass die Schüler*innen aus diesen lernen können? Achten Sie dabei auch auf motivationale Komponenten.
- Wie würden Sie die Arbeit mit fehlerhaftem Material (Material, das bewusst Fehler enthält, die Schüler*innen finden sollen) einschätzen?

4.5.4 Auch Lehrer*innen machen Fehler

Im Alltag von Lehrer*innen spielt der Austausch mit Kolleginnen und Kollegen oft eine untergeordnete Rolle, insbesondere wenn es sich um spezifischere Aspekte der eigenen Unterrichtsgestaltung handelt und nicht um übergreifende Themen. Daher kann davon ausgegangen werden, dass der Austausch bezüglich des Umgangs mit Fehlern zwischen Kolleginnen und Kollegen nur selten stattfindet. Da zusätzlich der Umgang mit Fehlern in den Lehramtsstudiengängen (mit Ausnahme einiger Fachdidaktiken) kaum aufgegriffen wird, zeigt sich hier ein Bereich, den sich Lehrer*innen überwiegend selbst erarbeiten müssen.

Der eigene Umgang mit Fehlern von Lehrer*innen ist für den Unterricht – und hier insbesondere das Fehlerklima – relevant bzw. wirkt sich auf dieses aus. Obwohl empirische Befunde diesbezüglich bislang noch ausstehen, kann angenommen werden, dass die Haltung zu und der Umgang mit eigenen Fehlern auf Seite der Lehrer*innen sich auf den Umgang mit Fehlern im Unterricht auswirkt – ähnlich wie dies bei den eigenen Zielorientierungen der Fall ist (vgl. Abschnitt 3.3.3).

Die Lehrperson fungiert in diesem Zusammenhang als Modell für die Schüler*innen. Diese übernehmen potentiell das gezeigte Verhalten der Lehrperson. Daher ist es wichtig, dass die Lehrperson sich des eigenen Umgangs mit Fehlern bewusst ist und eigene Fehler dazu nutzt, darzustellen, dass Fehler nichts Schlimmes sind und man (je nach Art des Fehlers) aus Fehlern lernen kann. Die bisher dargestellten Aspekte eignen sich also auch, um sie auf das eigene Verhalten als Lehrperson anzuwenden und dieses zu reflektieren.

So...

Frau Meier rechnet an der Tafel eine komplizierte Aufgabe vor. An einer Stelle übersieht sie ein negatives Vorzeichen einer Zahl und verrechnet sich, ohne dies sofort zu bemerken. Einer Schülerin fällt der Fehler vor Frau Meier auf. Anstatt die Lehrerin darauf hinzuweisen, fängt sie an, mit ihren Freunden zu tuscheln, sodass bald fast die gesamte Klasse kichert und sich über den Fehler lustig macht. Erst daraufhin bemerkt Frau Meier ihren Fehler. Sie weist die Schüler*innen zurecht und rechnet kommentarlos weiter.

...oder so?

Frau Schulz erläutert gerade, was bei Vorträgen zu beachten ist: „Wenn ihr einen Vortrag, eine Präsentation oder eine Rede haltet, solltet ihr versuchen, möglichst frei zu sprechen. Bedenkt außerdem auch immer, wer eure Adressaten sind. Sprecht ihr z.B. vor anderen Schüler*innen, ist es wichtiger, formal zu sprechen und Fachbegriffe zu verwenden, als wenn ihr z.B. in einem Bewerbungsgespräch seid – dort könnt ihr umgangssprachlicher reden". Einige Schüler*innen fangen an zu lachen. Dann fällt der Lehrerin ihre Verwechslung selbst auf. Sie lacht: „Ach je, wenn ihr das nun genauso umsetzt, habe ich euch gerade vermutlich eure Jobchancen reduziert. Ich habe mich vertan, natürlich gilt es hier genau andersherum: formal bei Anlässen wie einem Bewerbungsgespräch und etwas lockerer z.B. bei Gleichaltrigen."

Im ersten Beispiel zeigt sich eine eher ablehnende Haltung zu Fehlern. Die Lehrerin zeigt eine Tendenz zur Fehlervermeidung und versucht den Fehler zu ignorieren. In dem oben vorgestellten Modell würde dies einer niedrigen Ausprägung auf der Dimension *Fehlertoleranz der Lehrperson* entsprechen. Die Schüler*innen lernen aus dieser Situation, dass Fehler etwas Negatives sind, das es zu vermeiden gilt. Falls sie dennoch passieren, wird schnell über sie hinweggegangen oder sie werden absichtlich verborgen. So wird ein Lernen aus den Fehlern unwahrscheinlich.

Im zweiten Beispiel zeigt sich eine fehlerfreundliche Haltung der Lehrperson. Die Schüler*innen lernen in dieser Situation, dass Fehler nichts Schlimmes sind, dass jeder Fehler macht und dass aus Fehlern gelernt werden kann. Dies macht es wahrscheinlicher, dass Schüler*innen weniger negative Emotionen nach Fehlern erleben und sich aktiv mit ihren eigenen Fehlern auseinandersetzen und somit aus diesen lernen können. In Bezug auf das Modell zeigt sich bei der Lehrerin eine hohe *Fehlertoleranz* und es zeigen sich Ansätze, die in den Bereich *Analyse des Fehlers* fallen (wobei der Fehler einen Flüchtigkeitsfehler darstellt und somit eine tiefergehende Analyse kaum gewinnbringend sein dürfte).

Denkanstoß

Überlegen Sie, wie Sie selbst Fehlern gegenüber eingestellt sind. Wie reagieren Sie persönlich auf Fehler? Was möchten Sie sich zukünftig für Ihren Umgang mit Fehlern vornehmen? Versuchen Sie, so konkret wie möglich in Ihren Zielen zu sein, aber dennoch realistisch.

Take-Home Message

- Die Lehrperson hat entscheidenden Einfluss auf das Fehlerklima innerhalb einer Klasse.
- Das Fehlerklima positiv zu beeinflussen, ist eine indirekte Möglichkeit, Motivation zu fördern.
- Ein positives Fehlerklima trägt nicht nur zu besserer Motivation bei, sondern steht außerdem in Zusammenhang mit anderen erstrebenswerten Faktoren, wie weniger Hilflosigkeitserleben, häufigere Nutzung von Selbstregulationsstrategien oder dem Erleben positiver Emotionen.
- Eine wichtige Grundlage für ein positives Fehlerklima ist insbesondere eine positive Einstellung der Lehrperson gegenüber Fehlern.

4.6 Was sollten Lehrer*innen tun, um zu motivieren, und was wollen Sie tun?

Aus den vorangegangenen Ausführungen sollte deutlich geworden sein, dass die Ableitungen von Empfehlungen zur Motivierung ein unauflösbares Dilemma beinhaltet: Je präziser die Empfehlungen sind, umso unübersichtlicher und kleinteiliger wird es mitunter, denn spezifische Motivierungsmaßnahmen hängen einerseits von dem zugrunde gelegten theoretischen Ansatz ab und andererseits von den jeweiligen Kontextbedingungen im Feld (z.B. von der Zielgruppe und der Art des „Motivationsproblems"). Umgekehrt bleiben möglichst allgemeine, grundsätzliche Empfehlungen notwendigerweise recht abstrakt. Den Abschluss des Kapitels bildet deshalb eine Übersicht über allgemeine Prinzipien der Motivierung, basierend auf einer Zusammenstellung von Pintrich (2003), die Sie vor dem Hintergrund der zuvor vorgestellten konkreteren Maßnahmen und ihrer spezifischen Herausforderungen selbst mit Leben füllen können.

Denkanstoß

Tragen Sie dazu in die beiden freien rechten Spalten der folgenden Tabelle für jeweils zwei konkrete Anwendungsfälle eine Umsetzung des jeweiligen Gestaltungsprinzips ein. Versuchen Sie möglichst jede Zeile für beide Anwendungsfälle auszufüllen und überlegen Sie möglichst konkret, was Sie *tun* möchten. Idealerweise überlegen Sie sich einen Anwendungsfall, der auf die Behebung eines Motivierungsproblems bei einem bestimmten (ggf. fiktiven) Schüler oder einer bestimmten Schülerin abzielt (Intervention), und einen Anwendungsfall der Motivation eher präventiv auf Klassenebene fördern soll, z.B. im Rahmen der Vorbereitung einer neuen Unterrichtseinheit. Ein entsprechendes Arbeitsblatt hierzu finden Sie auch unter ww.utb.de/doi/book/10.36198/9783838559759 unter „Bonusmaterial“.

Übung: Ableitung individueller Motivierungsmaßnahmen

Motivationale Generalisierung	**Gestaltungsprinzip**	**Intervention**	**Prävention**
Angemessene Selbstwirksamkeits- und Kompetenzüberzeugungen motivieren Lernende	Biete klare und genaue Rückmeldung zu Kompetenzen und Einflussmöglichkeiten; fokussiere dabei auf die Entwicklung von Wissen, Expertise, Fähigkeiten und Fertigkeiten		
	Entwickle Aufgaben, die Erfolge ermöglichen, aber auch Herausforderungen beinhalten		
Angemessene Ursachenerklärungen und Kontrollüberzeugungen motivieren Lernende	Gebe Rückmeldungen, die den Prozesscharakter von Lernen betonen, wie Anstrengung und Lernstrategien		
	Biete Auswahlmöglichkeiten und Möglichkeiten zur Kontrolle des Lerngeschehens		
	Baue ein Lernumfeld auf, das die Fürsorge und Unterstützung der Lernenden untereinander fördert		
Ein höheres Ausmaß an Interesse und intrinsischer Motivation motiviert Lernende	Stelle abwechslungsreiche und neuartige Aufgaben und Materialien bereit, die stimulierend und interessant sind		

Motivationale Generalisierung	Gestaltungsprinzip	Intervention	Prävention
	Biete Inhalte und Aufgabenstellungen an, die für die Lernenden persönlich bedeutsam sind		
	Zeige dein eigenes Interesse und deine Beteiligung am Gegenstand		
Ein höheres Ausmaß an Wert und Bedeutung motiviert Lernende	Stelle Aufgaben, Materialien und Lernaktivitäten bereit, die für die Lernenden relevant und nützlich sind und eine persönliche Identifizierung mit der Schule ermöglichen		
	Unterrichtsgespräche sollten die Wichtigkeit und Nützlichkeit der Inhalte und Lernaktivitäten thematisieren		
Ziele motivieren und steuern Lernende	Etablieren Sie Strukturen, die persönliche und soziale Verantwortung innerhalb eines sicheren, angenehmen und vorhersehbaren Lernumfelds fördern		
	Nutzen Sie kooperative Lernformate, die die gleichzeitige Erreichung akademischer und sozialer Ziele ermöglichen		
	Unterrichtsgespräche sollten auf die Beherrschung sowie das Lernen und Verständnis der Unterrichtsinhalte fokussieren		
	Nutzen Sie eher Bewertungs- und Belohnungsstrukturen, die persönlichen Fortschritt sowie persönliche Anstrengung und Verbesserung hervorheben, als solche, die den sozialen Vergleich oder eine bestimmte Norm betonen		

Anmerkung. Eigene Übersetzung der Autoren von Pintrich (2003)

Lieblingsprinzipien

In gewisser Weise stellt diese von Ihnen personalisierte Übersicht die Essenz der Kapitel 3 und 4 dar. Aber auch hier haben wir es bereits mit 14(!) handlungsleitenden Prinzipien zu tun, die Sie vermutlich nicht alle gleich gut nachvollziehen, behalten, abrufen und umsetzen können, wenn es für Sie relevant werden sollte. Vielleicht ist es daher für Sie hilfreich, drei bis vier möglichst komplementäre Prinzipien auszuwählen, die für Sie besonders herausstechen. Das könnte sein, weil Sie diese besonders gut nachvollziehen können, diese mit Ihren allgemeinen pädagogischen Prinzipien und Überzeugungen gut vereinbar scheinen oder weil Ihnen die Ableitung konkreter Maßnahmen besonders leichtgefallen ist. Oder aber, Sie wählen für sich ein Prinzip aus, dass Sie besonders herausfordert, gerade weil es Ihrem bisherigen Verständnis von Lernen und Unterricht eher widerspricht. Da die von Pintrich (2003) herausgearbeiteten Prinzipien sich nicht gegenseitig ausschließen, sondern vielmehr in bestimmten Bereichen deutlich überlappen, ist eine solche Reduktion zur besseren Praktikabilität zumindest ein weiterer Schritt in Ihrer Professionalisierung.

4.7 Zum Abschluss

Fragen und Aufgaben zur Anregung und Überprüfung

- Überlegen Sie, welches Paradigma der Motivationsförderung Ihnen am besten liegen könnte. Warum glauben Sie, dass das der Fall sein sollte?
- Überlegen Sie, welche Rolle der Schulkontext und das heimische Umfeld bei der Umsetzung der Motivierungsprinzipien spielen könnten. Was könnten Sie tun, um diese Systemebenen im Sinne Ihrer Förderziele einzubeziehen?
- Überlegen Sie sich konkrete didaktische Maßnahmen, die Sie im Sinne der individuellen Bezugsnorm dabei unterstützen
  - eine hohe Sensibilität für die Lernfortschritte des Einzelnen zu zeigen,
  - Aufgaben mit unterschiedlichem Schwierigkeitsgrad anzubieten,
  - Lob bei ansteigenden und Unzufriedenheit bei abfallenden Leistungen auszudrücken
  - und vermehrt internal-variable Attributionen sowohl bei Erfolg als auch Misserfolg zu vertreten.
- Die Zielstruktur ist ein umfassendes Konstrukt, innerhalb dessen viele andere Theorien verortet werden können. Versuchen Sie, die Ansätze aus diesem Kapitel mit dem TARGET-Modell in Verbindung zu bringen.
- Überlegen Sie sich, wie ein negatives Fehlerklima aussehen könnte. Nutzen Sie dazu gerne die einzelnen Dimensionen. Welche Auswirkungen des von Ihnen entworfenen Fehlerklimas würden Sie auf Seiten der Schüler*innen erwarten?
- Angenommen, ein Freund möchte etwas über Motivationsförderung erfahren: Was wäre aus Ihrer Sicht das zentrale verbindende Element zwischen den beschriebenen Paradigmen der Motivierung?

- Formulieren Sie drei Punkte, die Sie noch nicht vollständig nachvollziehen können und passende Maßnahmen, um diese Lücken zu schließen.
- Lösungsbeispiel zur „Bermuda-Dreieck"-Übung: Nachdem Esila eine falsche Antwort gegeben hat, nimmt Herr Müller nicht ohne weitere Anmerkung eine andere Schülerin dran, sondern geht zunächst auf die falsche Antwort ein: „Du hast auf jeden Fall den richtigen intuitiven Gedanken gehabt. Alle Wörter, die du genutzt hast, haben die passende Bedeutung. Allerdings gibt es eine grammatikalische Regel, die wir uns hier genauer ansehen sollten: Denke nochmal an den Unterschied von Infinitivkonstruktion und Gerundium, über den wir letzte Woche gesprochen haben. Welche der beiden Formen ist hier die passende?" Idealerweise lässt Herr Müller Esila noch einige Sekunden Zeit, um in Ruhe über die richtige Lösung nachzudenken. Würde Esila dann die richtige Antwort geben, so sollte Herr Müller sie dafür loben, dass sie durch das erneute Nachdenken ihren Fehler selbst korrigiert hat. Fällt ihr die Lösung nicht ein, so könnte Herr Müller, wenn er glaubt, dass Esila potenziell in der Lage ist, ihren Fehler zu lösen, einen deutlicheren Hinweis geben. Beispielswiese auf folgende Art und Weise: „Du bist schon sehr nah dran und ich bin mir sicher, dass du die Antwort weißt. In unserem Beispiel soll ausgedrückt werden, dass eine Aktivität unterbrochen wird. Nicht gemeint ist, dass angehalten wird, um etwas zu tun. Nimm dir etwas Zeit und überlege noch einmal genau."

Weiterführende Literatur

Hettmann, M., Nahrgang, R., Grund, A., Salle, A., Fries, S. & vom Hofe, R. (2019). »Kein Bock auf Mathe!« Motivationssteigerung durch individuelle mathematische Förderung. *Herausforderung Lehrer_innenbildung, 2(3)*, 165–192.

Hulleman, C. S. & Barron, K. E. (2016). Motivation interventions in education: Bridging theory, research, and practice. In L. Corno & E. M. Anderman (Hrsg.), *Handbook of educational psychology* (3. Aufl., S. 160–171). Routledge.

Oser, F. & Spychiger, M. (2005). *Lernen ist schmerzhaft: Zur Theorie des Negativen Wissens und zur Praxis der Fehlerkultur*. Beltz.

Rheinberg, F. (2001). Bezugsnormen und schulische Leistungsbeurteilung. In F.E. Weinert (Hrsg.), *Leistungsmessung in Schulen* (S. 59–71). Beltz.

Rheinberg, F. & Fries, S. (2018). Motivationstraining und Motivierung. In D. H. Rost, J. R. Sparfeldt & S. R. Buch (Hrsg.), *Handwörterbuch Pädagogische Psychologie* (5. Aufl., S. 559–574). Beltz.

Steuer, G. & Dresel, M. (2019). Umgang mit Fehlern im Unterricht: zur Rolle von Feedback in einem konstruktiven Fehlerklima. In M.-C. Vierbuchen & F. Bartels (Hrsg.), *Feedback in der Unterrichtspraxis. Schülerinnen und Schüler beim Lernen wirksam unterstützen* (S. 111–124). Kohlhammer.

Ziegler, A. & Finsterwald, M. (2008). Attributionstraining. In W. Schneider & M. Hasselhorn (Hrsg.), *Handbuch der Pädagogischen Psychologie* (S. 416–427). Hogrefe.

5. Selbstregulation und ihre Förderung

5.1 Selbstregulation

Selbstregulation beschreibt die Fähigkeit, die eigenen Gedanken, Emotionen und Handlungen zielgerichtet zu steuern (vgl. Zimmerman, 2000). Sie ist Grundvoraussetzung, um sich Ziele setzen und diese erreichen zu können. Selbstregulation kann damit auf alle Lebensbereiche angewendet werden (Landmann et al., 2015), zum Beispiel auf den Umgang mit Geld, auf das Zocken am Rechner oder auf das Sporttreiben. Selbstreguliertes Lernen bezieht sich hingegen auf Lernziele im Bildungskontext. Interessanterweise stehen beide Forschungslinien relativ unverbunden nebeneinander (Greene, 2018). Dabei gibt es zahlreiche Überlappungen und Anknüpfungspunkte. So sind bestimmte Prozesse, die man der Selbstregulation zurechnen würde, wichtige Vorbedingungen für effektives selbstreguliertes Lernen. Beispielsweise hat die Selbstregulation von Schlaf- oder Essverhalten Auswirkungen auf Lernaktivitäten. Wenn eine Schülerin in der Nacht bis zwei Uhr den neuesten Band ihrer Lieblingsbuchreihe zu Ende gelesen hat, wird sie vermutlich am nächsten Morgen aufgrund des Schlafdefizits weniger gut in der Lage sein, sich auf die Inhalte in der Schule zu konzentrieren. Man könnte diese Aspekte der Selbstregulation auch *Selbstregulation für Lernen* nennen. Da sich dieses Buch in der Regel auf den Schulkontext bezieht, geht es hier vor allem um selbstreguliertes Lernen (SRL) im engeren Sinne. Dabei sind jedoch nicht nur Lernprozesse gemeint, die direkt im Unterricht stattfinden, sondern auch alle Lernprozesse, die zwischen Unterrichtsstunden, beim Hausaufgabenmachen oder weiteren Lernaktivitäten (z.B. Referate vorbereiten) stattfinden. Es sind also explizit auch Lerngelegenheiten außerhalb der regulären Unterrichtszeit beinhaltet.

Denkanstoß
Wenn Sie SRL anhand des Lesens dieses Kapitel einmal optimieren und reflektieren möchten, können Sie das Arbeitsblatt „SRL-Tagebuch" zum Lesen verwenden. Dieses können Sie unter www.utb.de/doi/book/10.36198/9783838559759 unter „Bonusmaterial" herunterladen.

5.1.1 Wie passen Motivation und selbstreguliertes Lernen zusammen?

Man lernt nie aus.
Herr Müller wird bei der Lehrerkonferenz zum Digitalisierungsbeauftragten gewählt. Er hat sich bereiterklärt, den Posten zu übernehmen, da er im Vergleich zu seinen Kolleginnen und Kollegen relativ häufig technische Medien zur Unterstützung im Unterricht einsetzt und somit schon Erfahrung mit dem Thema hat. Er hält die Digitalisierung an Schulen auch für wichtig, um die Schüler*innen auf das Leben vorzubereiten. Dennoch zweifelt er daran, ob seine Fähigkeiten ausreichen, um die Aufgabe gut erfüllen zu können. Ist nicht eine der jungen Kolleginnen, die „mit der Technik aufgewachsen sind" besser dafür geeignet? Außerdem hat er den Eindruck, dass sich seine Schüler*innen teilweise besser auskennen als er selbst. Trotz seiner Zweifel macht sich Herr Müller an die Arbeit: Zunächst erstellt er eine Übersicht über alle offenen Punkte und notiert sich die Ziele, die er erreichen möchte, dann macht er sich einen Zeitplan und ordnet diesem (Teil-) Ziele zu. Ab sofort nutzt er jeden Donnerstag seine beiden Freistunden, um sich mit dem Thema zu beschäftigen. Er überprüft regelmäßig wie gut er vorankommt und tauscht sich auch mit Kolleginnen und Kollegen aus. Einige technische Möglichkeiten, die er sich ausgedacht hat, probiert er in seinem eigenen Unterricht aus und testet, ob sie den gewünschten Erfolg haben. Nach einigen Monaten hat er ein Maßnahmenpaket erarbeitet, das er dem Kollegium präsentiert.

In den vorangegangenen Kapiteln zur Motivation wurde selbstreguliertes Lernen bzw. der Strategieeinsatz bereits kurz erwähnt und unter „Auswirkungen" von Motivation eingeordnet (siehe Abschnitt 2.1). Das ist eine mögliche Perspektive. Aus dieser Perspektive liest sich obiges Beispiel so: Herr Müller misst seiner neuen Aufgabe als Digitalisierungsbeauftragter hohen Wert bei und er hat eine hinreichend hoch ausgeprägte Erfolgserwartung. Daraus ergibt sich eine positive aktuelle Motivation und auf der Verhaltensebene zeigt sich, dass Herr Müller nun Selbstregulationsstrategien anwendet.

Aus einer anderen Perspektive ist Motivation ein Gegenstand des selbstregulierten Lernens, der an verschiedenen Stellen im Lernprozess relevant ist und potentiell auch selbst reguliert werden kann (Pintrich, 2000). Stößt Herr Müller beispielsweise auf Hindernisse in seinem Projekt, wodurch die Motivation absinkt, so kann er versuchen, diese mit Hilfe bestimmter Strategien positiv zu beeinflussen. So könnte er frustriert sein, wenn ihm die testweise Installation einer Lernapp auf den Schultablets wiederholt misslingt und kurz davor sein, aufzugeben. Durch die Nutzung einer Selbstinstruktionsstrategie („Ich habe schon so viele Apps in der Vergangenheit zum Laufen gebracht, also kann ich es auch bei dieser schaffen“, vgl. Abschnitt 5.2.2) könnte er seine Motivation wieder soweit anheben, dass er es nochmal versucht.

Beide Sichtweisen stellen in gewisser Weise unterschiedliche Brillen dar, mit denen man motivationale, emotionale und kognitive Prozesse des Lernens betrachten kann. In diesem Kapitel setzen wir nun die Brille des selbstregulierten Lernens auf.

5.1.2 Selbstreguliertes Lernen: Grundlegende Überlegungen und Begriffe

Sinnvoll Sinne lernen.
Bereits seit zwei Wochen erarbeiten sich die Schüler*innen der achten Klasse im Biologieunterricht von Herrn Löw selbstständig mit Hilfe eines Wochenplans die verschiedenen Sinnesorgane des Menschen. Anhand verschiedener selbstgewählter Aufgaben wird von den Schüler*innen in jeder Woche ein Sinnesorgan thematisiert.
Judith bereitet diese Art des Unterrichts viel Freude, weil sie eigenständig und in ihrem eigenen Tempo die Aufgaben bearbeiten kann. Nachdem sich Judith in den zwei Wochen zuvor bereits mit dem Geruchs- und Geschmackssinn beschäftigt hat, wählt sie für die heutige Unterrichtsstunde den Sehsinn aus. Dazu liest sie zunächst einen Sachtext über die Verarbeitung visueller Signale, unterstreicht die ihrer Ansicht nach wichtigsten Schlüsselwörter und beantwortet im Anschluss zwei Verständnisfragen zum Inhalt. Da Judith in den Unterrichtsstunden zuvor bemerkt hat, Inhalte durch Schaubilder leichter zu verstehen und sich diese besser zu merken, erstellt sie eine Grafik zum Verarbeitungsprozess von Licht und markiert diese farblich. Im Anschluss bespricht sie sich mit ihrer Sitznachbarin. Nachdem Judith das Gefühl hat, den Prozess verstanden zu haben, füllt sie die von Herrn Löw erstellte Übersichtstabelle zu allen Sinnesorganen aus, indem sie das Auge, optische Reize sowie den Wahrnehmungsprozess kurz beschreibt. Am Ende der Unterrichtsstunde hakt Judith die erledigten Aufgaben ab und beantwortet einen kurzen Reflexionsbogen. Darin gibt sie an, was ihr in der Stunde gut gelungen ist und welche Lerntechniken sie bei der Bearbeitung des nächsten Sinnesorgans nutzen möchte. Zufrieden geht Judith in die Pause.

Selbstreguliertes Lernen (SRL) steht in Zusammenhang mit schulischen Leistungen und mit Erfolg im Leben (vgl. Dent & Koenka, 2016). Auch auf nicht-akademische Faktoren hat SRL Auswirkungen, wie beispielsweise das eigene Wohlbefinden. Im Kontext der Erweiterung der Kompetenzen zum lebenslangen Lernen ist die Vermittlung von SRL Auftrag und Ziel von Schule und Unterricht (vgl. Kirschner & Soyanov, 2020). Somit wird deutlich, dass das SRL nicht nur auf den Schulkontext, sondern auf sämtliche Bildungs- und Lernkontexte anwendbar ist.

Beim SRL werden Schüler*innen als aktive Gestalter*innen ihrer Lernprozesse angesehen (vgl. Zimmerman, 2000). Es hat sich gezeigt, dass Kompetenzen zum SRL nicht automatisch, im Sinne von beiläufig, im Unterricht erworben werden, sondern direkt und/oder indirekt gefördert werden müssen (Dignath & Büttner, 2018). Daraus ergibt sich eine besondere Relevanz von Kenntnissen in diesem Bereich für Lehrer*innen.

Auch für Lehrpersonen stellen die eigene Selbstregulation und das selbstregulierte Lernen bedeutsame Ressourcen dar. Auf Ersteres wird in Abschnitt 5.4.2 genauer eingegangen. Das SRL von Lehrerinnen und Lehrern ist bedeutsam für die Förderung von SRL bei Schülerinnen und Schülern und wird daher in Abschnitt 5.4.1 thematisiert, wenn es um die Förderung von SRL geht.

Definition: Selbstreguliertes Lernen
„Lernende, die ihr eigenes Lernen regulieren, sind in der Lage, sich selbstständig Lernziele zu setzen, dem Inhalt und Ziel angemessene Techniken und Strategien auszuwählen und sie auch einzusetzen. Ferner halten sie ihre Motivation aufrecht, bewerten die Zielerreichung während und nach Abschluss des Lernprozesses und korrigieren – wenn notwendig – die Lernstrategie“ (Artelt et al., 2001, S. 271).

SRL ist folglich ein komplexer, aktiver und konstruktiver Prozess. Der oder die aktiv Lernende steht beim SRL im Mittelpunkt. SRL wird von internalen (z.B. Vorwissen, Intelligenz, Motivation) und externalen Faktoren (z.B. Unterstützung der Lehrperson) beeinflusst. Auch die Kompetenzen zum SRL und der aktuelle Lerninhalt bzw. die Lernaufgabe haben Einfluss auf den Prozess des SRL. Aufgaben können sehr unterschiedliche Grade an SRL erfordern oder ermöglichen.

Wenn Sie sich mit dem Thema SRL beschäftigen, werden Sie vermutlich über ähnliche Begriffe stolpern, die weitgehend synonym verwendet werden, wie beispielsweise selbstgesteuertes oder selbstorganisiertes Lernen. Modelle des selbstregulierten Lernens betonen den zyklischen Charakter von Lernen (siehe z.B. das Modell von Zimmerman in Abschnitt 5.1.3), innerhalb dessen die Bewertung der Lernfortschritte, wenn nötig, zu Anpassungen führt. Daher bevorzugen wir den Begriff des selbstregulierten Lernens.

Ein weiterer Begriff, der bereits gefallen ist, ist *Strategie* bzw. *Lernstrategie*. (Lern-) Strategien spielen beim SRL eine bedeutende Rolle. Sie können als zentrale Elemente im SRL bezeichnet werden. Aber was verstehen wir eigentlich darunter?

Definition: Lernstrategien
Lernstrategien sind Handlungspläne zur Erreichung von Lernzielen. Diese setzen sich aus einzelnen Handlungssequenzen zusammen (Friedrich & Mandl, 1992).

Lernstrategien können in verschiedene Untergruppen aufgeteilt werden (Mandl & Friedrich, 2006). Klassisch ist die Gruppierung in *kognitive Lernstrategien, metakognitive Lernstrategien* und *ressourcenbezogene Lernstrategien.* Kognitive Strategien beziehen sich direkt auf die konkrete Arbeit mit dem Lernstoff. Darunter fallen Wiederholungsstrategien, Organisationsstrategien und Elaborationsstrategien. Wenn Maria ihre Englischvokabeln wiederholt, wendet sie eine kognitive Strategie an. Metakognitive Strategien sind losgelöst vom konkreten Inhalt und umfassen Strategien zur Planung, Kontrolle bzw. Überwachung des Lernens und, falls nötig, zu dessen Regulation. Wenn Maria zwischendurch überprüft, ob sie sich die neuen Vokabeln tatsächlich merken kann – sie also einen Lernfortschritt erzielt – , wendet sie eine metakognitive Strategie an. Ressourcenbezogene Strategien werden entweder in interne und externe Strategien aufgeteilt oder direkt einzelne Dimensionen benannt. So gehört zu den internen Ressourcen beispielsweise die Motivation bzw. ihre Regulation (siehe Abschnitt 5.2). Unter externe Ressourcen fällt beispielsweise die Nutzung von zusätzlichen Informationsquellen oder das Lernen in kooperativen Settings. Wenn Maria die Lust am Vokabellernen verliert und sich statt zu Lernen aufzuhören aber sagt, dass sie nach dem Lernen eine Folge ihrer Lieblingsserie anschaut – sie sich also selbst eine Belohnung verspricht – so wendet sie eine ressourcenbezogene Strategie an.

Denkanstoß
Überlegen Sie kurz auf der Basis dessen, was Sie bis hierher gelesen haben:

	sehr schlecht	schlecht	eher schlecht	eher gut	gut	sehr gut
Wie gut können Sie Ihr Lernen selbst regulieren?	1	2	3	4	5	6

Übergelegen Sie weiter: Warum ist das so? Welche Lernstrategien wenden Sie an?

Selbstreguliertes Lernen beschreibt also die Fähigkeit eigenes Lernen aktiv und bewusst zu beeinflussen und zu steuern. Dies umfasst unterschiedliche Bereiche und unterschiedliche Phasen des Lernens. Dies wird in unterschiedlichen Modellen aufgegriffen (für einen Überblick siehe Panadero, 2017). Beispielhaft beschreiben wir hier zwei Modelle. Eines, das eher auf die unterschiedlichen Bereiche des SRL fokussiert (Komponentenmodell) und eines, das die Phasen des SRL besonders in den Blick nimmt (Prozessmodell). Beide haben wir ausgewählt, weil es bedeutsame und einflussreiche SRL-Modelle sind und weil jeweils auch motivationale Prozesse thematisiert werden – im Gegensatz zu Modellen, die den Schwerpunkt eher auf kognitive oder metakognitive Prozesse legen (z.B. Efklides, 2011; Winne, 1996; Winne & Hadwin; 1998). Außerdem können beide für die Unterrichtspraxis nutzbar gemacht werden (siehe auch Abschnitt 5.2.4).

5.1.3 Modelle des selbstregulierten Lernens

Drei-Schichten-Modell des SRL: Wie in der oben angeführten Definition deutlich wird, sind beim SRL die beteiligten Prozesse in unterschiedlichen Bereichen angesiedelt. So gibt es kognitive, metakognitive, motivationale und verhaltensbezogene Prozesse, die auf die Erweiterung von Wissen und/oder Fähigkeiten bezogen sind (vgl. Zimmerman, 2000).

Im Drei-Schichten-Modell von Boekaerts (1999, vgl. *Abbildung 18*) wird zwischen der Regulation des Selbst, der Regulation des Lernprozesses und der Regulation des Verarbeitungsmodus unterschieden, und die verschiedenen Prozesse werden in verschiedenen Schichten verortet.

Die innerste Schicht, die *Regulation des Verarbeitungsmodus'*, bezieht sich auf kognitive Prozesse beim Lernen, insbesondere die Wahl und Anwendung der in Abschnitt 5.1.2 beschriebenen kognitiven Strategien (z.B. Organisations- und Elaborationsstrategien). Bei der *Regulation des Lernprozesses* spielen metakognitive Strategien und metakognitives Wissen rund um das *Planen* und *Überwachen* des Lernprozesses eine zentrale Rolle, also auch die Kontrolle der Anwendung der kognitiven Strategien sowie die Überwachung des Lernfortschritts. Eine Möglichkeit der Umsetzung durch Schüler*innen ist es, sich Fragen zum Stoff zu stellen, um den Lernfortschritt zu prüfen. In unserem Buch können Sie dazu zum Beispiel die Denkanstöße und Abschlussfragen innerhalb jedes Kapitels nutzen. Auf Basis der Ergebnisse der Kontrolle findet, falls nötig, die Regulation statt, also eine Anpassung oder ein Wechsel der Lernstrategie.

Die *Regulation des Selbst* beinhaltet schließlich die Wahl von Zielen und den gezielten Aufbau und Einsatz interner und externer Ressour-

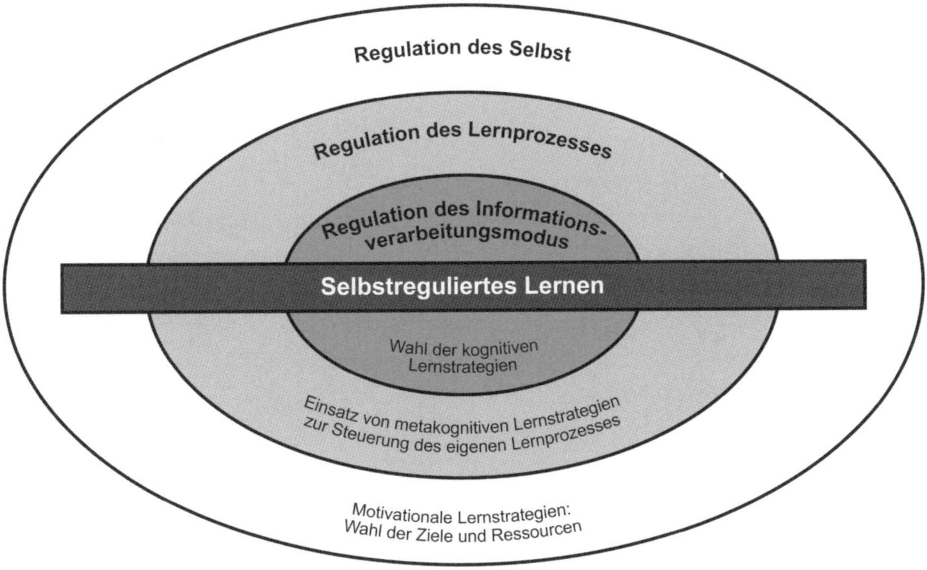

Abbildung 18: Schichtenmodell des selbstregulierten Lernens (nach Boekaerts, 1999)

cen wie Motivationsregulationsstrategien und die Suche nach Hilfe. Dies umfasst auch die Anpassung von (Lern-) Zielen, falls sich diese als zu leicht oder zu schwer erweisen (vgl. Selbstbewertungsmodell, Abschnitt 4.3.1).

Nach dem Modell sind für erfolgreiches SRL alle drei Schichten notwendig. Schüler*innen müssen also über ausreichende kognitive, metakognitive und ressourcenbezogene Kompetenzen verfügen, um ihre Lernziele erreichen zu können.

Boekaerts' Schichtenmodell ist nicht ihr einziges Modell zum SRL. Es gibt ein Modell, das sich dazu eignet das Zusammenspiel der Schichten aus einem anderen Blickwinkel zu betrachten. Hierbei wird insbesondere die Bedeutung der äußersten Schicht deutlich. Das *Dual processing self-regulation model* beschreibt zwei unterschiedliche Prozesse in Abhängigkeit von verschiedenen Zielen: (1) Den Lern-Pfad (*mastery/growth*) und (2) den Wohlbefindens-Pfad (*well-being*; Boekaerts, 2011; Boekaerts & Corno, 2005; Boekaerts & Niemivirta, 2000). Auf dem Lern-Pfad dominieren sogenannte „top-down"-Prozesse. Lernende verfolgen selbstgesetzte Lernziele und werden von Motivation getragen (Interesse, Werte, ...,). Ist eine Aufgabe also kongruent mit eigenen Zielen und Interessen und hat eine angemessene Schwierigkeit, werden positive Kognitionen und Emotionen ausgelöst und der Lern-Pfad verfolgt. Auf dem Wohlbefindens-Pfad sind hingegen „bottom-up"-Prozesse vorherrschend. Lernende versuchen hier ihren Selbstwert zu schützen und positive Emotionen (wieder) herzustellen. Stellt also ein Schüler oder eine Schülerin fest, dass eine Aufgabe den Selbstwert bedrohen könnte, werden negative Emotionen und Kognitionen ausgelöst, sodass in der Folge eher Strategien gewählt werden, die geeignet sind, den Selbstwert zu schützen. Dadurch landet die Person auf dem Wohlbefindens-Pfad und vernachlässigt damit automatisch etwas den Lern-Pfad.

Je nach Bewertung und in Abhängigkeit von ihren Prioritäten können Lernende zwischen beiden Pfaden hin- und herwechseln. Laut Boekaerts streben Lernende nach einer Balance zwischen beiden Prioritäten. Gute Motivationsregulationsstrategien und adaptive Lerngewohnheiten können dabei helfen, den Wohlbefindens-Pfad schneller wieder verlassen zu können, wenn Hindernisse beim Lernen auftauchen (Boekaerts & Corno, 2005).

Prozessmodell(e) des SRL: SRL wird in vielen Modellen häufig anhand verschiedener Phasen beschrieben (z.B. Schmitz, 2001; Schmitz & Wiese, 2006; Zimmerman, 2000; Zimmerman & Moylan, 2009), die je nach Ansatz unterschiedliche Bezeichnungen haben. Es wird jedoch meist zwischen einer *vorbereitenden Phase* vor dem eigentlichen Lernen (präaktionale Phase), einer *Performanzphase* während des Lernens (aktionale Phase) und einer *Bewertungsphase* nach dem Lernen (postaktionale Phase) unterschieden (Panadero, 2017). Die Abfolge stellt den idealtypischen Ablauf dar. In der Praxis zeigt sich jedoch, dass Lernende auch Phasen überspringen, wenn sie beispielsweise direkt mit dem Lernen beginnen, ohne vorher die „vor-dem-Lernen"-Phase zu durchlaufen, also ohne zu planen und die Aufgabe zu analysieren direkt in die „während-des-Lernens"-Phase springen. Auch Sprünge in vorherige Phasen sind möglich, wenn Schüler*innen beispielsweise während des Lernens nochmal zurück in die präaktionale Phase springen, um Ziele anzupassen oder zu verfeinern.

Prozessmodelle in drei Phasen: vor dem Lernen, während des Lernens und nach dem Lernen

Die Phasen sind zyklisch angelegt. Das bedeutet, dass die Phase nach dem Lernen Auswirkungen auf die erste Phase der nächsten (ähnlichen) Lerngelegenheit hat. Judith hat intensiv an ihrem Referat über das Auge gearbeitet. Auch der Vortrag hat aus ihrer Sicht gut geklappt. Ihre Bewertung fällt positiv aus, was ihre Selbstwirksamkeit für zukünftige, vergleichbare Lernsituationen steigern kann. Dies wiederum erhöht die Wahrscheinlichkeit, dass Judith in der Zukunft wieder adaptives SRL zeigen wird.

Als Beispiel für ein zyklisches Modell soll das Modell von Zimmerman dienen (Zimmerman, 2000; Zimmerman & Cleary, 2009; Zimmerman & Moylan, 2009, vgl. *Abbildung 19*).

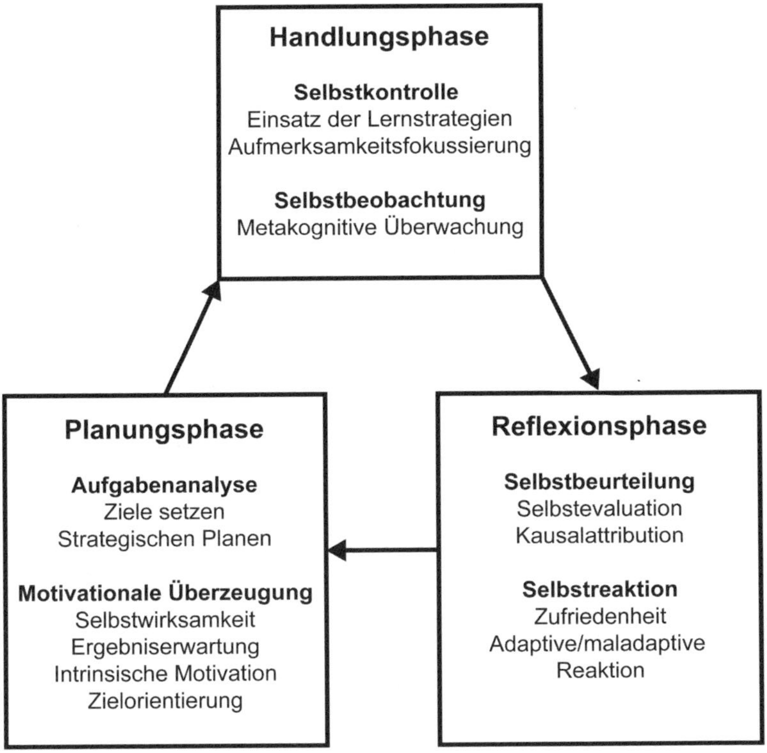

Abbildung 19: Phasenmodell selbstregulierten Lernens (nach Zimmerman & Moylan, 2009)

Vor dem Lernen

In der *Vorbereitungs- oder Planungsphase* geht es darum, die Aufgabe zu analysieren, Ziele zu setzen, das Lernen zu planen und die Motivation zu aktivieren. Lernende müssen sich fragen, welche Ergebnisse sie erzielen wollen. Dabei können die Ziele sehr unterschiedlich sein. Lernende können etwas lernen wollen, zum Beispiel wie man einen guten Essay schreibt, oder aber sie möchten gerne ein bestimmtes Resultat erzielen, wie beispielsweise eine „Zwei" im nächsten Mathetest (vgl. Lern- und Leistungsziele, Abschnitt 3.3.3). Effektive Ziele können nach der SMART-Formel gebildet werden. Das bedeutet, sie sollen *s*pezifisch, *m*essbar, *a*ttraktiv, *r*ealistisch und *t*erminiert formuliert sein (für Beispiele siehe Abschnitt 5.1.5). Strategisches Planen des Lernens ist ebenfalls wichtig in der präaktionalen Phase. Es umfasst unter anderem die Auswahl geeigneter Lernstrategien, die später eingesetzt werden sollen. Dabei ist auch die Planung der Reihenfolge des Strategieeinsatzes wichtig, welche sich durchaus zwischen Lernenden unterscheiden kann.

Wichtig ist hier also, dass es sich um einen bewussten Prozess vor dem eigentlichen Lernen handelt (Zimmerman & Cleary, 2009).

Vor dem Lernen spielen auch motivationale Aspekte eine große Rolle, denn diese beeinflussen die Ziele und die gewählten Strategien. Zu nennen sind hier vor allem Selbstwirksamkeitserwartungen, Erfolgserwartungen, Interesse und Zielorientierungen. Wir gehen an dieser Stelle nicht näher auf diese internen Ressourcen ein, da diese bereits in Kapitel 3 behandelt wurden.

Während des Lernens

In der *Handlungsphase* spielen Lernstrategien eine große Rolle. Erfolgreiche Lernende wählen aus einer breiten Vielfalt an Lernstrategien geeignete aus und setzen diese zielgerichtet und qualitativ hochwertig um. Gleichzeitig wird der Strategieeinsatz überwacht und wenn nötig angepasst. Hier spielen also auch metakognitive Strategien, wie Kontrolle und Überwachung, eine bedeutsame Rolle.

Neben dem Einsatz von kognitiven und metakognitiven Strategien fallen in diese Phase auch weitere Strategien, wie zum Beispiel die Organisation der Lernumwelt. Dies kann beispielsweise einfach sein, dass man das Fenster schließt, wenn die Nachbarn draußen Musik hören, sodass man sich besser konzentrieren kann oder aber, dass man seinen Schreibtisch aufräumt und sich nur die Sachen bereitlegt, die man für die aktuelle Lernaufgabe benötigt. Auch Hilfesuche fällt in diesen Bereich. Dies wird von Lernenden oft als Schwäche wahrgenommen, doch zielgerichtet kompetente Personen um Hilfe zu fragen, ist eine adaptive und proaktive Strategie. Eine weitere effektive Strategie ist beispielsweise Selbstinstruktion (z.B. Veenman, 2016). Das meint, während des Lernens (laut) darüber zu sprechen, was man tut. Eine andere Strategie ist das bildhafte Vorstellen. Dabei geht es darum, im Geist Bilder zu erzeugen, die helfen, den Stoff besser zu verstehen oder besser verinnerlichen zu können. Zeitmanagement bezeichnet ebenfalls einen wichtigen Strategiekomplex. Wie oben erwähnt ist es wichtig, Ziele zu setzen. Ebenfalls wichtig ist es aber, abzuschätzen, wie lange es braucht, diese zu erreichen, um den Fortschritt auch überwachen zu können. Bei einigen der genannten Strategien ist es sinnvoll, diese bereits in der Phase vor dem Lernen einzusetzen und nicht erst in der aktionalen Phase damit zu beginnen, so zum Beispiel beim Zeitmanagement oder der Organisation der Lernumwelt. In der Lernphase geht es dann hauptsächlich darum, zu überwachen, ob Anpassungen nötig werden. Auch Motivationsregulationsstrategien werden hier genannt, beispielsweise Interessenssteigerung oder Selbstbelohnung. Auf diese gehen wir in Abschnitt 5.2.2 ausführlich ein.

Nach dem Lernen

Im Modell von Zimmerman hat die Phase nach dem eigentlichen Lernen einen festen Platz. In der Forschung zum SRL liegt der Fokus jedoch häufig auf der Phase „vor dem Lernen“ oder „während des Lernens". Häufig wird die Phase nach dem Lernen auch von den Lernenden selbst vernachlässigt oder gar vollständig ignoriert (Engelschalk et al., 2015). Dennoch sollte man die Bedeutung dieser Phase nicht unterschätzen. Zimmerman nennt diese Phase *Selbstreflexionsphase.* Auf Basis von Feedback, das die Lernenden erhalten haben, und eigenen Standards bewerten Schüler*innen ihre Lernergebnisse und die Wirksamkeit der eingesetzten Strategien. Wie wir in Abschnitt 3.2.2 bereits erfahren haben, ist es dabei zentral, welche Ursachenzuschreibungen für Erfolg oder Misserfolg herangezogen werden. Denn diese haben Auswirkungen auf zukünftige Lernanlässe. Wenn Luuk sich beispielsweise auf den Biologietest vorbereitet, indem er seine Notizen auswendig lernt und im Nachhinein erkennt, dass dies keine geeignete Strategie war, wird er beim nächsten anstehenden Biologietest diese Strategie nicht mehr wählen. Fehlt die Reflexion, wird sich das Lernverhalten nicht verbessern.

Nach Abschluss einer Lernaktivität erleben Lernende Emotionen bezüglich des Prozesses und des Lernergebnisses. Schüler*innen können entweder zufrieden oder unzufrieden mit ihrem Lernprozess und dessen Ergebnis sein, was sich auf die Art und Weise auswirken kann, wie auf zukünftige Lernanlässe reagiert wird. Schüler*innen, die zufrieden mit ihrem Lernergebnis sind, weisen eine höhere Wahrscheinlichkeit auf, adaptive Strategieanpassungen bei zukünftigen Lernanlässen vorzunehmen. Schüler*innen, die unzufrieden mit dem Lernergebnis sind, neigen eher zu maladaptiven Reaktionen wie Vermeidungsverhalten oder Hilflosigkeitserleben (Zimmerman & Cleary, 2009). Hier wird deutlich, dass die Prozesse der Selbstreflexionsphase auf die Vorbereitungsphase wirken, sodass der Kreis des SRL geschlossen wird.

5.1.4 Diagnostik von selbstreguliertem Lernen

Für Lehrer*innen stellt sich die Herausforderung, die SRL-Kompetenzen ihrer Schüler*innen einzuschätzen. Dies ist keine einfache Aufgabe, da SRL-Prozesse teilweise kurz sind und andere schwer oder gar nicht zu beobachten, beispielsweise wenn es sich um rein kognitive Prozesse handelt. Dennoch ist die akkurate Diagnostik eine wichtige Kompetenz von Lehrpersonen, da ohne diese eine passende Förderung von SRL kaum möglich ist (Artelt & Gräsel, 2009). Außerdem ist die Einschätzung der Fertigkeiten zum SRL der Schüler*innen wichtig, um Freiheitsgrade im Unterricht angemessen zu gestalten. Oft sind im Unterricht die Möglichkeiten zum SRL ohnehin stark limitiert durch begrenzte Lernzeiten sowie vorgegebene Methoden und Strategien. Die Freiheitsgrade können dennoch variiert werden. Manche Arbeitsformen bieten mehr Möglichkeiten zum SRL als andere. Beispielsweise bietet Projektarbeit mehr Gelegenheit zum SRL als stark strukturierter Frontalunterricht. Die Möglichkeiten zum SRL sollten an die SRL-Kompetenzen der Schüler*innen angepasst werden. Während zu wenige Freiheiten ungünstig sind, da die Kompetenzen nicht genutzt und ausgebaut werden können, führen zu viele Freiheiten schnell zu Überforderung.

Für Lehrer*innen kommen viele Forschungsinstrumente zur Erfassung von SRL nicht in Frage, da sie oft methodisch aufwändig sind und spezielle Kenntnisse erfordern. Dennoch ist es auch für Lehrer*innen möglich, SRL-Kompetenzen einzuschätzen. Helfen können dabei Gespräche mit den Schülerinnen und Schülern, das Analysieren sogenannter „traces", also Spuren von SRL, zum Beispiel in Form von Notizen, die sich die Schüler*innen machen, oder der Art, wie sie Dinge markieren. Ebenfalls hilfreich kann die Auswertung von Lerntagebüchern oder Reflexionsbögen sein (siehe hierzu weiter unten und im Abschnitt SRL-Förderung, 5.1.5). Eine weitere Möglichkeit besteht darin, die Schüler*innen zu bitten, sich eine Situation vorzustellen, in der sie eine große Stoffmenge bearbeiten müssen (z.B. die Vorbereitung auf eine umfangreichere Prüfung) und diese dann zu bitten, alle Lerntipps und -tricks, die sie kennen, aufzuschreiben. So können sich Lehrer*innen recht ökonomisch einen Überblick verschaffen, welche Lernstrategien Schüler*innen kennen.

Der Vollständigkeit halber soll hier ein kurzer Überblick gegeben werden, welche Methoden in der Forschung genutzt werden, um SRL zu erfassen und wie diese klassifiziert werden können. Wenn Sie hieran kein Interesse haben, können Sie zum nächsten Abschnitt übergehen.

Bei den Methoden zur Diagnostik von SRL lassen sich Online- und Offline-Methoden unterscheiden (Wirth & Leutner, 2008). Zu den Offlineverfahren, also Verfahren mit denen SRL im Nachhinein (oder manchmal auch im Voraus) – unabhängig vom eigentlichen Lernprozess – erfasst wird, wenn die Lernaktivität bereits abgeschlossen ist, zählen *Fragebögen*, *Interviews* oder *Strategiewissenstests*.

Bei Onlineverfahren hingegen wird SRL mehr oder weniger kontinuierlich während der Lernaktivität erfasst. Beispiele für solche Verfahren sind *Verhaltensbeobachtung*, *Experience-Sampling*, *Analyse von Log-files* oder *„Lautes Denken"*. Ein Verfahren, das je nach Umsetzung eher der einen oder eher der anderen Seite zugeordnet werden kann, ist das *Lerntagebuch* (Landmann et al., 2015). Hierbei sind viele unterschiedliche Ausgestaltungsmöglichkeiten vorhanden (ein Beispiel ist das unter Abschnitt 5.1 genannte Arbeitsblatt „SRL-Tagebuch"). Lerntagebücher können beispielsweise vor, während und nach dem Lernen eingesetzt werden – wobei die klassische Nutzung nach dem Lernen stattfindet. Hierbei wird der Lernprozess reflektiert und bewertet. In dieser Version gehören Lerntagebücher zu den Offline-Methoden.

Zusätzlich wird zwischen quantitativen und qualitativen Methoden unterschieden. Bei Ersteren wird die Häufigkeit der Strategienutzung erfasst. Bei Letzteren steht die Qualität der Strategienutzung und/oder die Passung zwischen Lerngelegenheit und Strategie im Vordergrund (Wirth & Leutner, 2008).

Trotz der Vielfalt der Messinstrumente, die in der SRL-Forschung vorliegen, gibt es noch immer Bedarf an Methoden, mit denen komplexe SRL-Prozesse genau und dabei ökonomisch erfasst werden können. Oft werden in der Forschung auch verschiedene Methoden kombiniert eingesetzt, um SRL breiter und genauer erfassen zu können (vgl. Panadero et al., 2016).

5.1.5 Förderung von selbstreguliertem Lernen

Gut gemeint ...

Herr Schulz (der Geschichtslehrer unserer Klasse) weiß, dass das neue Thema im Geschichtsunterricht, die Französische Revolution, meist nicht das beliebteste bei den Jugendlichen der achten Klasse ist und die Zusammenhänge häufig nicht leicht zu verstehen sind. Daher beschließt er, zur Förderung des selbstregulierten Lernens Reflexionsbögen zu erstellen, die begleitend zu den Hausaufgaben beantwortet werden sollen. Durch ausgewählte Fragen sollen die Schüler*innen sich den eigenen Lernzielen für die kommenden Unterrichtsstunden sowie aufkommenden Schwierigkeiten und Problemlösungen bewusst werden und ihren Lernfortschritt selbstständig überwachen. Zufrieden mit den vorbereiteten Arbeitsblättern leitet Herr Schulz das neue Thema ein, jedoch gerät während der Unterrichtsstunde sein Zeitplan durcheinander, sodass ihm am Ende die Zeit fehlt, zu erläutern, wieso er die Reflexionsbögen erstellt hat und welchen Effekt diese auf das Lernen haben können. Hastig teilt er die Arbeitsblätter aus und erklärt dabei, dass diese neben der Hausaufgabe freiwillig ausgefüllt werden und den Schüler*innen bei der Bearbeitung der Aufgaben und dem Einstieg in das Thema helfen können.

In der darauffolgenden Woche möchte Herr Schulz zu Beginn der Unterrichtsstunde die Reflexionsbögen mit den Schüler*innen besprechen. Dabei merkt er jedoch, dass diese nur von wenigen ausgefüllt und insgesamt als nicht so unterstützend wahrgenommen wurden, wie er gehofft hatte.

Warum sollte man als Lehrperson überhaupt SRL fördern? Dass SRL in Zusammenhang mit schulischer Leistung steht, wurde bereits zu Beginn des Kapitels erläutert. Außerdem ist SRL in fast allen Lernsituationen relevant. Im Abschnitt zur Diagnostik wurde bereits darauf eingegangen, dass verschiedene Unterrichtsformen unterschiedlich viel Potenzial für SRL bieten. Dennoch ist auch bei stark strukturierten, fremdgesteuerten Lerngelegenheiten SRL nötig. Beispielsweise kann selbst das Zuhören in einer Frontalunterrichtsphase insofern SRL erfordern, als dass ggf. das Abschweifen von Gedanken reguliert werden muss.

Wie zu Beginn des Kapitels erwähnt, findet eine Förderung bzw. ein Aufbau von SRL-Kompetenzen bei Schüler*innen nicht nebenbei statt, sondern SRL muss gezielt gefördert werden. Dabei kommt den Lehrpersonen eine wichtige Rolle zu (Karlen et al., 2020).

Der theoretisch begründeten Relevanz der Förderung steht eine eher gering ausgeprägte Förderung des SRL in der Praxis gegenüber. Offenbar herrscht noch immer die Annahme vor, dass es nicht nötig ist, Lernenden beizubringen, wie man sein eigenes Lernen „managt" (Bjork et al., 2013; Kornell & Bjork, 2007; Perels et al., 2007). SRL entwickelt sich jedoch nicht spontan. Ein Hinweis darauf ist, dass große Unterschiede zwischen Schüler*innen vorherrschen. SRL ist jedoch erlernbar. Insbesondere ein frühes Training bereits in der Primarstufe ist gewinnbringend, insofern, als dass eine Grundlage für effizientes Lernen auch in späteren Lebensphasen geschaffen wird (vgl. Perels et al., 2007; Stöger et al., 2009).

Trainingsansätze im Bereich der pädagogisch-psychologischen Forschung sind sehr vielfältig und reichen von der Förderung einzelner Strategien in kontrollierten Experimenten bis hin zur Evaluation komplexer Unterrichtsprogramme (Spörer & Glaser, 2010). Dabei können aus der Forschung zum SRL Hinweise zu dessen Förderung im Schulalltag abgeleitet werden. Zuvor ist es jedoch sinnvoll, etwas genauer darauf einzugehen, wie sich die Nutzung von SRL-Strategien entwickelt.

Exkurs: Entwicklung und Nutzung von SRL-Strategien

Die Entwicklung von SRL kann auch über Defizite beschrieben werden, die zur effektiven Nutzung von Lernstrategien überwunden werden müssen (Bjorklund et al., 1997; Flavell, 1970; Reese, 1962). Diese Defizite können verschiedenen Lebensaltern zugeordnet werden, wodurch deutlich wird, dass es nicht zielführend ist zu viele und zu komplexe Strategien bei jungen Schüler*innen einzuführen. In diesem Kontext ist, das *Mediationsdefizit* (Mediationen = kognitive Fähigkeiten) kaum relevant, da es in der Regel bereits im Kindergartenalter überwunden wird. In diesem Stadium ist auch mit Anleitung noch kein Einsatz von Lernstrategien möglich, was anhand verschiedener Prozesse der Entwicklung von (meta-)kognitiven Fähigkeiten erklärbar ist. Interessant sind hier insbesondere die Veränderungen des deklarativen und prozeduralen Metagedächtnisses (für mehr Information hierzu siehe Lockl, 2010). Vorschulkinder und Schulanfänger haben es meist mit dem sogenannten *Produktionsdefizit* zu tun. Strategien werden in diesem Stadium nicht spontan angewandt, können jedoch mit expliziten Nutzungshinweisen unterstützt werden, sodass eine Anwendung gelingen kann. Bei jüngeren Schulkindern herrscht das *Nutzungsdefizit* vor. Das bedeutet, dass Strategien zwar bekannt sind und genutzt werden, jedoch ist

die Nutzung noch nicht automatisiert und die Entscheidung, wann genau welche Strategie angemessen ist, wird noch nicht zuverlässig selbstständig getroffen. Das führt dazu, dass die Nutzung der Strategie noch nicht zu der Leistung führt, zu der eine kompetente Strategienutzung führen könnte. Von einem breiten Repertoire an Lernstrategien und einem differenzierten Einsatz selbiger kann erst ab der mittleren Adoleszenz ausgegangen werden (z.B. Baumert, 1993; Hasselhorn & Gold, 2022; Schneider & Bjorklund, 2003). Auch dann sind die Entwicklung und Perfektionierung des Strategieeinsatzes jedoch längst nicht abgeschlossen, sondern stellen vielmehr eine Aufgabe dar, an der sich Lernende jeglichen Alters weiterentwickeln können. Nach der Schule, beispielsweise im Studium, erhöhen sich die Freiheitsgrade deutlich und SRL gewinnt zunehmend an Bedeutung. Vorhandene Schwächen der Lernenden in diesem Bereich treten dann schnell zutage.
Ausgehend von den jeweiligen Entwicklungsstadien und -aufgaben wird klar, dass eine Förderung von Strategien angepasst sein muss auf das Lebensalter der Lernenden. So ergibt es Sinn, in der Primarstufe zunächst einfache kognitive Strategien, wie beispielsweise Wiederholungsstrategien, einzuführen bzw. zu optimieren. Auch bei vermeintlich sehr einfachen Strategien gibt es nämlich deutliche Unterschiede in der Anwendung. Während jüngere Kinder häufig einzelne Worte wiederholen, nutzen ältere Kinder die Strategie effizienter, indem sie mehrere Worte in einer Schleife wiederholen (Lockl, 2010). Die Förderung sollte also immer in der Zone der proximalen Entwicklung liegen, also nicht unter- aber auch nicht überfordern.

Förderansätze zum SRL können anhand der zuvor genannten Modelle beschrieben und differenziert werden. Damit können sich auch Förderansätze von Lehrerinnen und Lehrern an den Modellen orientieren.

Die Förderung von SRL sollte auf einem Modell basieren

Orientierung an einem Modell: Viele Trainings, die im Forschungskontext entwickelt wurden, beziehen sich auf das oben beschriebene Prozessmodell von Zimmerman. Der Vorteil ist, dass mit Hilfe des Modells deutlich wird, an welcher Stelle die Förderung ansetzen sollte. Beispielhaft sollen hier einzelne Aspekte entsprechend der Phasen herausgegriffen werden.

In der Vorbereitungsphase (also vor dem Lernen) ist insbesondere die Zielsetzung ein wichtiger Faktor für das Lernen. Ziele dienen im Anschluss an den Lernprozess auch dem Abgleich – nur so wird eine Bewertung des Lernergebnisses möglich. Lehrer*innen können hier unterstützend tätig werden, indem sie Schüler*innen anleiten, sich angemessene Ziele zu setzen. Oben wurde bereits das SMART-Modell erwähnt. Wenn sich Luuk sagt „Ich werde mich dolle anstrengen.“, ist dieses Ziel wenig spezifisch. Sagt er sich hingegen „Ich werde heute Nachmittag direkt nach der Schule die 7er-Reihe des kleinen 1x1 auswendig lernen.“, ist dies ein sehr viel spezifischeres Ziel, das gleichzeitig auch messbar (entweder werden die Ergebnisse erinnert oder nicht) und erreichbar ist (umgrenztes Lernziel).

Zusätzlich zur SMART-Formel können Ziele *hierarchisch organisiert* werden, eine Technik, die allerdings erst für etwas ältere Schüler*innen geeignet ist. Für jüngere Kinder ist es zusätzlich wichtig, dass die Ziele eher *proximal gesetzt* werden, also einen überschaubaren inhaltlichen und auch zeitlichen Horizont haben. Da wir uns im Kapitel für selbstreguliertes Lernen befinden, sei nochmals explizit auf *selbstgesetzte Ziele* hingewiesen. Auch jüngere Schüler*innen sollten bereits dazu angeleitet werden, sich selbst Ziele zu setzen – immer innerhalb eines sinnvollen und machbaren Rahmens.

Ein Aspekt, der in der Handlungsphase (während des Lernens) relativ einfach nachzuvollziehen und zu beeinflussen ist, ist die Strukturierung der Umwelt und im speziellen der Umgang mit Ablenkungen. Zunächst kann den Schüler*innen vermittelt werden, warum es wichtig ist, nicht abgelenkt zu werden. Dann können verschiedene Arten von Ablenkungen vorgestellt und der Umgang mit diesen besprochen werden. Eine geläufige Unterscheidung ist die zwischen inneren (z.B. andere Gedanken, Müdigkeit) und äußeren Ablenkungen (z.B. Lärm von einer Baustelle). Ein möglicher Umgang mit Ablenkungen sind sogenannte *implementation intentions* (z.B. Gollwitzer, 1999; Gollwitzer & Sheeran, 2006). Diese werden umgesetzt als Wenn-dann-Sätze. Sie helfen bei der Verfolgung von konkreten Zielen durch die Formulierung von Wenn-dann-Sätzen. Diese Wenn-dann-Sätze können entweder direkt beim Ziel ansetzen, und dieses somit stärken, oder bestimmte Ablenkungen adressieren, die das Erreichen der Ziele erschweren (z.B. Achtziger et al., 2008; Parks-Stamm et al., 2010). Ein kleines Beispiel: Lasse freut sich schon wie verrückt auf das Fußballspiel am Samstag in zwei Wochen, er ist schon ganz aufgeregt. Endlich spielt sein Team gegen den Verein aus dem Nachbardorf, das ist immer das Spiel der Saison! Jedoch muss Lasse sich auch für den Englischvokabeltest in zwei Wochen vorbereiten, worauf er gar keine Lust hat. Ihm fällt es total schwer, sich auf das Lernen zu konzentrieren, da er ständig an das anstehende Derby denken muss. Er erinnert sich an die Strategien, die Herr Müller der Klasse vor einiger Zeit vorgestellt hat. Dabei können einerseits bestimmte Ziele und andererseits spezifische Ablenkungen an „Wenn..., dann...“- Aussagen geknüpft werden. Er beschließt die Techniken auszuprobieren und formuliert zuerst die Aussage „Immer, *wenn* ich mit den Hausaufgaben fertig bin, *dann* wiederhole ich noch konzentriert 15 Minuten Vokabeln.“ Lasse ist überrascht, die Strategie scheint tatsächlich zu funktionieren und das Wiederholen der Vokabeln fällt ihm viel leichter als zuvor. Er merkt jedoch nach wie vor, wie sehr seine Gedanken um das anstehende Derby kreisen und beschließt mit einer weiteren Aussage diese Ablenkung zu adressieren: „Immer, *wenn* ich an das Fußballspiel denke, *dann* denke ich auch daran, wie wichtig mir der Vokabeltest ist."

Für die Selbstreflexionsphase (nach dem Lernen) sind Attributionen ein geeignetes Beispiel als Ansatzpunkt für die Verbesserung des SRL. Bereits im Abschnitt Ursachenzuschreibungen (siehe Abschnitt 3.2.2 für die Theorie) und Re-Attribution (siehe Abschnitt 4.3.3 für die Anwendung bzw. Förderung) wurden günstige und ungünstige Attributionsarten von Erfolg und Misserfolg dargestellt. Lehrer*innen können durch die Art, wie sie selbst Feedback geben und welche Ursachen für Erfolg und Misserfolg sie darin einbeziehen, Einfluss auf die Attributionen der Schüler*innen nehmen. Die Schüler*innen können also über das Feedback, das sie von Lehrpersonen bekommen, lernen, selbst günstiger zu attributieren.

Kombinierte Förderung wirkt besser

Gemeinsame Förderung von Strategien aus unterschiedlichen Ebenen: Wie im Schichtenmodell deutlich wurde, hängen die verschiedenen SRL-Ebenen voneinander ab. Dies sollte daher auch bei der Förderung berücksichtigt werden. Die Empirie zeigt immer wieder, dass eine gemeinsame Förderung von kognitiven und metakognitiven Strategien zu positiveren Effekten führt als die Förderung kognitiver Strategien allein (z.B. Dignath & Büttner, 2008; Stebner et al., 2015). Im Schulalltag ist es jedoch so, dass von Lehrerinnen und Lehrern oft isoliert nur kognitive Strategien vermittelt werden.

Wichtig bei der kombinierten Förderung ist wiederum, dass diese an das Alter der Lernenden angepasst wird. Schüler*innen der Primarstufe profitieren eher von der Vermittlung effektiver, aber überschaubarer kognitiver Strategien. Bereits in der Grundschule ist es also möglich und sinnvoll, SRL-Strategien einzuführen, um beispielsweise erfolgreiche Wochenplanarbeit zu unterstützen (Stöger et al., 2009). In der Sekundarstufe ist das kombinierte Training kognitiver Strategien und metakognitiver Strategien effizienter. Dies passt auch zu den Modellen und Befunden zur Entwicklung von SRL und Vorläuferfähigkeiten von SRL (vgl. Exkurs: Entwicklung und Nutzung von SRL-Strategien).

Ein gut nachvollziehbares Beispiel für die kombinierte Förderung kognitiver und metakognitiver Strategien liefern Stebner et al. (2020). Dabei reichern sie den Dreischritt des naturwissenschaftlichen Experimentierens (Idee formulieren, Experiment durchführen, Schlussfolgerungen ziehen) mit metakognitiven Strategien an (Ziele setzen, überprüfen, reagieren) und erhalten so ein sechsstufiges Vorgehen, das den Schüler*innen vermittelt wird. (1) Zunächst sollen sich die Schüler*innen Lernziele setzen (z.B. Was soll herausgefunden werden?). Danach folgt der Einstieg in die kognitive Strategie des Dreischritts des Experimentierens. (2) Hier soll zunächst eine überprüfbare Idee/Hypothese entwickelt werden. (3) Dann wird das Experiment durchgeführt und das Vorgehen, die Beobachtungen und Ergebnisse protokolliert. (4) Am Ende des Dreischritts wird geprüft, ob die Idee/Hypothese richtig oder falsch war. (5) Nach dem Schlussfolgern folgt nun wieder eine metakognitive Strategie, nämlich das Überprüfen der drei Schritte des Experiments. (6) Den Abschluss bildet das Reagieren. Je nach Ergebnis der Überprüfung ist das Experiment nun abgeschlossen, oder wenn ein Fehler entdeckt wurde, werden entsprechende korrigierende Handlungen initiiert. Stebner et al. (2020) heben explizit hervor, dass dieses Verfahren auf eine Vielzahl kognitiver Strategien angewandt werden kann. Denn während kognitive Strategien teilweise fachspezifisch sind und nur bei bestimmten Inhalten passend sind, können metakognitive Strategien auf den Einsatz jeglicher kognitiver Strategie angewendet werden.

Dabei sollten auch Strategien aus dem Bereich der ressourcenorientierten Schicht mitgedacht werden. Ohne entsprechende Strategien zum Umgang mit potenziell auftretenden Schwierigkeiten (z.B. Abfall der Motivation, Ablenkungen von außen etc.) wird der SRL-Prozess weniger effektiv verlaufen. Daher sind Strategien zur Motivationsregulation (vgl. Abschnitt 5.2) und Emotionsregulation ebenfalls bedeutsam.

Die Wahl passender Strategien für die jeweilige Lernsituation ist wichtig

Optimierung der Strategiewahl und Strategieanwendung: Neben einem Mangel an verfügbaren Strategien ist ein weiteres verbreitetes Problem, dass Schüler*innen falsche Vorstellungen davon haben, welche Strategien effektiv sind und wie Strategien effizient eingesetzt werden. In Bezug auf die Strategiewahl zeigt sich beispielsweise, dass Selbsttest-strategien (z.B. sich Abfragen) oft nur sehr spät im Lernprozess (z.B. kurz vor einer Prüfung) eingesetzt werden, obwohl dies viel früher sinnvoll für das Lernen wäre (Bjork et al., 2013). Dies ist ein Zeichen dafür, dass Schüler*innen über keine oder zu wenige Informationen darüber verfügen, welche Strategien wann eingesetzt werden sollten, um effektiv zu sein (vgl. Bjork et al., 2013; Steuer et al., 2019). Auch ungünstige Gewohnheiten bezüglich der Strategiewahl, die nicht mehr hinterfragt werden, können das SRL beeinträchtigen. Wenn Schüler*innen sich üblicherweise auf einen Test vorbereiten, indem sie den zugehörigen Lehrbuchtext einfach nur lesen (passives Lesen) oder wiederholt lesen, führt dies zu sehr viel weniger erfolgreichem Lernen als aktives Verarbeiten, wie Selbsterklärungen und Selbsttests (vgl. Bjork et al., 2013).

„Die Welle“.

Ein Beispiel: Marie findet das Thema der neuen Lektüre „Die Welle“, die die Klasse aktuell im Deutschunterricht liest, sehr spannend. Frau Schulze hat in der letzten Unterrichtsstunde bereits angekündigt, dass die Hausaufgabe, Fragen zu einem Text über das Thema

„Autokratie“ zu beantworten, etwas mehr Zeit in Anspruch nehmen könnte, weil der Text teilweise komplex sei und einige Fremdwörter beinhalte. Marie beschließt daher eine Lesestrategie, die Frau Schulze vor einiger Zeit vorstellt hatte, anzuwenden. Vor dem gründlichen Lesen des Textes möchte sie den Text nur überfliegen, um gezielt nach Schlüsselworten und den wichtigsten Informationen im Text zu suchen. Beim Scannen des Gelesenen merkt Marie jedoch schnell, dass sie mehrere Sätze nicht versteht und viele Wörter nicht kennt, weshalb ihr auch nicht die Schlüsselworte und zentralen Aussagen des Textes auffallen.

Auch Lejan's Ansicht nach ist das Thema des neuen Buches endlich interessanter als die Inhalte zuvor. Nachdem Frau Schulze aber angekündigt hat, dass der Hausaufgabentext komplex sei, ist seine Motivation mit der Aufgabe zu beginnen, gering. Längere Texte konzentriert zu lesen und zu verstehen, bereitet ihm ohnehin Schwierigkeiten. Auch Lejan beschließt eine Lesestrategie beim Lesen des Textes anzuwenden. Durch das Gliedern des Textes in Abschnitte und das Bilden von Unterüberschriften für jeden Abschnitt möchte er sich einen Überblick über das Thema verschaffen. Dabei übernimmt Lejan die Gliederung, die in dem Text bereits vorgegeben ist, und bildet die Überschriften überwiegend basierend auf den ersten Sätzen jedes Abschnittes. Auch nach dem Lesen und dem Anwenden der Lesestrategie hat Lejan nicht das Gefühl, den Text verstanden zu haben.

Im ersten Beispiel wird deutlich, dass der Einsatz einer unpassenden Strategie, auch bei günstiger Ausgangsmotivation und auch wenn versucht wird, die Strategie gründlich umzusetzen, nicht zum gewünschten Erfolg führt. Das zweite Beispiel hingegen zeigt, dass auch eine passende Strategie nicht zwingend zum Erfolg führt, wenn diese unzureichend ausgeführt wird.

Sorgfältiger Einsatz der Strategien ist relevant für erfolgreiches Lernen

Neben der Auswahl geeigneter Strategien, ist auch die Ausführung der Strategie für den Erfolg zentral (Engelschalk et al., 2017; Steuer et al., 2015; Wirth & Leutner, 2008). Nutzt eine Schülerin viele Strategien, legt dabei aber keinen Wert auf die Qualität der Ausführung der Strategie, bringt das gegebenenfalls weniger, als wenn eine einzelne, bewährte Strategie gewissenhaft ausgeführt wird.

Ein wichtiger Punkt ist folglich, dass Schüler*innen nicht nur möglichst viele effektive Strategien lernen, sondern vor allem, dass sie wissen, in welchen Situationen welche der Strategien passend ist, und dass sie diese genau ausführen können (Engelschalk et al., 2016; Engelschalk et al., 2017; Steuer et al., 2019; Wirth & Leutner, 2008). Eine nicht zur Lerngelegenheit passende Strategie wird zu schlechteren Ergebnissen führen als eine geeignete Strategie. Ebenso wird eine zwar zur Situation passende Strategie, die schlecht umgesetzt wird, zu suboptimalen Resultaten führen.

Im Prozess des Strategieerwerbs und beim konkreten Strategieeinsatz beim Lernen spielt Feedback eine bedeutsame Rolle, da Schüler*innen unpassenden oder ineffizienten Strategiegebrauch gegebenenfalls nicht selbst erkennen können. Dabei ist es wichtig, dass möglichst konkrete Hinweise darauf gegeben werden, wie sich die Lernenden verbessern können.

Direkte Förderung meint die konkrete Vermittlung von SRL-Strategien

Direkte und indirekte Förderung: Es ist günstig, SRL-Strategien direkt zu instruieren und direkt an aktuellen Lerninhalten einzuüben. Dabei ist Unterstützung, solange die Strategie neu und ungewohnt ist, wichtig. Mit der Zeit soll diese immer weiter zurückgenommen werden. Dadurch erhalten und übernehmen die Schüler*innen im Idealfall schrittweise die Verantwortung. Direkte Strategievermittlung findet jedoch im Schulalltag nur selten statt (Dignath & Büttner, 2018). Wenn dies geschieht, dann häufig in Form von „Lernen lernen"-Kursen, die zum einen häufig ausschließlich auf (kognitive) Lernstrategien fokussieren und zum anderen leider oft wenig wirksam sind, da in dieser Form zu wenig Gelegenheiten zum Einüben vorhanden sind und ein Transfer somit kaum stattfindet (z.B. Hattie et al., 1996).

Indirekte Förderung umfasst die SRL-förderliche Gestaltung der Lernumwelt

Ein anderer Weg zur Förderung von SRL ist die indirekte Förderung. Hier liegt der Fokus auf der Gestaltung der Umwelt, die dahingehend optimiert wird, dass SRL ermöglicht und erleichtert wird (z.B. Dignath & Veenman, 2020). Durch die indirekte Förderung werden vielfältige Übungsgelegenheiten für die Anwendung von SRL gegeben. Verschiedene Punkte können hier bereits bei der Gestaltung von Unterricht mitgedacht werden (z.B. wie das Vorwissen der Schüler*innen aktiviert werden soll). Schüler*innen sollten bei verschiedenen Aspekten mitentscheiden können (z.B. Themen, genutzte Methode, Sozialform). Gleichzeitig sollten klare und transparente Lernziele formuliert werden. Die Lehrperson sollte zudem bei Schwierigkeiten individuell unterstützen. Feedback ist wichtig – insbesondere auch Feedback zu SRL-Strategien mit Hinweisen zur Verbesserung des SRL (Theobald, 2021). Dazu ist es nötig, nicht das Ergebnis abzuwarten, sondern auch und vor allem prozessorientiertes Feedback zu geben. Auch Selbstevaluation kann mit Hilfe von Musterlösungen, Reflexionsbögen oder Lerntagebüchern unterstützt werden. Günstige Unterrichtsformen für die Förderung von SRL sind zum Beispiel Projektarbeit oder die Arbeit mit einem Wochenplan. Hierbei sind auch deutliche Überscheidungen zu dezidierten Motivationsfördermaßnahmen offensichtlich, die beispielsweise auf der Selbstbestimmungstheorie basieren (vgl. Otto et al., 2009 sowie Abschnitt 3.2.5).

Vorsicht: Indirekte Förderung heißt jedoch nicht, einfach so viel Autonomie wie möglich zu gewähren. Zu viel Autonomie kann gerade bei schwächeren Schüler*innen, bei denen die SRL-Kompetenzen noch gering ausgeprägt sind, zu Überforderung führen.

Sowohl direkte Förderung als auch indirekte Förderung haben für sich alleine Nachteile. Bei der direkten Förderung beziehen sich diese vor allem auf den oft schwierigen Transfer und zu wenige Anwendungs- und Übungsgelegenheiten. Bei der indirekten Förderung fehlt oft das notwenige Strategiewissen, um die Freiheiten sinnvoll nutzen zu können. Als besonders wirksam wird daher die Kombination von direkter und indirekter Förderung angesehen (Schuster et al., 2020; Stebner et al., 2020).

Eine Kombination aus direkter und indirekter Förderung wird empfohlen

Automatisierung von Strategien: Bei Schüler*innen, die neue Strategien lernen und daher deren Anwendung noch nicht automatisiert haben, kann der Strategieeinsatz noch sehr anstrengend sein und mit negativen Emotionen (z.B. Frustration) einhergehen. Dadurch, dass der Strategieeinsatz während des Strategieerwerbs kognitive Ressourcen verbraucht, kann in dieser Zeit die Lernleistung beeinträchtigt sein. Erst nachdem der Strategieeinsatz eingeübt wurde und automatisiert abläuft, verbessert sich die Leistung wieder. In diesem Zusammenhang haben Hasselhorn und Gold (2022) den anschaulichen Begriff des *Motivationstals* (S. 99) geprägt. Um das „Tal der Tränen" zu überwinden (vgl. *Abbildung 20*), kann hier zum einen Aufklärung über den Mechanismus helfen und zum anderen auch soziale Unterstützung, also z.B. die Arbeit in Lerngruppen.

Der Weg zur Automatisierung von Strategien ist lang

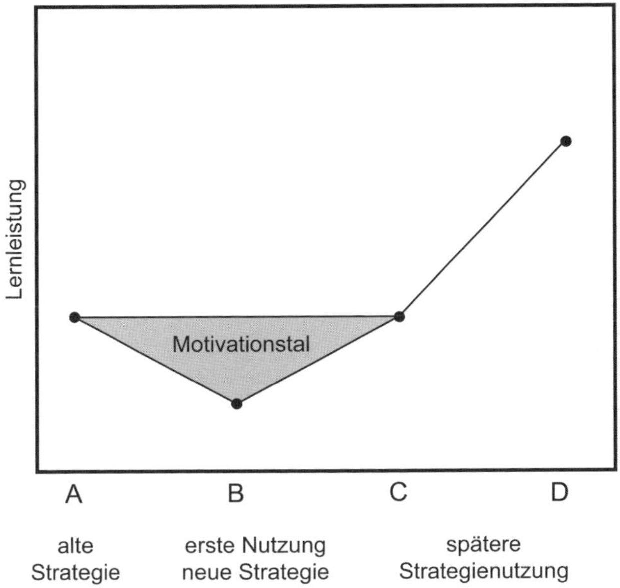

Abbildung 20: Motivationstal beim Strategieerwerb (nach Hasselhorn & Gold, 2022)

Der routinierte, habitualisierte Strategieeinsatz stellt einen Meilenstein dar, insofern dass für die Nutzung der Strategie kaum noch kognitive Ressourcen aufgewandt werden müssen und so effizientes SRL möglich wird.

Take-Home Message

- SRL ist wichtig, um das Lernen zu verbessern. Dabei geht es nicht nur um das Lernen in der Schule, sondern um den Erwerb von Kompetenzen für das lebenslange Lernen.
- SRL entwickelt sich nicht spontan. Es muss also gelernt und gefördert werden.
- Bei der Förderung von SRL sollten idealerweise direkte und indirekte Maßnahmen kombiniert werden.
- Insbesondere in der Phase, wenn eine neue Strategie eingeführt wird, ist häufiges, wertschätzendes und informatives Feedback wichtig.
- SRL ist ein komplexer Prozess. Daher gibt es viele unterschiedliche Ansatzpunkte und Methoden zur Förderung.

5.2 Motivationsregulation

In diesem Abschnitt liegt der Schwerpunkt auf einem Bereich, dem in der Forschung in den letzten Jahren immer mehr Bedeutung beigemessen wird: der Regulation von Motivation. Aufgrund der zentralen Funktion im SRL und der zahlreichen Anknüpfungspunkte mit den vorangegangenen Kapiteln dieses Buches, widmen wir der Motivationsregulation einen eigenen Abschnitt.

In Bio gibt es (zu) viel zu tun.

Judith verfügt eigentlich über ein gutes Repertoire an kognitiven und auch metakognitiven Strategien, und eigentlich mag sie Bio auch. Heute fühlt sie sich aber von der Menge des zu bearbeitenden Stoffes in Biologie total überwältigt. Nichtsdestoweniger beginnt sie ohne groß nachzudenken zu lernen, schweift dann aber in Gedanken immer wieder ab, da sie sich Sorgen macht, nicht alles zu schaffen. Statt konzentriert zu lernen, beginnt sie schließlich erstmal, ihr Zimmer aufzuräumen.

Lasse ist ebenfalls überfordert und hat keine Lust anzufangen. Er überlegt, warum er sich so fühlt, und erkennt, dass er sich von der Menge des Stoffes erschlagen fühlt. Dennoch möchte er die Aufgabe erfüllen. Daher versucht er sich den Stoff in kleine Portionen aufzuteilen und legt Zeitpunkte fest, bis zu denen er die Abschnitte bearbeitet haben möchte. Zusätzlich überlegt er sich für jedes dieser Teilziele eine kleine Belohnung, die er sich gibt, wenn er sein Teilziel erreicht. Dabei achtet er darauf, dass die Belohnungen angemessen für die Teilziele sind, und gibt sich die Belohnung auch erst, wenn das Teilziel vollständig erreicht wurde. Dadurch schafft er es durchzuhalten und den Stoff zu bewältigen.

Lernende erleben immer wieder Situationen, in denen ihre Motivation (zunächst) nicht ausreicht, um den Lernprozess erfolgreich bewältigen zu können, wie Judith und Lasse in unserem Beispiel. Dabei können die Schwierigkeiten sehr unterschiedlich sein. In unserem Beispiel ist es die Menge des Stoffs. Ebenso kann aber auch die Schwierigkeit des Stoffs ein Problem darstellen oder dass der Inhalt als uninteressant und langweilig eingeschätzt wird, um nur ein paar Beispiele zu nennen. Hier kommt die Motivationsregulation ins Spiel.

Definition: Motivationsregulation
Unter Motivationsregulation wird die (mehr oder weniger bewusste) Initiierung, Aufrechterhaltung und Steigerung der Motivation innerhalb eines Lernprozesses verstanden (vgl. Wolters, 1998, 2003).

Primäres Ziel von Motivationsregulation ist die Steigerung der Motivation

Das Ziel erfolgreicher Motivationsregulation ist die Erhöhung der Motivation und dadurch die Steigerung der Anstrengung und Persistenz. All dies sollte idealerweise in besseren Leistungen resultieren (vgl. Schwinger & Stiensmeier-Pelster, 2012). Zusätzlich gibt es auch Hinweise darauf, dass sich erfolgreiche Motivationsregulation positiv auf das Wohlbefinden auswirkt (Steuer et al., eingereicht).

Motivationsregulation ist, wie oben bereits erwähnt (vgl. Abschnitt 5.1.3), in Boekaerts' Modell (1999) in der äußerten Schicht, dem Ressourcenmanagement, verortet. Die Regulation der Motivation – falls nötig – ist damit eine wesentliche Bedingung dafür, dass die Strategien aus den anderen Schichten zielführend angewendet werden können (Schnotz et al., 2009).

5.2.1 Prozess der Motivationsregulation

Motivationsregulation ist ein Prozess

Häufig wird Motivationsregulation auf den bloßen Einsatz von Strategien reduziert. Dabei wird allerdings aus dem Blick verloren, dass es sich bei Motivationsregulation um einen Prozess handelt. Anhand des Prozessmodells von Schwinger und Stiensmeier-Pelster (2012) wird der Prozesscharakter deutlich und es wird klar, welche Schritte für erfolgreiche Motivationsregulation nötig sind (siehe *Abbildung 21*). Zu allererst muss von den Lernenden eine (zu) geringe Lernmotivation wahrgenommen werden. Dann muss entschieden werden, wie mit dieser Herausforderung umgegangen werden soll. Soll die Lernhandlung abgebrochen werden oder mit der Motivation auf niedrigem Niveau weitergeführt werden? In diesem Fall ist keine Motivationsregulation nötig bzw. es wird keine Strategie zur Motivationssteigerung eingesetzt. Für den Fall, dass entschieden wird, dass eine Steigerung der Motivation nötig ist, wird im nächsten Schritt idealerweise zunächst die Ursache des Motivationsproblems betrachtet. Warum ist die Motivation zu niedrig? Liegt es an der Schwierigkeit der Aufgaben (Erwartungsproblem) oder an einer zu geringen Interessantheit oder Bedeutsamkeit (Wertproblem)? Auf den Antworten zu diesen Fragen aufbauend können dann passende Strategien ausgewählt und eingesetzt werden. Dies sollte bei qualitativ guter Durchführung zu einer Steigerung der Motivation führen, die in erhöhter Anstrengung und besserer Ausdauer sichtbar wird. Dies wiederum ist die Vorbedingung zu besseren Leistungen.

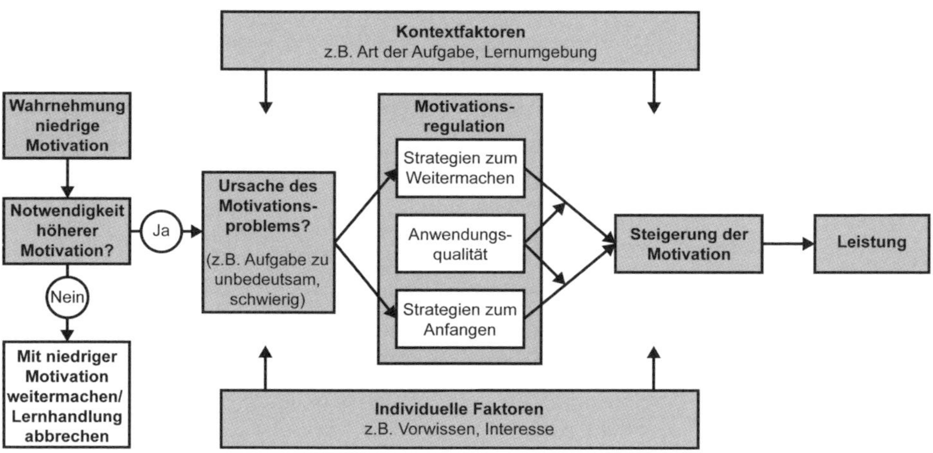

Abbildung 21: Prozessmodell der Motivationsregulation (vgl. Schwinger & Stiensmeier-Pelster, 2012)

5.2.2 Motivationsregulationsstrategien

Lernende nutzen verschiedene Motivationsregulationsstrategien

Lernende setzen beim Lernen unterschiedliche Motivationsregulationsstrategien ein (vgl. Engelschalk et al., 2016; Schwinger et al., 2007; Wolters, 2003):

Steigerung des situationalen Interesses: Das situationale Interesse kann erhöht werden, indem der Stoff interessanter gestaltet wird. Dies kann beispielsweise durch die Nutzung unterschiedlicher Medien geschehen oder bei der Arbeit mit Texten, zum Beispiel durch die Nutzung bunter Stifte.

Steigerung der persönlichen Bedeutsamkeit: Werden Verbindungen zum eigenen Leben hergestellt (z.B. zu Hobbys) oder aber zu Aspekten in der Zukunft (z.B. Anwendung im angestrebten Beruf), kann die persönliche Bedeutsamkeit erhöht werden.

Selbstbelohnung: Lernende können sich positive Anreize setzen, wenn sie die Aufgabe abgeschlossen oder bestimmte (Teil-)Ziele erreicht haben (z.B. eine Serie anschauen, nachdem die Vorbereitung eines Referats abgeschlossen ist) und sich dadurch selbst belohnen.

Teilziele setzen: Bei dieser Strategie wird der zu bearbeitende Stoff oder die Aufgabe in kleinere Einheiten gegliedert, sodass diese bewältigbarer erscheinen.

Umweltkontrolle: Das Arbeitsumfeld wird so gestaltet, dass Ablenkungen so weit wie möglich reduziert werden (z.B. nur die Sachen, die unmittelbar für die Aufgabe benötigt werden, auf den Schreibtisch legen; das Handy wird ausgeschaltet etc.).

Fähigkeitsbezogene Selbstinstruktion: Bei Selbstsinstruktionsstrategien im Allgemeinen (wie diese und die folgenden) spricht die lernende Person in einer Art innerem Monolog zu sich selbst. Dieses „Sprechen" findet in der Regel nicht laut statt und es kann sich dabei auch nur um sehr kurze Sequenzen handeln. Beispielsweise ein kurzes „Du kannst das!" Bei der fähigkeitsbezogenen Selbstinstruktion im Speziellen geht es darum, sich der eigenen Fähigkeiten zu vergewissern und so die eigene Selbstwirksamkeit zu stärken. Dies kann beispielsweise dadurch geschehen, dass man sich in Erinnerung ruft, dass man eine ähnlich geartete Aufgabe in der Vergangenheit bereits einmal erfolgreich ausgeführt hat.

Lernzielbezogene Selbstinstruktion: Diese und die folgenden beiden Strategien sind angelehnt an Zielorientierungstheorien (vgl. Abschnitt 3.3.3). Bei der lernzielbezogenen Selbstinstruktion vergewissert sich die Person selbst, dass ihr der Lerninhalt an sich wichtig ist und sie so viel wie möglich lernen will.

Annäherungsleistungszielbezogene Selbstinstruktion: Lernende vergewissern sich selbst, dass sie mit dem erfolgreichen Abschluss der Aufgabe positive Folgen erreichen und/oder ihre eigenen Fähigkeiten demonstrieren können.

Vermeidungsleistungszielbezogene Selbstinstruktion: Ähnlich wie bei der annäherungs-leistungszielbezogenen Selbstinstruktion wird hier versucht, sich selbst zu motivieren, indem die lernende Person zu sich selbst spricht. Dabei werden negative Konsequenzen antizipiert, die vermieden werden sollen. Die lernende Person würde sich beispielsweise sagen, dass sie nun lernen muss, wenn sie sich nicht vor ihr Mitschüler*innen blamieren will. Diese Strategie wird allerdings oft als wenig funktional angesehen. Neuere Forschungsergebnisse unterstreichen die potentiell negativen Auswirkungen auf die Lernleistung und auch auf das Wohlbefinden (Grunschel et al., 2016; Schwinger & Otterpohl, 2017).

Denkanstoß
Welche dieser Strategien kennen Sie? Welche dieser Strategien setzen Sie ein? Was sind die Situationen, in denen Sie die Strategien einsetzen? Können Sie sich vorstellen, einige der Strategien einzusetzen, die Sie bisher noch nicht verwendet haben?

Schauen wir uns nun die beiden Schüler*innen aus unserem Beispiel hinsichtlich des Regulationsprozesses und der eingesetzten Strategien an (wohlwissend, dass im Alltag sicherlich auch noch andere Einflüsse auf die Motivation von Judith und Lasse wirksam sind): Trotz der eigentlich guten kognitiven und metakognitiven Strategiekenntnisse von Judith wird sie vermutlich keine gute Note schreiben, da sie es nicht schafft, ihre Motivationsprobleme in den Griff zu bekommen. Vielmehr stellt sie sich erst gar nicht die Frage, woher ihre Probleme beim Lernen rühren könnten. Die Defizite in der Motivationsregulation hindern sie daran, Motivation zum Lernen aufzubauen bzw. aufrechtzuerhalten. Auf der Verhaltensebene zeigt sich Aufschiebeverhalten, das mit unerwünschten Folgen einhergeht.

Lasse hingegen bemerkt seine (Motivations-) Problematik und kommt zu dem Schluss, dass der Einsatz zweier unterschiedlicher Motivationsregulationsstrategien, nämlich *Teilziele setzen* und *Selbstbelohnung*, nützlich sein könnte. Tatsächlich schafft er es mittels der Strategien, deren Einsatz er gut überwacht, trotz des Umfangs des Stoffs, seine Motivation aufrechtzuerhalten.

5.2.3 Was macht effektive Motivationsregulation aus?

Qualität des Strategieeinsatzes ist wichtig

Insgesamt zeigte sich in bisherigen Studien, dass Lernende, die eine hohe Ausprägung bei der Anwendung der verschiedenen Strategien berichten, auch eine höhere Anstrengungsbereitschaft angaben (z.B. Schwinger et al., 2012). Gleichzeitig fallen Zusammenhänge mit akademischer Leistung klein aus oder sind gar nicht zu finden (Schwinger et al., 2009). Mittlerweile gibt es aber auch einige Befunde dazu, dass nicht nur die Quantität der Strategieanwendung – also die Häufigkeit der Strategieanwendung –, sondern auch die Qualität der Strategieanwendung – also wie sorgfältig die Strategie angewandt wird – von Bedeutung für eine erfolgreiche Motivationsregulation ist. Dazu müssen Strategien zielgerichtet eingesetzt, genau ausgeführt, während des Strategieeinsatzes überwacht und ggf. angepasst werden, wenn diese nicht gründlich ausgeführt werden (Engelschalk et al., 2017). Beispielsweise ist eine Selbstbelohnungsstrategie wenig wirksam, wenn die Belohnung vor dem Erreichen des gesetzten Ziels gegeben wird. Des Weiteren ist auch die Auswahl geeigneter Strategien für die jeweilige Situation eine wichtige Bedingung für erfolgreiche Motivationsregulation (Steuer et al., 2019). Einige Strategien sind eher bei Erwartungsproblemen (z.B. fähigkeitsbezogene Selbstinstruktion) geeignet, während andere eher bei Wertproblemen (Steigerung des situationalen Interesses) zum Einsatz kommen sollten (Steuer et al., 2019). Wenn Judith sich beispielsweise inkompetent fühlt und denkt, sie kann den Stoff aufgrund der Komplexität nicht bewältigen, ist eine Strategie, die darauf zielt, den Stoff interessanter zu gestalten, kaum hilfreich. Stattdessen sollte eher das Vertrauen in die eigenen Fähigkeiten gestärkt werden (fähigkeitsbezogene Selbstinstruktion) oder die Anforderungen in kleinere Elemente aufgeteilt werden (Teilziele setzen).

Passung der Strategie zum Motivationsproblem ist ebenfalls wichtig

Insgesamt kann festgehalten werden, dass wenige Strategien, an der richtigen Stelle eingesetzt und qualitativ hochwertig ausgeführt, besser wirken, als einfach nur eine möglichst große Anzahl an Strategien anzuwenden (die dann ggf. nicht gut zum Motivationsproblem passen oder suboptimal angewandt werden). Ziel ist es also nicht, Lernenden möglichst viele Strategien zu vermitteln, sondern deutlich zu machen, wann welche Strategie passend ist und darauf zu achten, dass die Strategien gewissenhaft umgesetzt werden, also ganz ähnlich zu den kognitiven und metakognitiven Strategien (vgl. Abschnitt 5.1.2).

Denkanstoß

Sehen Sie sich das Beispiel von Lasse noch einmal an. Welche Schritte des Prozesses der Motivationsregulation können Sie erkennen? Überlegen Sie, welche Informationen Sie zu den Aspekten Quantität, Qualität und Passung des Strategieeinsatzes im Beispiel bekommen?

5.2.4 Wie lässt sich die Motivationsregulation verbessern?

Förderung von Motivationsregulation

Im Hinblick auf die Förderung von Motivationsregulation bei Schüler*innen gibt es noch erheblichen Forschungsbedarf. Das heißt, dass – anders als für das selbstregulierte Lernen im Allgemeinen (und vor allem im Bereich der kognitiven und metakognitiven Strategien) –

noch kaum empirische Befunde vorliegen. Dennoch kann – auf Basis von Erkenntnissen zu anderen Aspekten der Förderung von selbstreguliertem Lernen (vgl. Dignath & Büttner, 2008) und auch von Trainings der Motivationsregulation im Hochschulkontext (Eckerlein, 2020; Leutner et al., 2001) – davon ausgegangen werden, dass die Förderung von Motivationsregulation auch in der Schule möglich und sinnvoll ist.

Exkurs: Förderung von Motivationsregulation

In einer experimentellen Studie haben Leutner et al. (2001) die Förderung der Motivationsregulationsstrategie, „persönlichen Nutzen verdeutlichen“, bei Studierenden untersucht. An dem computerbasierten Trainingsexperiment nahmen 66 Studierende teil. Diese wurden in drei Gruppen aufgeteilt: eine Kontrollgruppe ohne spezifisches Training, eine Gruppe mit Training einer motivationalen Lernstrategie und eine Gruppe, die ein Training der motivationalen Lernstrategie inklusive eines Moduls zum selbstgesteuerten Einsatz der Motivationsstrategie (kombiniertes Training) erhielt.

Nach der Einschätzung von kurzen Zusammenfassungen von Texten im Hinblick auf ihre Interessantheit erhielten die Teilnehmer*innen die verschiedenen Trainings (bzw. die Kontrollgruppe nahm an einer regulären Lehrveranstaltung teil). Die Trainings bestanden aus einem Fallbeispiel, in dem sich ein fiktiver Herr B. dafür motiviert, an einem Lehrgang teilzunehmen. Bei der Gruppe mit dem kombinierten Training gab es hier einen Selbstregulationsteil, in dem Herr B. über sein Vorgehen bei der Selbstmotivierung reflektiert. Dann erhielten alle Teilnehmer*innen ein konkretes Training zur Strategie, in dem die Teilprozesse vorgestellt wurden und Übungsaufgaben bereitgestellt wurden. Die Gruppe mit kombiniertem Training erhielt im Anschluss ein zusätzliches Training zur Selbstregulation, in dem die Aspekte *Beobachten*, *Selbsteinschätzung* und *Reagieren* beschrieben und eingeübt wurden.

Das Ergebnis zeigte, dass die Gruppe mit dem kombinierten Training die besten Resultate erzielte. Deren Mitglieder wendeten die Strategie am häufigsten an, erreichten das höchste Motivationsniveau und eigneten sich am meisten Wissen über den als wenig motivierend eingeschätzten Lehrtext an. Eine etwas weniger hohe Ausprägung in den Zielvariablen erreichten die Teilnehmer*innen der Trainingsgruppe, in der alleine die motivationale Lernstrategie vermittelt wurde. Allerdings schnitt diese Gruppe immer noch besser als die Kontrollgruppe ab.

Somit konnten Leutner et al. (2001) zeigen, dass Motivationsregulationsstrategien trainierbar sind. Gleichzeitig wird deutlich, dass es sinnvoll ist, auch ein spezielles Augenmerk darauf zu legen, wie die Strategie konkret eingesetzt wird und wie dies überwacht und gegebenenfalls korrigiert wird.

Exkurs: Eine aktuelle Studie zur Förderung der Motivationsregulation

Eine andere Studie zur Förderung der Motivationsregulation von Studierenden haben Steuer et al. (eingereicht; bzw. Eckerlein, 2020; Studie 2) durchgeführt. Auch hier ist zu beachten, dass es sich um Studierende als Zielgruppe handelt, die Ergebnisse also nicht eins zu eins auf schulisches Lernen übertragbar sind. Es wurden drei Gruppen gebildet. Eine Gruppe mit einem grundlegenden Training von Anlässen zur Motivationsregulation und dazu passenden Strategien. Eine weitere Gruppe erhielt zusätzlich ein Training, in dem die Qualität der Umsetzung der Strategien trainiert wurde. Die dritte Gruppe war eine Kontrollgruppe, die keinerlei Training erhielt, sondern lediglich ihr reguläres Seminar besuchte. In dem Training wurden die Studierenden der beiden Experimentalgruppen innerhalb ihrer regulären Seminare geschult.

Das Training bestand aus drei Terminen, wobei beim ersten Termin Erwartungsprobleme und geeignete Strategien, beim zweiten Termin Wertprobleme und geeignete Strategien und beim dritten Termin universelle Strategien behandelt wurden (je 30 Minuten). Das Training war so aufgebaut, dass jeweils kurze Videos, die Studierende mit einem Motivationsproblem zeigten, präsentiert wurden. In einem weiteren Video wurde dann ein Beispiel gelungener Motivationsregulation gezeigt. Die Studierenden arbeiteten dann an einem eigenen Problem und entwickelten konkrete Ideen zu möglichen Bewältigungsstrategien. Nach einigen zusätzlichen Informationen und Feedback konnten die Strategien nochmal überarbeitet werden. In der Zeit zwischen den Terminen gab es zusätzlich Arbeitsblätter und Aufgaben für die Studierenden zum Einüben der Strategien. Die zweite Experimentalgruppe erhielt ein zusätzliches Trainingsmodul (je 15 Minuten im Anschluss an das Training, das auch die erste Experimentalgruppe erhielt), in dem sie weitergehende Informationen über die Überwachung, Kontrolle und Anpassung von Motivationsregulationsstrategien erhielten. Hier wurden dann Fallbeispiele mit suboptimalem Strategieeinsatz genutzt, um die Optimierung einzuüben.

Es zeigte sich, dass sich nicht nur die Motivationsregulation direkt im Anschluss an das Training sowie nach einem mehrwöchigen Follow-up-Test im Vergleich zur Kontrollgruppe verbessert hatte, sondern auch positive Effekte auf andere Aspekte zu beobachten waren: So berichteten Studierende aus den Experimentalgruppen über höheren Einsatz von kognitiven und metakognitiven Strategien, höhere Anstrengungsbereitschaft, und weniger Aufschiebeverhalten. Gleichzeitgig erlebten sie ein höheres subjektives Wohlbefinden.

Diese ersten Forschungsergebnisse deuten darauf hin, dass die Kompetenz zur Motivationsregulation und der Einsatz entsprechender Strategien erlernt werden muss – ebenso wie das in anderen Bereichen des selbstregulierten Lernens der Fall ist (Bjork et al., 2013). Dabei ist darauf zu achten, dass die vermittelten Strategien zum Entwicklungsstand der Schüler*innen passen. Denn auch für die Motivationsregulation kann angenommen werden, dass sich grundlegende Kompetenzen erst nach und nach entwickeln bzw. bestimmte Defizite erst nach und nach überwunden werden (vgl. Abschnitt 5.1.5). Ferner sollte die Förderung in den Unterricht integriert werden und direkt an einer typischen Aufgabe angewendet werden. Bei der Vermittlung von Lernstrategien haben sich diese integrierten Ansätze als effizienter erwiesen, als von konkreten Inhalten losgelöste Trainings, zum Beispiel in Form von sogenannten Lernen-Lernen-Kursen (Hattie et al., 1996).

Wie kann man als Lehrperson aber nun konkret vorgehen, wenn man die Motivationsregulation seiner Schüler*innen fördern möchte? Eine Möglichkeit wäre es, sich an dem Modell von Schwinger und Stiensmeier-Pelster (2012) zu orientieren und an den kritischen Punkten anzusetzen. Dabei könnte man den Schüler*innen zu den passenden Stellen geeignete Fragen zur Selbstreflexion an die Hand geben. Hier einige Beispiele:

- Wahrnehmung niedriger Motivation: Habe ich Lust die Aufgabe zu bearbeiten? Will ich gerade lernen?
- Ursachensuche für niedrige Motivation: Warum bin ich nicht motiviert? Ist der Stoff zu schwierig oder zu langweilig?
- Strategien kennen: Welche Strategien kenne ich? Welche Strategien kann ich gut umsetzen?
- Strategien auswählen: Welche Strategie ist passend für mein Motivationsproblem? Hilft mir diese Strategie, mein Motivationsproblem zu überwinden?
- Strategien qualitativ hochwertig umsetzen: Worauf muss ich beim Einsatz dieser Strategie achten? Setze ich die Strategie korrekt ein und überprüfe die Wirksamkeit?
- Reflexion des Strategieeinsatzes: Habe ich mein Motivationsproblem in den Griff bekommen? War die Strategie passend gewählt und gut ausgeführt?

Solche und ähnliche Fragen können Schüler*innen (und auch Sie selbst) an effektive Motivationsregulation heranführen bzw. helfen, den Prozess der Motivationsregulation zu verbessern. Wenn es um die Strategievermittlung geht, ist es wichtig, dass Strategien nicht nur gezeigt werden, sondern dass diese auch am Unterrichtsstoff eingeübt werden. Mit der Zeit sollte die Unterstützung Schritt für Schritt zurückgefahren werden und die Schüler*innen übernehmen die Regulation der Motivation mehr und mehr selbst.

Denkanstoß

Übung: Anregung von Motivationsregulation

Stellen Sie sich vor, Sie vergeben in der Klasse Themen für Referate, die die Schüler*innen in der kommenden Woche halten sollen. Einige der Schüler*innen reagieren auf diese Ankündigung, indem sie ihren Unmut in Form von langen Gesichtern und abwertenden Kommentaren in Bezug auf das Thema äußern. Was können Sie in dieser Situation als Lehrperson tun, um die Motivationsregulation der Schüler*innen anzuregen? Einige Lösungsansätze hierzu finden Sie am Ende dieses Kapitels.

5.3 Der Umgang mit Fehlern aus einer Selbstregulationsperspektive

Vor dem Hintergrund des lebenslangen Lernens ist ein möglichst selbständiges und effektives Lernen aus Fehlern ein bedeutsames Ziel. Fehler sind mit dem zyklischen Prozess des SRL eng verknüpft und dienen als Indikatoren dafür, worauf Lernende ihre Aufmerksamkeit lenken sollten (vgl. Zamora et al., 2018). Studien zeigen jedoch, dass Lernen aus Fehlern nicht automatisch passiert und dass Lernende ihre Fehler nicht einfach so als Lerngelegenheiten begreifen und nutzen (z.B. Mason & Singh, 2010). Daher ist es wichtig, einen Blick auf den (selbstregulierten) Prozess des Lernens aus Fehlern zu werfen.

Der Umgang mit Fehlern wurde bereits in Abschnitt 4.5 als indirekte Motivationsfördermaßnahme besprochen. Dort lag der Fokus jedoch auf der Lehrperson und der Schulklasse sowie der Interaktion zwischen Lehrerinnen und Lehrern sowie Schülerinnen und Schülern. In diesem Kapitel wird es darum gehen, wie die Schüler*innen selbst mit Fehlern umgehen, wie der Prozess des Umgangs mit Fehlern abläuft und wie Schüler*innen auf Fehler so reagieren können, dass sie möglichst viel aus ihnen lernen können.

Wird man aus Fehlern wirklich klug?

Zehra hat die erste Biologiestunde zu dem neuen Thema *Stoffwechselprozesse der Zelle* viel Freude bereitet. Biologie ist ohnehin eines ihrer Lieblingsfächer, weshalb sie sich bei der Hausaufgabe – der Beschreibung der Fotosynthese und Zellatmung anhand eines Beispiels – viel Mühe gegeben hat. Sie meldet sich freiwillig, um ihr Beispiel der Klasse vorzustellen. Während ihres Vortrags bemerkt sie jedoch einige fragende Blicke ihrer Mitschüler*innen. Auch Herr Löw schüttelt leicht den Kopf. Er weist Zehra darauf hin, dass sie die beiden Prozesse vertauscht habe und fragt, ob jemand anderes die Hausaufgabe vorstellen könne. Zehra bemerkt, wie sie rot anläuft, sie setzt sich zurück auf ihren Platz und kann trotz der Aufmunterung ihrer Sitznachbarin nur daran denken, wie peinlich ihr der Fehler ist. Wie hatte sie das nur verwechseln können? Zehra hört bei der weiteren Besprechung der Hausaufgaben nicht mehr zu und beteiligt sich auch bei der anschließenden Gruppenarbeit nicht weiter; das Thema liege ihr sowieso nicht sonderlich. Bei dem Klingeln der Schulglocke ist sie erleichtert, endlich in die Pause gehen zu können.

Im Eingangsbeispiel zeigt sich, wie schnell Fehler zu unangenehmen Situationen für Schüler*innen werden können, selbst wenn Reaktionen aus der Umwelt nicht (besonders) negativ sind – das Fehlerklima also eher positiv ausgeprägt ist. Fehler und der funktionale Umgang mit ihnen erfordern von den Lernenden ein hohes Ausmaß an Fähigkeiten zur Selbstregulation. So müssen negative (deaktivierende) Emotionen reguliert werden, in dem Beispiel die erlebte Scham, um in einem nächsten Schritt die Aufmerksamkeit wieder auf den Lerngegenstand zu richten (emotional-motivationale Reaktion nach Fehlern), die Ursache des Fehlers zu untersuchen, negatives Wissen zu bilden (also zu verstehen, was falsch war, vgl. Oser & Spychiger, 2005) und das korrekte Wissen sinnvoll in das Vorwissen zu integrieren (kognitiv-verhaltensbezogene Reaktion nach Fehlern).

Im Kapitel zum Fehlerklima wurde bereits über die Rahmenbedingungen in der Umwelt gesprochen, die ein Lernen aus Fehlern begünstigen. Damit aus Fehlern gelernt wird, muss jedoch auch auf individueller Ebene ein adaptiver Prozess durchlaufen werden. Dies haben Tulis et al. (2015) in einem Modell zusammengefasst (siehe *Abbildung 22*). In diesem Modell wird davon ausgegangen, dass es bestimmte Vorbedingungen in der Person und in der Situation/Umwelt gibt, die sowohl für sich genommen, als auch in ihrer Wechselwirkung, Auswirkungen für den individuellen Umgang mit Fehlern haben. Faktoren in der Person sind individuelle Lernvoraussetzungen, wie beispielsweise Vorwissen oder Interesse an dem Thema, sowie die motivationalen Überzeugungen der Person, wie beispielsweise das Fähigkeitsselbstkonzept (siehe Abschnitt 3.2.3), die sich im Laufe der Zeit zunehmend stabilisieren. In diesem Bereich fällt auch die grundsätzliche Kompetenz zur Selbstregulation und im speziellen die Fähigkeit, eigene Emotionen und die eigene Motivation in Fehlersituationen zu beeinflussen. Situationale Faktoren beschreiben die konkrete Lernsituation, Merkmale der Aufgabe und eben das Fehlerklima. Die Lernumgebung kann – je nachdem wie sie ausgestaltet ist – das Lernen aus Fehlern unterstützen und anregen oder aber erschweren. Dabei beeinflussen sich Situation und Person gegenseitig. Außerdem ist es wichtig, sich zu vergegenwärtigen, dass diese beiden Faktoren – Person und Situation bzw. Umwelt – obwohl sie am Anfang des Modells stehen, das Lernen aus Fehlern auch im weiteren Prozess immer wieder beeinflussen. Das gibt Ihnen als (zukünftige) Lehrperson die Möglichkeit, immer wieder den Prozess des Lernens aus Fehlern zu beeinflussen. Gleichzeitig sind Sie nicht der*die Einzige, der*die einen Einfluss hat, sondern auch andere Lehrer*innen sowie Eltern oder Mitschüler*innen tragen mit ihrem Verhalten auf entweder funktionale oder dysfunktionale Weise zum Prozess bei. Oben in unserem Beispiel schauen Mitschüler*innen fragend und die Lehrperson schüttelt den Kopf. Das reicht bereits aus, um bei einer eigentlich kompetenten Schülerin wie Zehra zu einer Beeinträchtigung der emotional-motivationalen Reaktion zu führen, was in diesem Fall heißt, dass Zehra nicht hinzulernt oder zumindest nicht so viel aus dem Fehler lernt, wie sie lernen könnte. Man stelle sich vor, wie der Prozess ablaufen würde, wenn tatsächlich negative Reaktionen von Mitschüler*innen gezeigt werden würden, also diese zum Beispiel lachen oder sich über Zehra lustig machen.

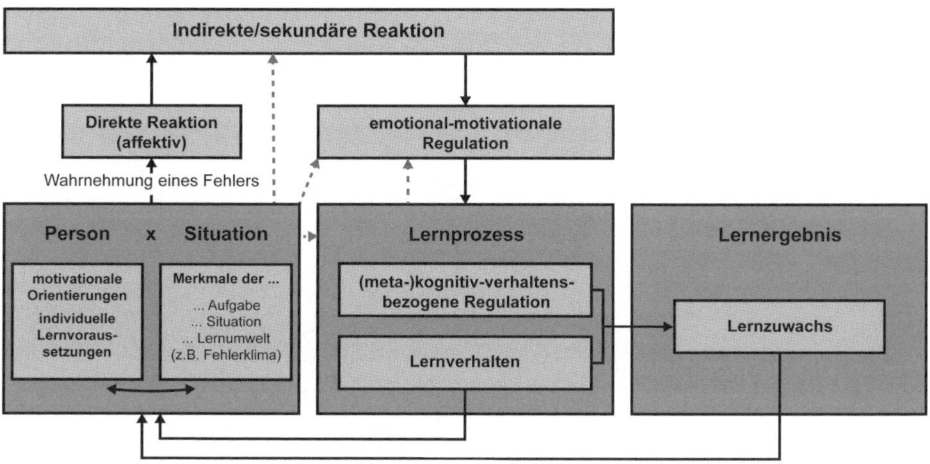

Abbildung 22: Prozessmodell zum individuellen Umgang mit Fehlern (nach Tulis et al., 2015)

In Bezug auf Selbstregulation sind zwei Aspekte des Modells besonders hervorzuheben: die emotional-motivationale Regulation nach Fehlern und die kognitiv-verhaltensbezogene Regulation nach Fehlern.

Die Regulation negativer Emotionen ist nötig, um sich konstruktiv mit dem Fehler auseinandersetzen zu können

Sofern negative, deaktivierende Emotionen (z.B. Scham) reguliert werden müssen, kann dies als Vorbedingung gesehen werden für eine kognitiv-verhaltensbezogene Regulation (manchmal auch „Handlungsadaptivität“ genannt). Letzteres umfasst die Planung und Durchführung konkreter Lernaktivitäten, um den Fehler zu überwinden und/oder ähnliche Fehler in der Zukunft zu vermeiden. Ohne dass die Schüler*innen die negativen Emotionen „in den Griff bekommen", ist also nachfolgendes Lernen kaum möglich (für eine ausführlichere Darstellung von Emotionsregulation nach Fehlern siehe Tulis & Dresel, 2018). Die Regulation von Emotionen und Motivation kann beispielsweise durch das Neubewerten der Situation erfolgen (vgl. Gross, 2007; Parkinson & Totterdell, 1999), dem Vergegenwärtigen des Werts der Aufgabe (siehe Abschnitt 5.2.2 zu Motivationsregulationsstrategien: *Steigerung der persönlichen Bedeutsamkeit*), durch die Versicherung von eigenen Fähigkeiten (*Fähigkeitsbezogene Selbstinstruktion*) oder indem man sich daran erinnert, Lernen zu wollen (*Lernzielbezogene Selbstinstruktion*; Steuer et al., 2019; Tulis & Dresel, 2012; Wolters, 2003). Hier wird deutlich, dass die Motivationsregulation einen großen Stellenwert im Umgang mit Fehlern hat. Neben den Anlässen zur Motivationsregulation wie ein geringer Wert der Aufgabe oder eine geringe Erfolgserwartung kann ein Fehler ein konkreter Ausgangspunkt für Motivationsregulation sein. Die lernförderliche Nutzung von Lernstrategien zur Regulation von Emotionen und Motivation kann von außen angeregt und gefördert werden (z.B. Leutner et al., 2001).

Zur Überwindung der Fehlkonzepte sind passende Lernaktivitäten nötig

Nur eine Beschäftigung mit dem Fehler und dem Erkennen des zugrundeliegenden Fehlverständnisses, kann dafür sorgen, dass aus dem Fehler nachhaltig gelernt wird (vgl. Zamora et al., 2018). Dazu braucht es adaptives Lernverhalten, beispielsweise eine weitergehende Suche nach Informationen. In diesen Bereich fallen auch der Einsatz metakognitiver Strategien, wie zum Beispiel das Planen weitergehender Lernaktivitäten oder die Nutzung von Selbsterklärungen (vgl. Aleven & Koedinger, 2002; Yerushalmi et al., 2012). Auch dieses kann durch Lehrer*innen angeleitet werden und Stück für Stück von den Schüler*innen immer selbstständiger übernommen werden. Aber nun Schritt für Schritt an einem weiteren Beispiel.

Rode or ridden?

Maria liebt US-amerikanische Musik und beschäftigt sich auch in ihrer Freizeit viel mit dem Land und der Sprache (*Person*). In Englisch zählt Maria zu den besten Schüler*innen der Klasse von Herrn Müller. Maria mag den Unterricht von Herrn Müller sehr, sie fühlt sich unterstützt, auch weil er bei Fehlern fast immer freundlich bleibt und bei der Lösungsfindung hilft (*Situation/Lernumwelt*). In der Unterrichtsstunde zu dem neuen Thema, der Bildung des Passivs in der Vergangenheitsform, erhalten die Schüler*innen einen Lückentext, in dem die richtige Zeitform der Verben eingetragen werden soll (*Situation*). Nacheinander werden die Sätze mit den eingesetzten Verben von den Schüler*innen laut vorgetragen. Maria liest vor: „The horse was rode." Herr Müller weist sie auf die falsch verwendete Form des Verbs „to ride“ hin; richtig wäre gewesen „the horse was ridden“ (*Wahrnehmung des Fehlers/Fehlerfeedback*). Maria spürt ihr Herz pochen und ist überrascht, dass ihr ein Fehler passiert ist (*direkte Reaktion*) und sie denkt, wie unangenehm ihr dieser vor der Klasse ist. Eigentlich kann sie doch sonst immer zeigen, wie gut sie in Englisch ist. Zudem hat Herr Müller sie auch noch bei dem schwierigsten Wort drangenommen; die anderen hätte sie alle richtig lösen können. Aus ihrer anfänglichen Aufgeregtheit wird – nach diesen blitzschnell in Marias Kopf ablaufenden Überlegungen – Ärger, erst recht, als Maria bewusst wird, dass das Past Particple des Verbs „to ride“ in der letzten Stunde schonmal vorkam, sie aber die Liste mit den Ausnahmen nicht nochmal durchgearbeitet und gelernt hat. Maria attribuiert also internal variabel (siehe Abschnitt 3.2.2). Ihr wird bewusst, dass der Fehler der Ausnahme des Past Participle, die sie sich nicht nochmal angesehen hatte, geschuldet war, und nicht ihren mangelnden Englischfähigkeiten (*indirekte/sekundäre Reaktionen*). Sie erkennt ihre Wissenslücken in diesem Bereich, vergegenwärtigt sich aber gleichzeitig, dass sie Englisch eigentlich sehr gern mag, gut kann und gerne besser werden würde (*Motivationsregulationsstrategie: Lernzielbezogene Selbstinstruktion*). Mit diesem Gedanken schafft Maria es, ihre negativen Emotionen in den Griff zu bekommen (*emotional-motivationale Regulation*), überlegt, ob sie die Past Participle-Formen der anderen Wörter richtig angewendet hat und nimmt sich vor, die Liste mit den Ausnahmen nochmal gründlich durchzugehen (*kognitiv-verhaltensbezogene Regulation*). Da sie sich auch bei der Form des Verbs „to fight“ unsicher ist, schaut sie in ihrem Englischbuch nach der Lösung und verbessert diese in dem Lückentext (*Lernverhalten*). Maria hat in der Unterrichtsstunde die Grammatikregeln verstanden und sich die Ausnahmen des Past Participle eingeprägt, sodass sie in ihren Hausaufgaben nun die richtige Passivform des Verbs „to ride“ anwendet (*Lernzuwachs*).

Bei dem Modell ist es wichtig zu beachten, dass nicht alle Teilprozesse bei allen Schüler*innen denselben Stellenwert haben. So können manche Schüler*innen sehr darauf bedacht sein, ihren Selbstwert zu schützen oder wiederherzustellen (vgl. „Wohlbefindens-Pfad“, Boekaerts, 2011, Abschnitt 5.1.3), während andere sich schneller wieder auf die Aufgabe konzentrieren können und sich Lernstrategien suchen, die ihnen helfen, den Fehler zu überwinden (vgl. „Lern-Pfad“, Boekaerts, 2011).

Lernen aus Fehlern findet dann statt, wenn es den Schüler*innen gelingt, die in dem Modell beschriebenen Prozesse zu durchlaufen und dabei ihre bisherigen Lernaktivitäten zu reflektieren sowie gegebenenfalls anzupassen. Es handelt sich hierbei also um genuine Prozesse des SRL, die bereits aus den vorgestellten Modellen bekannt sind (vgl. Abschnitt 5.1.3). Am Ende stehen dann verändertes Vorwissen oder erweiterte Kompetenzen. Die Ergebnisse des Lernprozesses wirken wiederum auf das motivationale Überzeugungssystem der Person und deren individuelle Lernvoraussetzungen sowie – in gewissem Ausmaß – auch auf die Umweltbedingungen zurück. Auch diese Rekursivität ist bereits aus den oben beschriebenen SRL-Modellen bekannt.

Denkanstoß

Denken Sie nochmal zurück an das Eingangsbeispiel. Wie können Sie das vorgestellte Modell auf dieses Beispiel anwenden? Wo genau strauchelt Zehra? Sehen Sie Möglichkeiten, den Prozess von außen zu beeinflussen?

Positive Einstellungen von Schüler*innen gegenüber Fehlern helfen beim Lernen aus Fehlern

Da Fehler im Schulkontext häufig als Grundlage für Benotungen dienen, unterschätzen nicht nur Lehrer*innen das Lernpotential von Fehlern (vgl. Abschnitt 4.5), sondern auch Schüler*innen haben häufig eine negative Einstellung gegenüber Fehlern. Umgekehrt konnten Tulis et al. (2017) für drei unterschiedliche Schulfächer (Deutsch, Mathe und Englisch) zeigen, dass eine positive Einstellung gegenüber Fehlern auf Schüler*innenseite mit günstigen emotional-motivationalen Reaktionen sowie ebenfalls günstigen kognitiv-verhaltensbezogenen Reaktionen nach Fehlern einhergeht. Einstellungen scheinen also Auswirkungen auf selbstregulatorische Prozesse zu haben. Sie als Lehrperson sind an dieser Stelle – wie so oft – ein Modell für die Schüler*innen. Wenn die Schüler*innen bei ihnen eine positive Einstellung zu Fehlern wahrnehmen (z.B. im Rahmen eines positiven Fehlerklimas, siehe Abschnitt 4.5), werden sie auch selbst eher einen funktionalen Umgang mit Fehlern finden und dadurch eher aus ihnen lernen.

Denkanstoß

- Welche Emotionen nach Fehlern können hilfreich sein? Warum?
- Welche Attributionen nach Fehlern und Misserfolgen sind günstig? Warum?
- Der individuelle Umgang mit Fehlern ist ein komplexer Prozess mit vielen einzelnen Teilstücken. Vieles davon kann von außen nicht beobachtet werden. Wie können Sie als Lehrperson dennoch dabei unterstützen, dass Ihre Schüler*innen aus Fehlern lernen?

5.4 Selbstregulation von Lehrerinnen und Lehrern

Historisch betrachtet ist die Auseinandersetzung mit Fragen der Selbstregulation seit Ende der 1980er Jahre deutlich jünger als die Motivationsforschung. Und erst in den letzten 15 Jahren kam der Gedanke auf, dass nicht nur Schüler*innen, sondern auch Lehrer*innen von ausgefeilten Selbstregulationskompetenzen profitieren sollten. Dabei lassen sich im Wesentlichen zwei Forschungslinien unterscheiden. Erstens, Selbstregulation als Schlüsselkompetenz lebenslangen Lernens, analog zur Forschung bei Schüler*innen (vgl. Abschnitt 5.1), und zweitens, Selbstregulationskompetenz als Schutzfaktor gegen berufliche Erschöpfung.

Zwei Aufgaben der Selbstregulation

Diese beiden Forschungslinien spiegeln wider, was mit Blick auf die eher an sozial-kognitiven Modellen ausgerichtete „klassische" Forschung zum selbstregulierten Lernen von Schüler*innen mitunter verloren geht, nämlich dass gelungene Selbstregulation im Grunde zwei Funktionen erfüllen sollte: Die Aufrechterhaltung bzw. Verbesserung der eigenen Zielerreichung *und* der Selbstintegrität (vgl. Kuhl & Fuhrmann, 1998 sowie Abschnitt 2.2). Selbstintegrität meint in diesem Zusammenhang, dass Ziele und zielführende Handlungen so ausgewählt und ausgeführt werden, dass sie im Einklang mit dem grundlegenden Bedürfnis- und Wertesystem einer Person stehen und somit langfristig sowohl die Funktionalität als auch das Wohlbefinden des Organismus aufrechterhalten wird (Grund et al., 2018; Sheldon, 2014). Wie in *Abbildung 23* verdeutlicht, geht es also nicht nur darum, dass Lehrer*innen dazu in der Lage sind, ihre beruflichen Ziele zu erreichen sowie fachliche Herausforderungen zu meistern und zu reflektieren (z.B. „Diese Unterrichtssequenz hat nicht so gut funktioniert, wie ich es mir erhofft habe. Ich werde an Schraube XY drehen müssen, um diesen Umstand zu verbessern."). Es geht auch darum, mit „inneren" Herausforderungen emotionaler und motivationaler Natur angemessen umzugehen (z.B. „Warum bin ich immer so niedergeschlagen,

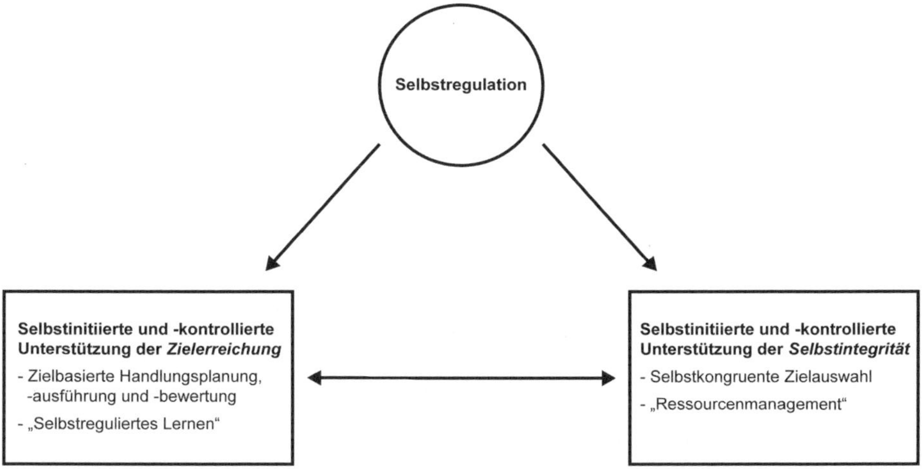

Abbildung 23: Zwei miteinander verbundene Aspekte der Selbstregulation

wenn etwas mal nicht funktioniert? Wie schaffe ich es, private und berufliche Herausforderungen unter einen Hut zu bringen?"). Der Versuch, unangenehme Gefühle „wegzuregulieren", muss aus dieser Perspektive nicht immer zielführend sein.

Es nützt zum Beispiel wenig, wenn eine junge Lehrerin sich allein daran orientiert, hartnäckig alle beruflich gesteckten Zielen zu erreichen und dabei allen äußeren Erwartungen gerecht zu werden. Selbst wenn ihr dies anfänglich gelingt, besteht dabei auf lange Sicht die Gefahr nachhaltiger Erschöpfung, sofern ihr Verhalten nicht auch ihren spezifischen Bedürfnis- und Ressourcenstrukturen gerecht wird (vgl. Klusmann et al., 2008b). Zwar wird auch letzterer Aspekt mitunter in Modellen selbstregulierten Lernens als wohlbefindensorientierter Selbstregulationspfad thematisiert (Boekaerts & Niemivirta, 2000, vgl. Abschnitt 5.1.3), letztlich wird dieser aber dem (mehr oder weniger selbstgewählten) Lernziel in seiner Bedeutung untergeordnet (Bembenutty & Karabenick, 2004; Boekaerts & Corno, 2005).

5.4.1 Selbstregulation als Schlüsselkompetenz des lebenslangen Lernens

Fokussiert man auf die fachlichen Herausforderungen und Lernerfordernisse einer Lehrperson, ähnlich dem „Job", den Schüler*innen in der Schule zu erledigen haben (vgl. Matteucci et al., 2008), dann kann man auch als Lehrperson besser oder schlechter mit diesen Herausforderungen umgehen und sich besser oder schlechter weiterentwickeln. Diese Sichtweise mag zunächst ungewöhnlich erscheinen, da Lehrer*innen doch gemeinhin als diejenigen wahrgenommen werden, die wissen, wie „es" geht, und die dieses Wissen weitergeben. Zweifel, Anerkennung von Schwächen und Unzulänglichkeiten sowie Korrekturbedarf haben in diesem (Selbst-)Verständnis wenig Platz. Aber Lehrer*innen sind eben auch nur Menschen, die Fehler machen und die dazu lernen können (vgl. Abschnitt 4.5.4). Und dies betrifft sicherlich nicht nur Novizen im Berufsfeld. In den letzten Jahren wurde in diesem Zusammenhang vorgeschlagen, zwei Rollen zu unterscheiden (Kramarski & Kohen, 2017): Einerseits müssen Lehrer*innen in der Lage sein, ihren *eigenen* Arbeits- und Lernprozess im Sinne der oben beschriebenen Phasen und Prozesse zu planen (vgl. Abschnitt 5.1.3), zu überwachen und zu regulieren. Andererseits sollten sie eben jene Prozesse und Strategien bei ihren Schüler*innen anregen und fördern (vgl. Abschnitt 5.1.5).

Zwei Rollen von Lehrpersonen beim Selbstregulierten Lernen

Der Vorteil dieser (meta-)kognitiven Perspektive auf die Selbstregulation von Lehrpersonen liegt sicherlich darin, dass hier der prozesshafte Charakter von Selbstregulation im Vordergrund steht (Mattern &

Bauer, 2014). Damit fällt es auch augenscheinlich leichter, potentielle Interventionen zum Auf- und Ausbau eigener Selbstregulationskompetenzen und denen der anvertrauten Schüler*innen abzuleiten.

So versuchte beispielsweise Mattern (2012) in einem Training Handlungsplanung, Handlungskontrolle, Selbstmotivation und Selbstreflexion bei Lehramtsstudierenden zu verbessern. Das Training umfasste demnach den gesamten Zyklus selbstregulierten Lernens, wie er in gängigen Prozessmodellen (vgl. Abschnitt 5.1.3) konzeptualisiert wird, wobei die Aufgabe der Unterrichtsvorbereitung als zentrales Lernfeld fokussiert wurde. Neben Präsenzterminen über insgesamt fünf Wochen wurden auch begleitende tägliche Lerntagebücher eingesetzt, um den Einsatz der vermittelten Selbstregulationsstrategien zu überwachen und zu stärken. Selbstregulationsstrategien wie eine realistische und effiziente Zeitplanung (z.B. Zeitdiebe identifizieren) bei der Unterrichtsvorbereitung und motivationale Selbstinstruktion (z.B. „Später gönne ich mir etwas", vgl. Abschnitt 5.2.2) wurden in kurzen Theorieinputs vorgestellt und anschließend mit Hilfe von Szenarien exemplarisch angewendet. Im Anschluss an das Training berichteten Studierende der Trainings- im Vergleich zur Kontrollgruppe, dass sie über bessere Selbstregulationsstrategien im Allgemeinen verfügen und unter anderem offensiver fachliche Problemstellungen angehen. Einschränkend muss bei dieser Art der Trainingsevaluation allerdings angeführt werden, dass keinerlei Hinweise auf eine tatsächlich gesteigerte Strategiekompetenz und -nutzung vorliegen, da keine Verhaltensdaten erhoben wurde. Wir wissen also nicht, ob die Teilnehmer*innen tatsächlich etwas anderes tun, oder aber ob sie lediglich *angeben*, etwas anderes zu tun (z.B., weil sie nun durch das Training dafür sensibilisiert wurden, was man tun sollte). In dieser Hinsicht ist eine Studie von Kramarski und Kohen (2017) aussagekräftiger.

Exkurs: SRL-Förderung bei angehenden Lehrerinnen und Lehrern

In einer Studie von Kramarski und Kohen (2017) wurden angehenden Sekundarschullehrer*innen für Naturwissenschaften darin trainiert, eigene Selbstregulationsstrategien einzusetzen sowie deren Einsatz bei Lernenden zu fördern. Dazu wurden sie bei der Bearbeitung von Lernmaterialien (insbesondere authentische Unterrichtsvideos) und bei Gruppendiskussionen wiederholt durch sogenannte Prompts dazu aufgefordert, auf verschiedene Aspekte selbstregulierten Lernens (SRL) entsprechend der typischen drei Prozessphasen (d.h. Planung, Ausführung und Bewertung) zu achten. Experimentell variiert wurde dabei, ob die angehenden Lehrer*innen eher allgemeine (*generic*) Aufforderungen wie „Stopp und denke darüber nach, was gerade beim Lernen passiert" erhielten oder spezifische Aufforderungen, die die Aufmerksamkeit konkret auf metakognitive und motivationale Elemente der Selbstregulation lenkte (z.B. „Was bemerkst du gerade im Hinblick auf metakognitive und motivationale Prozesse der Selbstregulation?“). Es zeigte sich, dass diejenigen, die spezifische Prompts während der Lernphase erhielten, im weiteren Verlauf des Experiments nicht nur eine höhere Selbstaufmerksamkeit gegenüber der Gruppe mit generischen Prompts berichteten, sondern auch tatsächlich besser darin waren, SRL-Elemente in Unterrichtsvideos korrekt zu identifizieren. Interpretiert wurde dies dahingehend, dass spezifische Prompts *eigenes* SRL der angehenden Lehrer*innen gegenüber generischen Prompts besser fördern können. Zudem zeigte sich, dass die Trainingsgruppe gegenüber der Kontrollgruppe in einer 10-minütigen Praxis-Sequenz eher solche Unterrichtsmethoden umsetzte (erfasst durch geschulte Beobachter*innen), die SRL *bei Lernenden* fördern sollte. Die wiederholte Aufforderung, in Lernsituationen auf spezifische Elemente der Planung und Bewertung sowie der Motivation zu achten, kann also dazu führen, dass man Unterricht eher so gestaltet, dass auch die adressierten Schüler*innen dazu in der Lage sind, ihren Lernprozess aktiv zu planen, zu beobachten und zu bewerten.

5.4.2 Selbstregulation als Aspekt professioneller Kompetenz

Ohne Zweifel kann der Lehrerberuf mit erheblichen zeitlichen und emotionalen Belastungen einhergehen (Mattern & Bauer, 2014; Philipp & Kunter, 2013), deren Auswirkungen jedoch nur zu einem kleinen Teil rein äußeren Bedingungen (z.B. Unterstützung durch die Schulleitung, absolute Arbeitszeit) zugeschrieben werden können (Klusmann et al., 2008a; Philipp & Kunter, 2013). Vielmehr geht es darum, wie Lehrer*innen (genau wie andere Berufsgruppen) mit diesen Bedingungen umgehen (Schaufeli & Bakker, 2004).

Lehren kann man lernen

Der weitverbreitete Irrglaube (vgl. Abschnitt 1.2.2), dass man zur Lehrperson „geboren“ sein muss (vgl. Cramer & Binder, 2015; Wisniewski, 2019) ist in den letzten Jahren auf Basis einer umfangreichen Studienlage der Einsicht gewichen, dass man lernen kann, eine gute Lehrperson zu sein (Kunter & Trautwein, 2013). Neben fachlichem und überfachlichem Wissen, lernförderlichen Überzeugungen und einer gewissen Motivation (vgl. Abschnitt 3.3) schlugen Baumert und Kunter (2006) vor, Selbstregulationsaspekte als wesentliches Element der professionellen Kompetenz von Lehrpersonen in Betracht zu ziehen. Nach diesem Verständnis geht es bei Selbstregulation vor allem um den angemessenen Umgang mit den eigenen Ressourcen und entsprechende Copingstrategien, also um ein ausgeglichenes Verhältnis zwischen Engagement und Widerstandsfähigkeit (auch als Resilienz bezeichnet). So fanden Klusmann et al. (2008b) in einer umfassenden Studie heraus, dass Lehrer*innen, die sowohl ein relativ hohes Engagement zeigten – das heißt, ihren Beruf im Vergleich zur gesamten Stichprobe als relativ bedeutungsvoll einschätzten sowie von relativ hohen Karriereambitionen, hoher Anstrengungsbereitschaft und hohem Perfektionsstreben berichten – *als auch* eine hohe Widerstandskraft zeigten – das heißt, eine relativ hohe Distanzierungsfähigkeit, Ausgeglichenheit und offensive Problembewältigung sowie eine niedrige Resignationstendenz angaben – ein besonders geringes Ausmaß an emotionaler Erschöpfung und dafür hohe Berufszufriedenheit empfanden. Dieser „Gesundheitstyp" zeigte zudem aus Sicht der Schüler*innen das qualitativ hochwertigste und motivierendste Instruktionsverhalten, insbesondere gegenüber einem sogenannten „resignierenden Typus", der sich sowohl durch ein niedriges berufliches Engagement als auch durch geringe Widerstandsfähigkeit auszeichnet (vgl. Schaarschmidt & Fischer, 1997). Diese Befunde verdeutlichen, dass Möglichkeiten der Selbstregulation nicht nur für die Gesundheit von Lehrer*innen relevant sind, sondern auch Fragen des Unterrichtens und damit der Bildungschancen von Schüler*innen betreffen. Wem es nicht gut geht, der kann keinen guten Unterricht machen, selbst wenn eine entsprechende fachliche und didaktische Eignung vorhanden wäre.

Da die Tätigkeit als Lehrperson in der Regel weit über die Durchführung des Unterrichtens hinausgeht (Philipp & Kunter, 2013) und in diesem informellen Bereich kaum klare Vorgaben und Regelungen existieren (OECD, 2020), betreffen Fragen der Selbstregulation eben nicht nur den beruflichen Kontext, sondern reichen weit in das Privatleben hinein. So deuten Befunde von Grund et al. (2016) darauf hin, dass insbesondere (fehlende) Abgrenzungsmöglichkeiten im Freizeitbereich und Familienleben gegenüber beruflichen Verpflichtungen bei Lehrer*innen mit emotionaler Erschöpfung einhergehen.

Was können Lehrer*innen nun konkret tun, um besondere berufliche Herausforderungen mit ihren persönlichen Bedürfnissen und Ressourcen auszubalancieren, also Selbstregulation im weiteren Sinne zu betreiben (vgl. Abschnitt 2.2)? Neben umfassenden Programmen zur Förderung der Gesundheit im Kollegium (Schaarschmidt & Fischer, 2013) können zur Beantwortung dieser Frage auch grundlegende Modelle der Entwicklung der Lebenspanne herangezogen werden (Baltes & Baltes, 1990; Philipp & Kunter, 2013). Zur Stärkung und Bewahrung persönlicher Ressourcen werden hier drei Strategien unterschieden: Selektion, Optimierung und Kompensation.

Selektion: Selektion meint die Auswahl bzw. Priorisierung von Aufgaben oder Lebenszielen, für die Ressourcen zur Verfügung stehen oder aufgebracht werden können, entweder proaktiv auf Basis eigener Präferenzen (= *elective selection*, Freund & Baltes, 2002) oder reaktiv als

Reaktion auf eingeschränkte Ressourcen (= *loss-based selection*). Selektion führt so zu einer gewissen, selbstgesteuerten Kanalisierung der eigenen Entwicklung. So könnte beispielsweise eine Lehrerin, die besondere Freude daran hat, praktisch mit Kindern und Heranwachsenden zu arbeiten – sofern sie sich dieser Präferenz bewusst ist – sich darum bemühen, AGs zu etablieren, anstatt (oder zumindest in Ergänzung dazu) sich konzeptuell bei der Ausgestaltung des Curriculums einzubringen. Oder ein Lehrer, der aus privaten Gründen plötzlich in die häusliche Pflege seiner Eltern stärker eingebunden ist, könnte nach Rücksprache mit der Schulleitung die Anzahl seiner Unterrichtsstunden reduzieren.

Optimierung: Dieser Strategietyp bezieht sich darauf, *wie* bestimmte Aufgaben und Ziele umgesetzt und bearbeitet werden, also um die Optimierung der Mittel für die Zielerreichung. Wenn eine bestimmte Aufgabe (noch) sehr herausfordernd ist (z.B. die Unterrichtsplanung oder das Führen von Elterngesprächen), dann kann durch Übung, den Erwerb neuer Fertigkeiten, der Nachahmung erfolgreicher Modelle oder Zeitmanagement der Ressourceneinsatz schrittweise reduziert werden und damit auch Spielraum für die Bewältigung zukünftiger Herausforderungen geschaffen werden. In diesem Sinne weisen Optimierungsstrategien vielerlei Ähnlichkeiten zu den Prozessen selbstregulierten Lernens auf (vgl. Abschnitt 5.1.3).

Kompensation: Schließlich können Personen bei bereits eingetretenen oder zu befürchtenden Ressourcenverlusten alternative Handlungsmittel in Erwägung ziehen, um ein bestimmtes Funktionslevel zu bewahren, zum Beispiel indem auf Hilfe von außen zurückgegriffen oder bisher ungenutzte Ressourcen aktiviert werden. So könnten zum Beispiel jüngere Kolleginnen und Kollegen zu Rate gezogen werden, wenn die Herausforderungen des digitalen Zeitalters die Unterrichtsvorbereitung zunehmend erschweren. Auch der strategische Einsatz der eigenen Anstrengungsbereitschaft in Bereichen, die mit besonderem Vergnügen einhergehen, würde hierunter fallen (Freund & Baltes, 2002). Im Gegensatz zur Selektion geht es bei Kompensation weniger um die Zielauswahl, sondern darum, wie mit bestehenden Aufgaben und Zielen umgegangen wird, also ebenfalls um die Handlungsmittel.

Denkanstoß

Überlegen Sie, wie Sie Ihren Ressourceneinsatz strategisch planen können. Dabei bietet es sich als Voraussetzung sowohl für Selektions- als auch Kompensationsstrategien an, zunächst eigene Vorlieben und Präferenzen zu identifizieren. In Anlehnung an Rheinberg und Engeser (2010) können Sie sich dazu u.a. folgende Fragen stellen:

- Welche studien- bzw. berufsbezogenen Tätigkeiten mache ich auch ohne Belohnung immer wieder und ziehe sie zeitlich vor?
- Wobei bzw. wann habe ich besonders gerne und problemlos gearbeitet und konnte praktisch kein Ende finden? Was war das Besondere an der Situation, der Aufgabe oder der Tätigkeit?
- Wann habe ich mich über ein Ergebnis (z.B. nach einer Gruppenarbeit/Vorlesungssitzung/Unterrichtsstunde/Gesprächssituation) besonders gefreut? Wann konnte ich mich trotz vermeintlich erfolgreicher Arbeit überraschenderweise nicht über das Ergebnis freuen?
- Welche Bedingungen/Anreize müssen für mich gegeben sein, damit mein Engagement freudvoll, effektiv und flowartig verläuft? Wodurch bin ich schnell genervt oder frustriert? (Bei beiden Fragen können auch unangenehme Antworten besonders aufschlussreich sein.)

Ein solches Wissen über persönliche Vorlieben im Sinne typischer tätigkeitsspezifischer Anreize (vgl. Abschnitt 3.1.4) reicht aber allein nicht aus. Sie müssen dieses Wissen auch in Ihre Zielsetzungsprozesse einfließen lassen (Grund et al., 2018). Häufig orientieren wir uns hierbei vor allem daran, was es uns „bringen" würde, ein bestimmtes Ziel zu erreichen, also an den instrumentellen Anreize der Folgen einer Handlung bzw. der Zielerreichung. Rheinberg und Engeser (2010) schlagen daher vor, bevor man sich ein Ziel setzt (und sofern Wahlfreiheit existiert), sich sowohl vermutete Tätigkeits- wie auch Folgenanreize möglichst bildhaft „auszumalen" (vgl. Job & Brandstätter, 2009).

Vor diesem Hintergrund konnten Philipp und Kunter (2013) in einer Studie zeigen, dass Mathematiklehrer*innen sowohl kurz nach dem Karrierestart als auch zum Karriereende hin vermehrt Selektionsstrategien eingesetzt werden. Konkret bedeutet dies, dass in diesen Karrierephasen weniger verschiedene Aufgaben übernommen werden, sondern sich eher auf die herausforderndsten bzw. zentralsten Aufgaben konzentriert wird. Auch zeigten sich Hinweise für den Einsatz von Optimierungsstrategien mit zunehmender Expertise, denn je mehr Berufserfahrung die Lehrer*innen hatten, umso weniger Zeiteinsatz berichteten sie für die Unterrichtsvorbereitung, relativiert an der gesamten aufgebrachten Arbeitszeit. Schließlich nahmen Karriereambitionen mit zunehmendem Alter in der Stichprobe ab, was als Kompensationsstrategie interpretiert werden kann (Philipp & Kunter, 2013).

Diese lebenspannenorientierte Perspektive der Selbstregulation bietet insofern eine wichtige Ergänzung typischer Modelle selbstregulierten Lernens, als dass Anstrengungs- und Zielerreichungsprozesse aus Sicht des Individuums immer vor dem Hintergrund der eigenen Vorlieben, Ressourcen und Handlungsmöglichkeiten betrachtet werden müssen, um Entwicklungsergebnisse zu maximieren (Lang et al., 2011).

Auch wenn es nicht unbedingt zur typischen Erfolgsgeschichte schulischer und beruflicher Karrieren gehört, die in populären Medien (wie auch wissenschaftlichen Arbeiten) häufig erzählt wird (z.B. Duckworth et al., 2019), so stellt eine gewisse Flexibilität des Einsatzes persönlicher Ressourcen offensichtliche eine wichtige Voraussetzung dar, um sich als Individuum langfristig eine hohe Funktionalität zu erhalten.

5.5 Zum Abschluss

Take-Home Message

- Selbstreguliertes Lernen ist vor dem Hintergrund des sich ständig erweiternden und verändernden Wissens in der modernen Welt eine basale Kompetenz für lebenslanges Lernen.
- Motivationsregulation ist eine bislang relativ wenig beachtete Fähigkeit von Lernenden. Die bisherigen Befunde deuten jedoch an, dass es vielfältige positive Auswirkungen haben kann, die eigene Motivation beeinflussen zu können.
- Der Umgang mit Fehlern von Schüler*innen ist eng verknüpft mit dem in der Klasse vorherrschenden Fehlerklima. Eine positive Einstellung zu Fehlern und ein funktionaler Umgang mit Fehlern in der Klasse können helfen, auch individuell lernförderlich mit Fehlern umzugehen.
- Die Forschung zur Selbstregulationskompetenz von Lehrpersonen verdeutlicht, dass Selbstregulation mehr umfasst als der geschickte Einsatz bestimmter (Lern-)Strategien, die den eigenen Lernerfolg sicherstellen sollen; es geht zum Beispiel auch darum, welche Prioritäten man im Leben setzt.

Fragen und Aufgaben zur Anregung und zur Überprüfung

- Sehen Sie sich das Arbeitsblatt „SRL-Tagebuch" (ggf. nochmals) an und versuchen Sie anhand der Inhalte zuzuordnen, welche Theorieaspekte hinter den Fragen stehen.
- Sowohl die Motivationsregulation als auch der Umgang mit Fehlern sind Prozesse, die im Individuum ablaufen. Vor diesem Hintergrund: Wie können Sie als Lehrperson einen positiven Umgang mit Fehlern und/oder eine gelungene Motivationsregulation unterstützen?
- Welche Strategien und Maßnahmen können Sie einsetzen, um den anspruchsvollen Beruf der Lehrperson langfristig und gesund ausüben zu können? Welche Rolle spielen dabei Ihre eigenen Werte und Ziele?
- Lösungsbeispiel zur Übung „Anregung von Motivationsregulation": Hinter dem gezeigten Verhalten können verschiedene Ursachen stecken. Einerseits könnten die Schüler*innen überfordert sein, weil das Thema zu umfangreich ist (Erwartungsproblem), andererseits könnten sie gelangweilt von der Thematik sein und diese als kaum bedeutsam einschätzen (Wertproblem). In beiden Fällen würden unterschiedliche Strategien helfen.

- Im Fall des Erwartungsproblems sollte es hilfreich sein, wenn die Schüler*innen das Thema in kleinere Unterbereiche aufteilen und kleinere Aufgabenblöcke definieren (Teilziele setzen). Des Weiteren könnte es für die Schüler*innen hilfreich sein, sich an ähnliche Aufgaben aus der Vergangenheit zu erinnern, die sie erfolgreich gemeistert haben (Fähigkeitsbezogene Selbstinstruktion).
- Bei dem Wertproblem hingegen sollte es die Schüler*innen unterstützen, wenn sie es schaffen, den Inhalten eine höhere Bedeutsamkeit beizumessen, indem sie diese auf ihr eigenes Leben oder ihr zukünftiges Berufsleben beziehen (Steigerung der persönlichen Bedeutsamkeit).
- Zusätzlich gibt es Strategien, die unabhängig von der Art des Motivationsproblems eingesetzt werden können. So könnten sich die Schüler*innen für den erfolgreichen Abschluss der Aufgabe selbst belohnen, indem sie beispielsweise im Anschluss eine Serie schauen oder gemeinsam etwas mit Freunden unternehmen (Selbstbelohnung).

• Als Lehrperson könnten Sie sich also je nach vermuteter Ursache eine bis zwei Strategien aussuchen und diese ihren Schüler*innen vorstellen und mit ihnen einüben. Die anfängliche Anleitung und Hilfestellung wird Stück für Stück zurückgenommen, sodass die Strategie dann zu einer Selbstregulationsstrategie wird und auch in anderen Situationen selbständig angewandt werden kann.

Weiterführende Literatur

Green, J. A. (2018). *Self-regulation in education.* Routledge.

Oser, F. & Spychiger, M. (2005). *Lernen ist schmerzhaft: Zur Theorie des Negativen Wissens und zur Praxis der Fehlerkultur.* Beltz.

Stebner, F., Schiffhauer, S., Schmeck, A., Schuster, C., Leutner, D. & Wirth, J. (2015). *Selbstreguliertes Lernen in den Naturwissenschaften: Praxismaterial für die 5. und 6. Jahrgangsstufe.* Waxmann.

Tulis, M., Steuer, G. & Dresel, M. (2015). Learning from errors: Process and contextual conditions. Towards a model of individual processes within contexts. In M. Gartmeier, H. Gruber, T. Hascher & H. Heid (Hrsg.), *Fehler: Ihre Funktionen im Kontext individueller und gesellschaftlicher Entwicklung* (S. 53–70). Waxmann.

Wolters, C. A. (2003). Regulation of motivation: Evaluating an underemphasized aspect of self-regulated learning. *Educational Psychologist, 38*(4), 189–205.

Zimmerman, B. J. & Schunk, D. H. (Hrsg.). (2011). *Handbook of self-regulation of learning and performance.* Routledge.

6. Aus- und Rückblick

Lernen und Lehren in schulischen Kontexten sind komplexe Phänomene. Entsprechend schwierig ist es, die beteiligten Prozesse wissenschaftlich gestützt zu beschreiben, zu verstehen und zu verändern. Berliner (2002) ist sogar der Auffassung, dass eine solche Aufgabe die schwierigste aller Wissenschaften ist, weil wir es sehr selten mit allgemeingültigen Gesetzmäßigkeiten zu tun haben. Vielmehr sind die pädagogischen Wirkungen häufig abhängig von dem sozialen Kontext, in dem Unterricht stattfindet. Die Komplexität erhöht sich auch dadurch, dass nicht alle Schüler*innen gleichermaßen auf eine bestimmte Maßnahme reagieren oder alle Lehrer*innen diese gleichermaßen umsetzen können und wollen. Schließlich scheinen sich vermeintlich allgemeingültige Gesetzmäßigkeiten über die Zeit zu verändern oder an Bedeutung zu verlieren, weil sich die sozio-kulturellen Rahmenbedingungen, unter denen Unterricht sowie dessen Beforschung und Bewertung stattfinden, verändern. Während im 19. und frühen 20. Jahrhundert das Verhältnis zwischen Lehren und Lernen vor allem als „Wissensübergabe" von autoritären Experten zu fügsamen Novizen verstanden wurde, stellen heute Wissens(ko-)konstruktion sowie selbstreguliertes, lebenslanges Lernen nicht nur neue Lern- und Forschungsparadigmen dar – letzteres bildet zudem eine veränderte soziale Norm ab. Spielraum und Verantwortung für die eigene Entwicklung (also das eigene Lernen) werden heute viel stärker als damals bei der einzelnen Person verortet – zumindest in westlich-liberal orientierten Gesellschaften (Matteucci et al., 2008). Diese kulturelle Abhängigkeit stellt eine weitere Komplexitätsdimension dar. Nicht alle „Erfolgspraktiken" aus anderen Ländern stoßen hierzulande automatisch auf breite Zustimmung. Zwar führten in den letzten Jahren sogenannte Tigerstaaten wie Singapur oder Hongkong wiederholt internationale Schulleistungs-Rankings an (OECD, 2018, 2020), gerade im Vergleich zu anderen Spitzenländern wie Finnland oder Estland erscheinen uns einige transmissive, repetitive Merkmale des dortigen Unterrichtsgeschehens möglicherweise aber eher fremd und unangemessen.

Bildungswissenschaften: „The hardest science of all!?"

Die Fähigkeit zum selbstregulierten Lernen jedenfalls wird im Bildungsdiskurs als zentrale Schlüsselkompetenz erachtet, die allen Schüler*innen gleichermaßen dabei helfen sollte, ihr individuelles Glück langfristig selbst in die Hand zu nehmen. Diese an sich sehr positive Sicht auf Lernen und Entwicklung sollte aber nicht den Blick darauf verstellen, dass die Ursprünge ungünstiger Entwicklungen auf der Seite der Schüler*innen letztlich auch auf Systemebene zu suchen sind (Eccles et al., 1993; Ryan & Deci, 2020): So ist zum Beispiel eine un-

Selbstreguliertes Lernen als Schlüsselkompetenz

günstige Lernmotivation weder alleine von den betroffenen Personen zu verantworten noch nachhaltig zu lösen. Die Lösung allgemeiner gesellschaftlicher Probleme daher alleine in den Selbstregulationsfähigkeiten von Schüler*innen zu sehen, erscheint somit deutlich zu kurz gegriffen. Gerade bei Fragen der Motivierung sollte der Einfluss des Lernumfelds nicht außer Acht gelassen werden.

Ziel des vorliegenden Buches war es, die psychologischen Grundlagen der in Erziehungs- und Bildungskontexten so populären Begriffe der Lernmotivation und des selbstregulierten Lernens für angehende und praktizierende Lehrer*innen so aufzubereiten, dass sowohl Grundlagenwissen anschaulich präsentiert wird als auch erste Ideen entwickelt werden können, wie dieses Wissen im (schulischen) Alltag angewandt werden kann. Dabei war es uns einerseits wichtig, deutlich zu machen, wie komplex und damit mitunter schwierig dieser Anwendungsprozess sein kann (vgl. Kapitel 4) und wie die (Pädagogische) Psychologie zu diesen Ableitungen auf Basis möglichst solider empirischer Forschung beitragen kann. Andererseits wollten wir den Eindruck vermeiden, Lehrer*innen stünden angesichts dieser Komplexität vor einer schier unlösbaren Aufgabe, wenn sie beispielsweise ihren Unterricht motivationsförderlich gestalten wollen. Die Vielzahl der von uns angeführten Anwendungsforschung in schulischen Kontexten zeigt hier eindrücklich das Potential theoretisch fundierter und gezielter Interventionen auf. Zudem weisen unzählige Korrelationsstudien darauf hin, dass Einstellungen und Verhalten von Lehrpersonen mit motivationalen Merkmalen auf Seiten der Schüler*innen systematisch zusammenhängen. Vereinfacht ausgedrückt bedeutet dies: Mit hoher Wahrscheinlichkeit beeinflussen Sie – ob gewollt oder ungewollt – auf welche Art die Schüler*innen Ihrer Klasse „motiviert“ sind und damit auch, wie diese lernen und welche Unterrichts- und Schulerfahrung sie generell machen. Ähnliches gilt im Übrigen auch für den Bereich des selbstregulierten Lernens. Insofern ist es lohnenswert, sich mit den Themen Motivation und Selbstregulation sowie ihrer Förderung auseinander zu setzen. Wir hoffen, dieses Buch bot und bietet Ihnen hierzu vielfältige und wiederholte Anreize. Gleichzeitig sollte Ihnen bewusst sein, dass Ihre Wirkung eben auch durch andere Variablen begrenzt ist bzw. mit diesen in komplexer Wechselwirkung steht, sodass Sie Ihre Anwendungsversuche, insbesondere im Einzelfall, wiederholt und kontinuierlich prüfen sollten. Insofern besteht das ultimative Ziel dieses Buches letztlich darin, Ihre professionelle Reflexionsbereitschaft und -fähigkeit zu fördern.

Als Lehrer*innen beeinflussen Sie die Motivation Ihrer Schüler*innen

Hauptziel des Buches: professionelle Reflexion anregen

Abschließend wollen wir das bereits Vorgestellte unter zwei Gesichtspunkten zusammenfassend betrachten. Zunächst arbeiten wir die enge Verflechtung von Motivation und Selbstregulation heraus und gehen darauf ein, warum es dennoch sinnvoll ist, beide Bereiche konzeptuell klar zu trennen. Dies wird insbesondere am Konzept der Motivationsregulation deutlich. Darauf aufbauend skizzieren wir in einem kritischen Ausblick einige Forschungsdesiderate und Implikationen für die pädagogische Praxis, bevor wir abschließend das Buch in wenigen Worten zusammenfassen.

Was auf den ersten Blick vor allem für „die Wissenschaft" relevant erscheinen mag, sollte auch für (angehende) Praktiker*innen (z.B. Eltern, Erzieher*innen, Lehrer*innen) interessant sein, denn es geht letztlich darum, unsere Perspektive auf Lernen, Lehren und Erziehung als Teil der Professionalisierung kritisch zu hinterfragen und zu erweitern (Kunter & Trautwein, 2013).

Denn das Spannende an der Auseinandersetzung mit Fragen der Lernmotivation und des selbstregulierten Lernens ist, dass es hierbei nicht nur um empirische Fragen der Grundlagen- und Anwendungsforschung geht, sondern auch – mal mehr oder weniger explizit formuliert – um normative pädagogische Fragen, um die ebenfalls kontinuierlich gerungen werden muss (vgl. Fromm, 2017): Wie wollen wir lernen? Wie viel Freiheit im Denken wollen wir? Was sind die Ziele von Unterricht? Wer ist dafür verantwortlich, das schulisches Lernen gelingt?

6.1 Abhängigkeiten zwischen Motivation und Selbstregulation

Erinnern Sie sich an die Diskussion von Familie Müller, zu den Hausaufgaben-„Problemen" von Max und Marta (vgl. Abschnitt 3.1.3)? Hier geht es nun weiter.

***Sind* Max und Marta nicht motiviert oder *können* sie sich nicht motivieren?**

Herr Müller ist noch immer wütend auf seine Familie. Wieso wollen Max und Marta einfach nicht einsehen, dass Hausaufgaben sie erheblich weiterbringen würden? Immer diese Ausreden, Biologie sei Max nicht so wichtig wie andere Fächer, und Deutschhausaufgaben würden Marta keinen Spaß machen bzw. würden sie frustrieren, wenn sie wiederholt scheitert und nicht weiterweiß. Wer sagt denn, dass Schule immer einfach ist! Irgendwo hören seine Einflussmöglichkeiten als Vater (und Lehrer) auf. Max und Marta müssen aus seiner Sicht mittlerweile schon selbst dazu in der Lage sein, sich für so etwas Wichtiges wie die Schule zu motivieren und die Hausaufgaben angemessen zu planen. Anfangs hat er noch häufiger im Gespräch versucht aufzuzeigen, was interessant und relevant an allen Fächern ist. Aber nun liegt es an den beiden, dieses Wissen auch umzusetzen.

Und dann die fehlende Unterstützung seiner Frau! Nicht nur hat sie in der Diskussion Verständnis für Max und Marta geäußert. Sie hat auch teilweise die Kompetenz seiner Kolleginnen und Kollegen und die generelle pädagogische Funktion von Hausaufgaben in Zweifel gezogen. Wirklich hilfreich waren diese Kommentare nicht für die Erziehung ihrer Kinder.

In der pädagogisch-psychologischen Forschung wurden die beiden Themenkomplexe Motivation und Selbstregulation bisher vor allem unter dem Aspekt der Motivationsregulation zusammen betrachtet, also der Regulation (genauer: meistens der Steigerung) *von* aktueller Motivation *durch* die Person, in der Regel eingebettet in typische schulische Alltagsprobleme selbstregulierten Lernens (z.B. Einzelarbeit im Unterricht, Hausaufgaben machen, für Klassenarbeiten lernen). Auch wir haben bisher vor allem diese typische „Brille" aufgesetzt (vgl. Abschnitt 5.1.1). Weniger problematisiert wird in der empirischen Forschung bisher der Sachverhalt, dass auch die bewusste Selbstregulation von Erleben und Verhalten eines gewissen *Antriebs* bedarf (Pekrun, 2017), und dass Verhalten auch *durch* Motivation reguliert wird, dass also auch Motivation eine verhaltenssteuernde Komponente aufweist.

Diese konzeptuellen Überlappungen werden unter anderem bei Pekrun (2017) deutlich, wenn Motivation als psychischer Prozess definiert wird, „der die Initiierung, Steuerung, Aufrechterhaltung und Evaluation zielgerichteten Handelns leistet" (S. 187), an gleicher Stelle aber auch ganz ähnliche Attribute der Selbstregulation (bzw. dem selbstregulierten Lernen) zugeschrieben werden, als Prozess „bei dem Lerner sich eigenmotiviert Ziele setzen, diesen Zielen entsprechend handeln und die Erreichung der Ziele bewerten" (S. 187). Fragen der Selbstregulation lassen sich also kaum unabhängig von Fragen der Motivierung beantworten. Anders ausgedrückt: Motivationale Erklärungen für schulisches Erleben und Verhalten müssen im Prinzip immer mitgedacht werden, wenn wir eine Selbstregulationsperspektive einnehmen. Im Folgenden verdeutlichen wir dies anhand der Selbstbestimmungstheorie und der Unterscheidung motivationaler und volitionaler Steuerungslagen (Sokolowski, 1997). Volition meint in diesem Zusammenhang den bewussten Versuch der Steuerung der Aufmerksamkeit, wenn Handlungsschwierigkeiten auftreten.

Zur Erinnerung (vgl. Abschnitt 3.2.5): Neben intrinsischer Regulation bzw. Motivation, die selbstbestimmtem Verhalten zu Grunde liegen, wird in der Selbstbestimmungstheorie (SBT) extrinsische Motivation anhand vier unterschiedlicher Regulationsmodi unterschieden, die entweder selbstbestimmtes (integrierte und identifizierte Regulation) oder aber fremdbestimmtes (introjizierte und externale Regulation) Verhalten kennzeichnen (Deci & Ryan, 2000). Aus der „motivationalen Brille" betrachtet, können wir daher ganz unterschiedliche Formen des Lernens unterscheiden, die unterschiedliche Konsequenzen für die Notwendigkeit und Möglichkeit zur Selbstregulation implizieren.

Selbstinitiatives, spontanes Lernen: Im Fall von intrinsischer Motivation braucht es kaum bewusste Selbstregulation; vielmehr haben wir es hier mit einer primär motivationalen Steuerungslage zu tun (Sokolowski, 1997, vgl. *Tabelle 8*). Zusammengefasst ist die motivationale Steuerungslage dadurch gekennzeichnet, dass alles, also z.B. unsere Gedanken und Gefühle und das was wir tun, wie „von selbst" geht, ohne dass wir bewusst in den Handlungsablauf eingreifen müssen; ähnlich dem Flow-Erlebnis (Rheinberg & Vollmeyer, 2019). Dies heißt im Umkehrschluss nicht, dass keine komplexen Anpassungs- oder Regulationsprozesse ablaufen. Taucht bei der Aufgabenbearbeitung unerwartet ein Hindernis auf, so investieren wir ganz automatisch mehr Ressourcen oder wechseln die Strategie, ohne dass dies notwendigerweise von uns bemerkt oder als anstrengend erlebt wird. Sind wir also intrinsisch motiviert und handeln in diesem Sinne selbstbestimmt, so können wir auch ausdauernd am Ball bleiben und lernen, ohne zu erschöpfen (Muraven, 2008). Ein typisches Beispiel für eine solche Situation könnte sein, wenn wir auf Wikipedia oder einer anderen freien Internet-Enzyklopädie stöbern, dabei aber jede Menge Dinge besser verstehen oder neu kennen lernen, unabhängig von der Komplexität des Inhalts. Im Motivationsdiagnoseschema in Abschnitt 3.1.2 wäre dies eine „selbstinitiative, spontane Lernaktivität".

Aspekte der Selbstregulation	**Motivationale Steuerungslage**	**Volitionale Steuerungslage**
Ziel-, Gelegenheits- und Tätigkeitsbestimmung	Nicht notwendig	Notwendig
Energetisierung	Unwillkürlich	Willkürlich
Aufmerksamkeit	Unwillkürlich, kaum ablenkbar	Willkürlich, leicht ablenkbar
Gefühle	Förderlich, unkontrolliert, handlungszentriert	Störend, kontrolliert, ergebniszentriert
Gedanken	Unkontrolliert, tätigkeitsbezogen	Kontrolliert, lagebezogen
Bei Hindernissen	Unwillkürliche Anstrengungssteigerung	Zusätzliche Kontrollvorgänge
Erlebte Anstrengung	Niedrig	Hoch
Zeiterleben	Schnell	Langsam

Tabelle 8: Motivationale versus volitionale Steuerung (nach Sokolowski, 1997)

Selbstgesteuertes Lernen: Obwohl auch eine integrierte Regulationsform mit einer hohen Selbstbestimmung einhergeht, sind hier bewusste Regulationsprozesse von Nöten, da aus der Sicht der lernenden Person eine Ziel-, Gelegenheits- und Tätigkeitsbestimmung stattgefunden hat (vgl. *Tabelle* 8). Um im Beispiel zu bleiben, durchsuchen wir Wikipedia nun mit dem expliziten Ziel, mehr über Thema XY zu erfahren oder eine offene Frage zu klären wie zum Beispiel: „Mein Freund meint, Krokodile sind keine Raubtiere. Ist das wirklich so?“ (Die Antwort hierauf finden Sie am Ende des Kapitels). Viele andere Erlebensaspekte entsprechen aber nicht der Qualität einer typischen volitionalen Steuerung, sondern beinhalten weiterhin Elemente einer motivationalen Steuerungslage, sodass wir auch bei einem solchen interessensgeleiteten Lernen eher (lern-)förderliche Gedanken und Gefühle erfahren und die Zeit des Lernens relativ anstrengungsfrei empfinden sollten. Dies hat damit zu tun, dass der Anreiz nicht nur im Ergebnis des Lernens liegt, sondern auch in der Tätigkeit des Lernens selbst (vgl. Abschnitt 3.1.4). Entsprechend gebe es auch hier wenig „Motivationales“ oder „Emotionales“ zu regulieren, sondern vor allem zu prüfen, ob und wann man seinen (eigenen) Wissensdurst befriedigt hat.

Prinzipiell ist ein solches Lernen, das durch ein klares persönliches Erkenntnisziel geprägt ist, prototypisch für selbstreguliertes Lernen im engeren Sinn. Im Motivationsdiagnoseschema war es mit „selbstgesteuerte Zielaktivität“ beschrieben, die weder unmittelbar aversiv ist noch einen Verzicht impliziert. Es ist vermutlich auch das woran wir denken, wenn Pekrun (2017, S. 187) von „eigenmotiviert Ziele setzen“ spricht, da sowohl das Handlungsziel („Was will ich wissen?“) als auch die Handlungsmittel („Wie bringe ich etwas in Erfahrung?“) selbst ausgewählt und gegebenenfalls angepasst werden. Schließlich unterliegt auch die zwischenzeitliche und abschließende Bewertung des Lernerfolgs der eigenen Kontrolle. Einige dieser Elemente finden wir auch bei projektbezogener Arbeit in Schulen und Hochschulen wieder, sofern die eigenen Bedürfnisse und Interessen der handelnden Personen tatsächlich bei der Projektdefinition im Fokus standen und es gelingt, den Bewertungskontext der Aufgabe gegenüber dem Lernkontext in den Hintergrund zu rücken. Auch wenn eine solche Personalisierung des Lernens immer wieder gefordert wird (Mötteli et al., 2021), spiegelt diese Art des Lernens wohl kaum schulisches Lernen wider, wie es typischerweise in unseren Schulen geschieht, und wie es Max und Marta offensichtlich in unserem Beispiel erleben.

Personalisiertes Lernen = Lernen, das an den Interessen und Bedürfnissen der Schüler*innen orientiert ist

Selbstbeherrschtes Lernen: Hier gibt es in der Regel klare Lernziele, die von „außen“ definiert und deren Erreichen von „außen“ überprüft werden. Für die Schüler*innen wird dies nicht zuletzt dadurch deutlich, dass am Ende einer bestimmten Unterrichtssequenz häufig eine

Klassenarbeit stattfindet, die festlegt, was gelernt werden soll und was richtig ist. So gibt es auch das berühmte „am-Thema-vorbei-lernen" („Schöner Text Esila, aber leider nicht das, was ich sehen wollte."). Selbst wenn Esila in Deutsch noch über ein Problem aus der vorangegangenen Mathestunde grübelt, zeigt sie aus dieser Sicht eine mangelnde Selbstregulation, da sie nicht auf das konzentriert ist, was gerade Thema ist. Wenn wir nun aber nicht selbst entscheiden können, über was wir Nachdenken, dann müssen wir unsere Aufmerksamkeit permanent bewusst einfangen, da wir ansonsten leicht ablenkbar sind (vgl. *Tabelle 8*). Vielmehr müssen sich Schüler*innen immer wieder bewusst vergegenwärtigen, was das Ziel der Lernepisode ist bzw. was von der Lehrperson gefordert ist. Anders als beim selbstgesteuerten Lernen können dabei durchaus unlustvolle Gefühlszustände auftreten und in das Bewusstsein dringen, da aktuelle Bedürfnisse und Interessen zumindest temporär frustriert werden können. Insofern besteht mit größerer Wahrscheinlichkeit ein Anlass zur Regulation dieser inneren Hindernisse.

Für den Fall, dass wir es tatsächlich mit identifizierter Regulation zu tun haben, sind die Ziele der Lehrperson weitgehend deckungsgleich mit den Zielen der Schüler*innen. Es besteht also zum Beispiel grundsätzlicher Konsens darüber, wie bedeutsam eine gute Note im Fach XY ist, da dieses Ziel bereits Teil der eigenen Identität ist (was weder bei Max noch bei Marta der Fall zu sein scheint). Dieser Umstand sollte es den Schüler*innen erleichtern, sich (a) diese bedeutsamen Ergebnisfolgen des Lernens vorzustellen und (b) daraus auch motivationale (Anziehungs-)Kraft zu schöpfen. Es bedarf lediglich einer bewussten Aktualisierung dessen, was ohnehin bereits vorhanden ist bzw. geglaubt wird. Insofern könnten wir auch hier trotz des von außen festgelegten Lernziels von eigenmotiviertem, selbstreguliertem Lernen sprechen (vgl. Pekrun, 2017), wobei das Lernergebnis gegenüber dem Lernprozess im Vergleich zum interessensgeleiteten Lernen zunehmend an Gewicht gewinnt.

Introjiziert reguliertes Lernen: Bei introjizierter Regulation hingegen ist die Lage anders. Aus Sicht der Selbstbestimmungstheorie übertreten wir hier die Schwelle von der Selbst- zur Fremdbestimmung (Deci & Ryan, 2000; Ryan & Deci, 2020), da die vorgegebenen Lernziele (noch) nicht im identitätsstiftenden Selbstkonzept verankert sind. Sie sind von den Schüler*innen lediglich oberflächlich übernommen und akzeptiert, während gleichzeitig tieferliegende Bedürfnisse der Person relativ dauerhaft frustriert werden (Ryan et al., 1991). Insofern wäre es unter diesen Umständen unpassend von *selbst*reguliertem Lernen zu sprechen, wenn versucht wird, die eigenen Gedanken und Gefühle zielförderlich zu verändern (also *sich zu motivieren*). In unserem Motivationsdiagnoseschema (vgl. Abschnitt 3.1.2) kommt diese feine aber wichtige Unterscheidung nicht vor. Nichtsdestotrotz kann diese Situation durchaus den realen Unterrichtsalltag widerspiegeln, zumindest für einige Schüler*innen oder in bestimmten Lernphasen (Buff, 2001, vgl. auch Abschnitt 4.1). Auch würden sich die handelnden Personen aufgrund übernommener sozialer Normen wohl selbst durchaus in der Pflicht sehen, etwas an ihrer Lage zu verändern und sind entsprechend bereit, sich anzustrengen (vgl. Martas Aussage oben: „Ich gebe ja zu, dass ich in Mathe mehr machen müsste"). Die große Diskrepanz zwischen den Bedürfnissen, Zielen und Fähigkeiten der Person auf der einen Seite sowie den Werten, Erwartungen und Herausforderungen der (sozialen) Umwelt auf der anderen Seite, dürfte diesen Selbstregulationsversuch jedoch eher schwierig gestalten, was das „schlechte Gewissen" noch befördern könnte (vgl. Grund & Fries, 2018). Anders ausgedrückt: Wenn der Kontext motivationsungünstig ist, dann dürften auch Selbstregulationsversuche im Allgemeinen sowie Motivationsregulation im Besonderen schwierig werden.

Fremdkontrolliertes Lernen: Letzteres wiederum gilt nicht unbedingt für den Fall rein extrinsischer Regulation bzw. fremdkontrollierten Lernens, wie es im Motivationsdiagnoseschema benannt ist. Wenn der Anreiz des Lernens alleine der Kontrolle der sozialen Umwelt unterliegt, zum Beispiel auf Seiten der Lehrperson oder der Eltern, dann besteht zwar kein Handlungsspielraum zur Selbstregulation – es ist auch durchaus möglich, dass solche extrinsischen Anreize und Grenzen ein erwünschtes (Lern-)Verhalten produzieren – es läge aber immer in der Verantwortung der sozialen Umwelt, bei etwaigen Abweichungen vom Zielkurs entsprechend nachzujustieren. Zudem müsste die kontrollierende Person auch den Monitoringprozess vollständig übernehmen. Wir könnten dann aber nicht mehr von einer volitionalen Steuerungslage sprechen, da von Seiten der lernenden Person wohl kaum eine Notwendigkeit zur Veränderung der Situation, also zur Selbstregulation, gesehen würde. So scheint es bei Max zu sein.

Zusammenfassung: Wir können also festhalten, dass die Art und Weise der Motivation entscheidend dafür verantwortlich sein sollte, ob und wie volitionale Selbstregulationsprozesse stattfinden können und müssen. Letztlich geht es motivationspsychologisch um völlig unterschiedliche Situationen und Verhaltensweisen, die mitunter leichtfertig in einen Topf „selbstregulierten Lernens" geworfen werden. Das, was typischerweise als selbstreguliertes Lernen definiert und verstanden wird, trifft nur auf einen ganz spezifischen Ausschnitt schulischen Lernens zu. Dessen sollten sich (angehende) Lehrer*innen bewusst sein, um realistisch einordnen zu können, unter welchen Umständen sie Selbstregulationsprozesse fördern und erwarten können. Genau genommen müssen wir die Gründe einer Person dafür kennen, warum sie in einem bestimmten Moment lernt, um dies sinnvoll einordnen zu können. Außerdem ist es sinnvoll, zwischen *äußeren* und *inneren* Widerständen zu unterscheiden (Sokolowski, 1997). Äußere Widerstände beschreiben ein aktuelles „Fähigkeitsproblem“ bei gegebener Motivation. Wir können diese Form der Selbstregulation auch als Problemlösen oder Knobeln bezeichnen. Bei der Zielerreichung steht uns im Weg, dass wir die Problemlösung nicht direkt vor Augen hatten und neu ansetzen müssen, zum Beispiel durch Wiederholung oder mit einer alternativen Strategie. Ein großer Teil der Forschung zum selbstregulierten Lernen im engeren Sinn beschäftigt sich mit genau solchen Fragen (z.B. De Bruin et al., 2020). Innere Widerstände beziehen sich hingegen auf ein aktuelles „Motivationsproblem“ bei gegebener Fähigkeit. Da wir uns in diesem Band mit „Motivation“ und „Selbstregulation“ beschäftigt haben, liegt auch hier der Schwerpunkt unserer Zusammenführung.

Äußere und innere Widerstände als Gegenstände der Selbstregulation

Im Fall von selbstinitiativem, spontanen Lernen wie auch beim selbstgesteuerten Lernen gibt es kaum störende innere Gefühle und Gedanken, die von der lernenden Person reguliert werden müssten. Vielmehr wird man sich unter diesen Umständen in der Regel ganz selbstverständlich (und teilweise unbewusst) Lernanlässe aussuchen, die zu den eigenen Bedürfnissen, Interessen und Fähigkeiten passen, oder aber das eigene Anspruchsniveau entsprechend anpassen bzw. ganz einfach eine unbefriedigende Lernepisode beenden. Bei *fremd*bestimmtem (d.h., fremdkontrolliert und introjiziert reguliertem) Lernverhalten ist der Begriff der *Selbst*regulation schlichtweg unpassend. Gleichwohl kann es sein, dass Schüler*innen die von außen gesetzten Lernziele sowie die Anreizstrukturen von Schule und Unterricht insoweit verinnerlicht haben, dass sie durchaus schuldbewusst auf ihre mangelnde „Selbstregulation“ blicken.

Es bleibt also im Wesentlichen die Situation selbstbeherrschten Lernens, in der sowohl ein motivationaler Anlass als auch die Möglichkeit zur Selbstregulation gegeben wäre. Der Anlass ergibt sich daraus, dass beim schulischen Lernen in der Regel eben *nicht* von den Schüler*innen festgelegt wird, *womit* sie sich zu einem bestimmten Zeitpunkt beschäftigen *wollen*. Vielmehr *sollen* sie etwas Bestimmtes tun oder erreichen, das sie grundsätzlich aber auch selbst für sinnvoll erachten. Die Handlungswahl, ein wesentlicher Aspekt motivationaler Handlungssteuerung, ist damit beim (selbstregulierten) schulischen Lernen typischerweise deutlich eingegrenzt und stellt dadurch gleichzeitig eine mögliche Ursache dafür dar, dass es zu momentaner Bedürfnisfrustration kommt. Gelöst werden kann dieses Problem temporär zum Beispiel dadurch, dass man sich die bedeutsamen Ziele (erneut) vergegenwärtigt, die mit dem (unlustvollen) Lernen instrumentell in Verbindung stehen, oder aber versucht, neue Verbindungen zu identifizieren – also exakt solche Strategien der Motivationsregulation, wie sie in Abschnitt 5.2.2 beschrieben wurden.

6.2 Kritischer Ausblick

6.2.1 Forschungsdesiderate

Konzeptuelle Abgrenzung von Motivations- und Selbstregulationseffekten: Die Motivationsforschung hat eine lange und erfolgreiche Tradition in der Erklärung und Veränderung schulischen Erlebens und Verhaltens (vgl. Kapitel 3 und 4). Ihr kommt auch deshalb eine vorgeordnete Bedeutung zu, weil sie schulisches Erleben und Verhalten in seiner gesamten Bandbreite zu erklären versucht. Die Selbstregulationsforschung hat in diesem Kontext in den letzten Jahrzehnten zusätzlich enorm an Bedeutung gewonnen (vgl. Kapitel 5). Die Herausforderung wird zukünftig darin bestehen, beide Themenkomplexe integriert zu betrachten bzw. zu klären, wie sich beide Perspektiven zueinander verhalten. In welchen Punkten sind die Motivations- und Selbstregulationsperspektive auf schulisches Erleben und Verhalten vereinbar? In welchen nicht? Dafür wird es nötig sein, Aspekte des „Wollens", also der Motivation (d.h., wie *sind* Max und Marta aktuell *motiviert* und warum ist das so?), und Aspekte des überfachlichen „Könnens", hier der Selbstregulation (d.h., inwiefern *kennen* Max und Marta bestimmte Regulationsstrategien und *wenden* diese situationsangemessen *an*), zunächst konzeptuell getrennt eindeutig zu bestimmen, um sie dann anschließend wieder sinnvoll zusammenzuführen. Dies ist besonders wichtig bei der Forschung zu Motivationsregulation, denn letztlich bedienen Motivation und Motivationsregulation den selben Erklärungsraum: Was tun Schüler*innen wie intensiv und wie lange? Da Motivation kausal betrachtet der Motivationsregulation vorausgehen sollte (vgl. *Abbildung 8*), besteht eine gewisse Gefahr, lediglich Effekte ungünstiger Motivation als Effekte mangelnder Selbstregulationsfähigkeit zu re-interpretieren (wie es Herr Müller bei seinen Kindern macht). Wenn wir beispielsweise wissen, dass unterschiedliche motivationale Regulationsformen Persistenz und Wohlbefinden beim Lernen bedingen (Howard et al., 2021) und ähnliche Effekte auch für Motivationsregulationsfähigkeiten berichtet werden (z.B. Schwinger & Otterpohl, 2017), dann stellt sich ganz grundsätzlich die Frage, inwieweit beide Effekte unabhängig voneinander existieren oder aber interagieren, wenn sie auf das Lernerleben und -verhalten im Allgemeinen bezogen werden: Können unterschiedlich ausgeprägte Motivationsregulationsfähigkeiten auf Seiten der Schüler*innen dann tatsächlich ungünstige Motivationslagen kompensieren und Schüler*innen zum Schulerfolg tragen? Unter welchen Bedingungen ist das eventuell nicht der Fall? Die Untersuchung solcher Wechselwirkungen wäre wichtig, da die personalen und strukturellen Ursachen, die zum Beispiel hinter ungünstigen Erwartungs- und Wertüberzeugungen vermutet werden (z.B. Eccles & Wigfield, 2002; Rheinberg & Fries, 1998), bei dem Gedanken der Regulation eben dieser motivationalen Überzeugungen keine wesentliche Rolle spielen (Wolters, 2003).

Dies bedeutet wiederum nicht, dass es nicht dennoch sinnvoll sein kann, Strategien zur Motivationsregulation zu untersuchen und zu fördern. Das ist aber vor allem dann sinnvoll, wenn die motivationalen Rahmenbedingungen Selbstregulation sowohl nötig als auch möglich machen. Wie wir oben beschrieben haben, sollte dies vor allem in den motivationalen „Nischen" zwischen eindeutig selbst- und fremdbestimmter Motivation relevant sein, in denen sich Tätigkeits- und Folgeanreize potentiell konflikthaft gegenüberstehen (vgl. Sansone et al., 1992). Genauer gesagt muss eine (zumindest momentan) eher ungünstige Lernmotivation vorliegen, die an sich erfolgreiches Lernen beeinträchtigen würde. Gleichzeitig darf die Situation aber in motivationaler Hinsicht nicht zu „festgefahren" sein, sodass sie auch tatsächlich von der betroffenen Person selbst beeinflusst werden kann.

In solchen spezifischen Situationen können Motivationsregulationsfähigkeiten einen (zusätzlichen) Unterschied machen. Bisher konnten solche theoretisch durchaus plausiblen Interaktionseffekte zwischen Motivationsregulationsfähigkeiten und anderen potentiell erklärenden Variablen (z.B. bestimmten Motivationsformen beim Lernen) jedoch nur für kognitive Merkmale auf der Seite der lernenden Person festgestellt werden (Schwinger et al., 2009), nicht für motivationale Merkmale (Schwinger & Otterpohl, 2017). Dies mag auch daran liegen, dass die hohe empirische Überlappung zwischen personaler Motivation und Regulationsfähigkeit, die sich im Selbstbericht in Fragebogenstudien mit Zusammenhängen von bis zu $r = .50$ zeigt (vgl. Schwinger et al., 2009), es von vorneherein schwierig macht, solche Wechselwirkungen aufzudecken.

Zur Untersuchung von Selbstregulationsprozessen sind daher experimentelle Designs wichtig, in denen alle Lernenden unter ähnlichen (motivationalen) Bedingungen lernen. Um beispielsweise eindeutig Motivationsregulationseffekte nachweisen zu können, müssten folgende Elemente in der Experimentalgruppe realisiert werden (vgl. Abschnitt 1.3.1):

1. Vermittlung einer theoretisch plausiblen Motivierungsstrategie (z.B. „Erhöhung persönlicher Bedeutsamkeit", vgl. Hulleman & Harackiewicz, 2009),
2. Auswahl einer Lernaufgabe, die niedrige positive oder gar aversive Tätigkeitsanreize vermuten lässt und in der aus Sicht der lernenden Personen prinzipiell ein „Sinn" gesehen werden kann,
3. komplexe Erfassung der Eingangsmotivation für die Lernaufgabe in Bezug auf die in Punkt 2 genannten Anreizmerkmale der Lernaufgabe,
4. Gelegenheit zur Anwendung der zuvor erlernten Motivationsstrategie,
5. Durchführung der Lernaufgabe,
6. komplexe Erfassung der Quantität und Qualität der eingesetzten Motivationsstrategie,
7. komplexe Erfassung der tatsächlichen Motivation bei der Durchführung der Aufgabe (analog zu Punkt 3),
8. Nachweis der Vermittlung eines Motivationsgewinns durch die Motivationsstrategieintervention (einfaches Mediationsmodel),
9. Messungen des Lernergebnisses (z.B. abschließender Lerntest) und
10. gegebenenfalls Nachweis der Vermittlung eines Lerngewinns durch die Maßnahme über gesteigertes Strategiewissen und eine gesteigerte Motivation (sequentielles Mediationsmodel).

Beispielhaft sei hierzu nochmal auf die Studie von Leutner et al. (2001) verwiesen (vgl. Abschnitt 5.2.4), die nahezu alle diese Elemente umgesetzt und zudem positive Effekte auf Lernmotivation und -leistung gefunden hat. Einige Probleme konnte jedoch auch diese Studie nicht lösen.

Zum einen entspricht die in Punkt 4 genannte Gelegenheit zum Strategieeinsatz im experimentellen Setting praktisch immer einer Aufforderung von „außen" durch die Versuchsleitung. Es steht der lernenden Person genau genommen also gar nicht frei, *selbst* zu entscheiden, ob sie Motivationsregulation betreiben will oder nicht; vielmehr verlangt es der Versuchsaufbau.

Zum anderen könnte man aus einer strengen Motivationssicht einwenden, dass Motivation im engeren Sinne sich nur dann tatsächlich erhöht bzw. verändert hat, wenn sich nicht nur das Lern*verhalten* (z.B. Ausdauer, Anstrengung) ändert, sondern auch das Lern*erleben* (Sansone et al., 1992; Sansone & Thoman, 2005). Erfolgreiche Motivationsregulation käme dann einer neuen Definition der Lernhandlung gleich, wie sie von der lernenden Person wahrgenommen wird. Aus selbstbeherrschtem Lernen würde dann zum Beispiel selbstgesteuertes Lernen (vgl. Abschnitt 6.1), mit all den damit verbundenen Vorteilen der

Handlungsregulation. Als Konsequenz hieraus sollte immer verhaltensnah erfragt werden, ob sich durch den Einsatz von Motivationsregulationsstrategien auch tatsächlich die Erlebensqualität verbessert hat (Ryan et al., 1991). Hier ließe sich zudem eine Stärke von Selbstberichtsinstrumenten einbringen: Denn wie man sich in einer konkreten Situation fühlt, darüber können wir gut und valide Auskunft geben (Bieg et al., 2014; Trull & Ebner-Priemer, 2013).

Solche aufwendigen Interventionsstudien, in denen Motivations- und Motivationsregulationsprozesse eindeutig abgrenzbar wären, sind bisher allerdings eher eine Seltenheit.

Vernachlässigung von Handlungswahl und Handlungsreorganisation: Wir haben in Kapitel 3 erfahren, dass Motivation die Auswahl, Intensität und Persistenz von (Lern-)Verhalten sowie das (Lern-)Erleben bestimmt. Sowohl die Forschung zu Lernmotivation als auch zu selbstreguliertem Lernen ist aber durch den Forschungsgegenstand häufig so vorstrukturiert, dass bestimmte Fragen der Handlungswahl kaum eine Rolle spielen. Was in anderen Forschungsbereichen wie der allgemeinen Psychologie oder der Entwicklungspsychologie der Lebensspanne ganz selbstverständlich untersucht wird, nämlich der Handlungswechsel (Atkinson & Birch, 1970), die Ablösung von Zielen (Brandstätter & Schüler, 2013; Wrosch et al., 2003) sowie die Umorganisation und Bildung neuer Ziele (Lang et al., 2011), wird in der Pädagogischen Psychologie in der Regel als *Störfall* der Lernmotivation bzw. Selbstregulation untersucht. Es steht also weniger in Frage, ob und wann Heranwachsende lernen, sondern unter welchen Bedingungen sie möglichst viel, intensiv und lange lernen. Das sind zweifelsohne wichtige Forschungsfragen. Wenn wir aber als Forscher*innen und Praktiker*innen so tun, als gebe es nichts anderes außer Lernen, das Schüler*innen in ihrem Leben interessant, bedeutsam und lohnenswert erachten, dann erscheint jede Form der Abwendung vom Lernen als mysteriöses oder gar oppositionelles Verhalten (vgl. Abschnitt 2.2.2).

Wenn wir den Gedanken der motivationalen Selbstregulation ernst nehmen und als zukünftige Schlüsselkompetenz erachten, dann sollten wir, ähnlich der Forschung zur professionellen Kompetenz von Lehrpersonen (vgl. Abschnitt 5.4.2), auch für Schüler*innen verstärkt in den Blick nehmen, dass Selbstregulation auch die Koordination verschiedener Lebensziele und -bereiche sowie die Optimierung personaler Ressourcen beinhaltet. Wenn Max beispielswiese im Laufe seiner Schulzeit feststellt, dass er mehr Freude an Mathe als an Biologie hat und dass es ihm leichter fällt das Gelernte in Tests abzurufen als im Unterrichtsgespräch, dann sind das zunächst einmal beides wertvolle Informationen, die er nutzen kann, um seinen Lebensweg aktiv zu gestalten. Dabei bleibt es Max überlassen, ob er gewissen

„Defiziten" entgegenwirken oder sie als Teil seiner Identität akzeptieren möchte. Beide Entscheidungen können als Ausgangspunkte für Selbstregulationsprozesse im Sinne von Selektion, Optimierung und Kompensation dienen (Baltes & Baltes, 1990, vgl. Abschnitt 5.4.2). Letztlich bedeutet dies, dass der von Boekaerts und Niemivirta (2000) beschriebene Wohlbefindens-Pfad der Selbstregulation (vgl. 5.1.3) für sich genommen deutlich ernster genommen werden müsste, und nicht als Behinderung des Lern-Pfads.

Motivation und Selbstregulation jenseits von Bewusstheit: Bisher konzentriert sich ein Großteil sowohl der Motivations- als auch der Selbstregulationsforschung in pädagogischen Kontexten auf den Bereich bewusster Prozesse, den wir in Abschnitt 3.1.1 als zielbezogene Motivation kennen gelernt haben, welche wiederum vor allem mit der Handlungssteuerung in Verbindung gebracht wird (Covington, 2000; Elliot et al., 2002). Wenn jedoch sowohl Motivation als auch Selbstregulation nur aus dem Umsetzen bestimmter Ziele bestehen, dann haben wir es nicht nur mit einer konzeptuellen Konfundierung beider Konzepte zu tun (siehe oben). Solche Modelle unterschätzen auch die Komplexität und Vielschichtigkeit motivationaler Prozesse, denn es geht eben auch um die affektiven Grundlagen der Energetisierung von (Lern-)Verhalten, wie sie beispielsweise beim Leistungsmotiv, in der Selbstbestimmungstheorie oder beim Interessenskonstrukt thematisiert werden (vgl. Abschnitte 3.2.1, 3.2.5 und 4.3.4). Viel zu häufig wird hierbei ein inhärenter Konflikt zwischen affektiven und kognitiven Elementen konstruiert (vgl. Duckworth et al., 2019), nach dem Motto: „Der Geist ist willig, aber das Fleisch ist schwach". Dabei schließen sich beide Perspektiven ja nicht grundsätzlich aus (Fries, 2006). Im Gegenteil: Wie ausdauernd und nachhaltig könnten Menschen lernen, wenn beide Aspekte, Ziel und Affekt, also Druck- und Zug-Perspektiven des „Wollens" ineinandergreifen. Dieses Zusammenwirken gilt es zukünftig auch verstärkt unter einer Selbstregulationsperspektive aufzugreifen (Grund et al., 2018; Sansone & Thoman, 2005), ebenso wie die Möglichkeit des mehr oder weniger automatisierten selbstregulierten Lernens (vgl. Wirth et al., 2020).

6.2.2 Praxisimplikationen

Das Wechselspiel aus Person und Situation berücksichtigen: Aktuelle Motivation wird typischerweise als Ergebnis einer Wechselwirkung aus personalen und situativen Einflüssen betrachtet (Otto et al., 2009; Rheinberg & Vollmeyer, 2019, vgl. Abschnitt 3.1.6). Niemand ist immer oder für alles gleichermaßen „motiviert". Vielmehr müssen bestimmte Gegebenheiten auf Seite der Person (z.B. Motive, Interessen, Bedürfnisse,

Ziele) zu den Anreiz- und Gelegenheitsstrukturen der Situation bzw. der Umwelt passen (z.B. Inhalt und Schwierigkeit einer Aufgabe sowie Möglichkeiten zur Bedürfnisbefriedigung). Die höhere Passung zwischen Person und Umwelt würde dann im Anschluss günstigere Erwartungs- und Werteinschätzungen hinsichtlich des Lerngeschehens nach sich ziehen und schließlich eine höhere aktuelle „Motiviertheit".

Pädagogische Interventionen zur Motivationsförderung (und indirekte SRL-Fördermaßnahmen, vgl. Otto et al., 2009) setzen daher häufig an den Umweltbedingungen an, um Unterricht und Lernen beispielsweise so zu gestalten, dass die psychologischen Grundbedürfnisse, wie sie in der Selbstbestimmungstheorie postuliert werden (Deci & Ryan, 2000; Ryan & Deci, 2020), besser befriedigt werden können (vgl. Abschnitt 4.3.4).

Situative Einflüsse auf die aktuelle Motivation werden aus der „Selbstregulationsbrille" zusätzlich auch unter dem Aspekt des Umgebungsmanagements berücksichtigt (vgl. Abschnitt 5.1.3). Es wird also gefragt, wie die lernende Person die Umwelt so gestalten kann, dass keine Ablenkungen von der (unattraktiven) Lernaufgabe auftreten (Duckworth et al., 2016). Dass eine Ursache mangelnder Lernmotivation in den situationsseitigen Anreiz- und Bedürfnisstrukturen liegen kann, wird unter dieser Perspektive weitgehend ausgeblendet. Vielmehr wird betont (vgl. Herr Müller im Beispiel oben), dass es gerade die (Selbstregulations-)Aufgabe der Schüler*innen sei, mit ungünstigen Anreiz- und Bedürfnisstrukturen, wie sie in schulischen Kontexten durchaus häufig zu existieren scheinen (vgl. Buff, 2001; Eccles et al., 1993), umgehen zu können.

Ethische Überlegungen: Es besteht also die Gefahr, dass eine pädagogische Kernaufgabe unter dem Primat der Selbstregulation in den Hintergrund tritt. Angesichts teilweise real existierender ungünstiger Rahmenbedingungen schulischen Lernens (vgl. Ryan & Deci, 2020) wäre es jedoch vermutlich wenig zielführend, den Druck auf politische Entscheidungsträger zu reduzieren, indem lediglich auf die Verantwortung des einzelnen Schülers oder der einzelnen Schülerin verwiesen wird (Reyna, 2008; Weiner, 2003, 2006). Denn wie oben beschrieben, wäre es ja gerade eine Voraussetzung für gelungene Selbstregulation, dass Schüler*innen unter Bedingungen lernen, die zumindest eine identifizierte Regulationsform ermöglichen (z.B. Raufelder & Kulakov, 2021). Gerade wenn unter den Bedingungen von Fremdbestimmung gelernt wird, wäre es ethisch fragwürdig und wohl auch kaum zielführend, von Schüler*innen eine bessere „Selbstregulation" zu verlangen. Dies gilt wiederum insbesondere für den Bereich der Motivationsregulation: Selbst, wenn es uns hier gelingt, Lernenden geeignete Selbstregulationsstrategien zu vermitteln, die im Ernstfall dann angewendet werden können, um ausdauernder zu lernen (z.B. Duckworth et al., 2016), so ist dies doch nur die zweitbeste Lösung, welche in vielen Fällen einer kurzfristigen *Symptombehandlung* gleichkommt. Die beste Lösung wäre, die eigentlichen Ursachen ungünstiger Erwartungs- und Wertüberzeugungen, im Sinne der in Kapitel 4 beschriebenen Motivationsförderansätze, zu bearbeiten.

In Abschnitt 5.2.4 hatten wir Sie als Übung beispielsweise gefragt, was Sie als Lehrperson tun können, um die Motivationsregulation Ihrer Schüler*innen anzuregen, falls diese wenig begeistert davon sind, dass sie Referate zu einem bestimmten Thema anfertigen *sollen*. Mindestens genauso zielführend wären allerdings Antworten auf die Frage, wie sie eine solche Aufgabe didaktisch so einbetten können, dass Ihre Schüler*innen die Referate von vorneherein selbst eher anfertigen *wollen*. Praktiker*innen (wie auch Forscher*innen) müssen also auch Antworten auf die Frage finden, unter welchen Bedingungen der Einsatz bestimmter Lern- und Selbstregulationsstrategien pädagogisch angemessen ist und wann nicht, unabhängig davon ob diese wirksam sind.

Selbstreflektion fördern: Dass Schule mehr als die Beherrschung des „Einmaleins" zum Ziel hat, wird mittlerweile von breiten Teilen des Bildungsdiskurses anerkannt. So hat sich unter anderem der Begriff von fach- und bereichsübergreifenden Schlüsselkompetenzen etabliert (Credé & Kuncel, 2008), aber auch der Gedanke, dass Schüler*innen in sozialen und emotionalen Bereichen dazulernen sollten (CASEL, 2017). Das Grundlegendste aber, was eine Person lernen kann, ist wohl, mehr über sich selbst zu erfahren (Wilson, 2009). Eine Idee, die in den letzten Jahren beispielsweise unter dem Stichwort „contemplative education" Einzug in die Bildungsforschung und -praxis gehalten hat (Roeser & Peck, 2009; Shapiro et al., 2015). Selbstreflektion meint hier mehr als die Überwachung des Einsatzes einer Lernstrategie oder des gesamten Lernprozesses. Sie betrifft die Person als Ganzes, also die äußerste Schicht von Boekaerts' (1999) Selbstregulationsmodell (vgl. Abschnitt 5.1.3). Dieses erweiterte Selbstwissen gilt es unter dem Aspekt der Persönlichkeitsentwicklung genauso zu fördern und pädagogisch zu schätzen, gerade, wenn man eine hohe Eigenständigkeit als Bildungsziel ausruft.

Contemplative education: eine Erziehung zum Bewusstsein

Bei der Idee der eigenständigen Motivierung müssen Schüler*innen also nicht nur allgemeine Motivationsprinzipien berücksichtigen, die prinzipiell in Trainings relativ leicht vermittelbar wären, sondern idealerweise auch noch die Besonderheiten und Vorlieben der eigenen Person kennen (Grund et al., 2018). Dies ist viel verlangt von Heranwachsenden, die zudem gerade noch dabei sind herausfinden, wer sie sind und was sie sein wollen (Arnett, 2000; Arnett et al., 2014; Eccles,

2009; Hofer, 2010; Kessels & Hannover, 2015). Ohne den Aufbau selbstbezogenen Wissens besteht allerdings die Gefahr, dass Selbstregulationsstrategien unreflektiert angewendet werden, das heißt, ohne dass überlegt wird, wann und unter welchen Umständen es für die Person sinnvoll ist, ein bestimmtes Ziel weiterzuverfolgen und wann gerade nicht. Es geht für Heranwachsende also nicht alleine darum zu wissen, welche allgemeine Motivationsregulationsstrategie am besten zu welchem allgemeinen Motivationsproblem passt (Steuer et al., 2019). Letztlich geht es vor allem darum, junge Menschen dazu zu ermächtigen, *selbst entscheiden zu können*, wann Ziel- und Handlungswechsel sinnvoll sind und wann nicht. Die rigide Anwendung bestimmter Selbstregulationsstrategien könnte vor diesem Hintergrund sogar kontraproduktiv sein und Entfremdungsphänomene befördern (vgl. Kuhl & Kaschel, 2004), insbesondere wenn solche Strategien letztlich darauf abzielen, erneute motivationale Deliberationsprozesse während der Handlungsdurchführung zu unterbinden und damit auch die Gelegenheit zur Selbsterkenntnis. Letztlich liefe diese Praxis auf eine *Einschränkung* der Handlungsmöglichkeiten hinaus und damit auf das genaue Gegenteil des Ziels von Selbstregulation. Ethisch bedenklich wäre wiederum insbesondere, wenn Schüler*innen mit Hilfe bestimmter Selbstregulationsstrategien verstärkt an fremdbestimmten Zielen festhalten würden.

Mehr über sich selbst zu erfahren, kann schwierig sein (Carlson, 2013; Wilson, 2009). Dennoch existieren Ideen, wie man Schüler*innen dabei unterstützten kann, ihre eigenen Vorlieben besser kennen zu lernen, sodass diese entweder proaktiv bei der Handlungsauswahl berücksichtigt werden können oder aber beim Versuch der Selbst-Motivierung reaktiv auf dieses Wissen zurückgegriffen werden kann (Grund et al., 2018). Rheinberg und Engeser (2010) haben in diesem Zusammenhang den Begriff der *motivationalen Kompetenz* geprägt.

Motivationale Kompetenz

Motivational kompetent handeln Personen dann, wenn (1) ihr motivationales Selbstbild (d.h., das, was man glaubt attraktiv zu finden) weitgehend damit übereinstimmt, wie sie auf einer basaleren, automatischen Ebene auf bestimmte Anreizklassen aktivierend reagieren (d.h. implizite Motive), und wenn sie dieses Wissen im Weiteren dazu nutzen, um (2) entsprechende Kontexte, Aufgaben und Aktivitäten passend zu ihren Vorlieben auszuwählen oder aber (3) diese Aufgaben entsprechend ihrer Vorlieben motivational anzureichern.

Letzteres Vorgehen stellt eine wichtige ergänzende Motivationsregulationsstrategie zu den in Abschnitt 5.2.2 beschriebenen Ansätzen dar. Denn anders als bei zielbezogenen Strategien und solchen, die versuchen, den wahrgenommenen Wert des Lerngegenstands zu erhöhen, wird hier tatsächlich an den tätigkeitsspezifischen Anreizen angesetzt und damit versucht, auf affektiver statt auf kognitiver Ebene eine Veränderung herbeizuführen. Und anders als bei der Strategie „Erhöhung des situationalen Interesses", die ebenfalls, zumindest auf theoretischer Ebene, die affektive Seite des Motivationsgeschehen ansprechen soll, werden idiosynkratische Unterschiede in der Ansprechbarkeit auf bestimmte Anreizklassen berücksichtigt. Diese vorhandenen „Vorliebens-Unterschiede" könnten auch ein Erklärungsansatz dafür sein, warum die allgemeinen Strategien der Interessenssteigerung bisher nicht als wirksam identifiziert werden konnte (vgl. Schwinger & Otterpohl, 2017). Denn um eine vorhandene Aufgabe für mich tatsächlich attraktiver zu gestalten, muss ich zunächst wissen, was ich besonders attraktiv finde (vgl. Sansone & Thoman, 2005).

6.3 Zum Abschluss

Kapitel 1: Ein Plädoyer für die Psychologie des Lehrerberufs

In Kapitel 1 ging es zunächst darum, ein Plädoyer zu halten für eine psychologische Perspektive auf kritische Fragen des Lehrerberufs. Unsere wesentliche Botschaft war, dass psychologische Ansätze und Perspektiven durch ihren empirischen Zugang einen zusätzlichen Beitrag zur Reflektion (Was ist passiert? Was wird passieren?) und Gestaltung (Was kann ich tun?) des Lehrerhandelns leisten können und somit zur Professionalisierung des Lehrerberufs.

Kapitel 2: Der gesellschaftliche Rahmen schulischen Lernens

In Kapitel 2 haben wir dann den gesellschaftlichen Gesamtkontext aufgespannt, den es insbesondere zu beachten gilt, wenn wir uns mit Fragen der Motivation und Selbstregulation beim schulischen Lernen beschäftigen. Dabei war es uns wichtig hervorzuheben, dass Schüler*innen, selbst bei Berücksichtigung einer Vielzahl an progressiven Lern- und Unterrichtsmethoden, in der Regel doch gewissen normativen Erwartungen und Zwängen unterworfen sind, die das Motivations- und Selbstregulationsgeschehen prägen – anders als es für selbstinitiatives, spontanes oder selbstgesteuertes Lernen in vielen anderen Zusammenhängen gilt. Außerdem haben wir auf andere Rollen neben der des Schülers bzw. der Schülerin hingewiesen, die für Heranwachsende eine große Bedeutung haben und potentiell in Konflikt mit dem schulischen Lernen stehen.

Kapitel 3: Was ist Motivation?

Kapitel 3 beschäftigte sich mit der Beschreibung, Erklärung und Vorhersage von Motivation. Es ging also darum, was Motivation ist, wie sie entsteht und welche Konsequenzen sie hat. Wir haben zunächst allgemeine Prinzipien der Motivierung kennengelernt, bevor wir fünf spezifische Ansätze genauer beschrieben haben, die jeweils eine etwas andere Perspektive bei der Beantwortung dieser Fragen einnehmen. Außerdem haben wir festgestellt, dass wir praktisch alle beschriebenen Prinzipien, die sich mit der (Lern-)Motivation von Schüler*innen beschäftigen, selbstverständlich auch auf Lehrer*Innen anwenden können.

In Kapitel 4 ging es um die Veränderung bzw. Beeinflussung motivationaler Prozesse von „außen“, zum Beispiel durch die Lehrperson. Nachdem wir allgemeine Entwicklungstrends thematisiert haben, haben Sie auch hier eine Vielzahl von Interventionsansätzen kennengelernt, die aber in einigen zentralen Prinzipien zu konvergieren scheinen. So lassen sich zentrale Prinzipien wie „Entwickle Aufgaben, die Erfolge ermöglichen, aber auch Herausforderungen beinhalten“ und „Biete Inhalte und Aufgabenstellungen an, die für die Lernenden persönlich bedeutsam sind“ aus verschiedenen theoretischen Perspektiven begründen und empirisch belegen. Anhand eines Modells haben wir zudem den langen Weg von der Theorie zur Intervention in spezifischen Problemfeldern beschrieben und damit auf die Notwendigkeit hingewiesen, dass Forschung und Praxis hierbei in einem permanenten, wechselseitigen Austausch stehen müssen, um jeweils Fortschritte zu erlangen. Abschließend haben wir das Fehlerklima als indirekte Maßnahme zur Motivationsförderung vorgestellt.

Kapitel 4: Veränderung der Motivation von „außen“

In Kapitel 5 ging es schließlich um komplexe Fragen der Selbstregulation aus einer Vielzahl unterschiedlicher Perspektiven. Hierzu haben wir zunächst anhand verschiedener Modelle Aspekte und Prozesse des selbstregulierten Lernens (SRL) in den Blick genommen, bei dem die lernende Person im Fokus steht und Lernprozesse aktiv gestaltet. Wir haben außerdem etwas darüber erfahren, wie SRL gefördert werden kann. Anschließend haben wir einen Schwerpunkt auf die Motivationsregulation gelegt, die eine Beeinflussung der Motivation von „innen“ darstellt und somit Motivation in direkter Weise zum Gegenstand von Regulationsbemühungen macht. Ein weiterer Schwerpunkt lag auf dem Umgang mit Fehlern aus einer Selbstregulationsperspektive. Hier wurde deutlich, dass Fehler Anlässe für SRL darstellen, dass dies aber kein Prozess ist, der automatisch funktional abläuft. Schließlich haben wir Selbstregulation als Aspekt professioneller Kompetenz von Lehrpersonen betrachtet und hieran versucht zu verdeutlichen, dass nicht nur die Zielerreichung optimiert werden kann und muss, sondern auch der Umgang mit den eigenen Ressourcen. Für die Förderung von Heranwachsenden bedeutet dies, dass neben der Forschung zu und dem Training von Ziel*umsetzungs*strategien zukünftig verstärkt auch Ziel*reflektions*strategien in den Blick genommen werden sollten.

Kapitel 5: Selbstregulation aus unterschiedlichen Perspektiven

In der Gesamtschau erweist sich die Auseinandersetzung mit Fragen der Motivation und Selbstregulation in Lernkontexten als erstaunlich komplex und fruchtbar. Wir hoffen und wünschen uns, dass die Lektüre dieses Buches einige Leser*innen dazu ermuntert, bei der

Zwei Blickwinkel: Außen- und Innensicht

Auseinandersetzung mit diesen Fragen wiederholt den Blickwinkel zu verändern. Betrachten wir Lernen und Unterrichten aus Sicht der lernenden Person oder aus Sicht der erziehenden Person? Unser Eindruck ist, dass (zu) häufig alleine letztere Perspektive eingenommen wird; aus verständlichen Gründen, denn als Wissenschaftler*innen, Lehrer*innen und Eltern, ist das unsere Rolle. Wir bilden das soziale (Lern-)Umfeld und stehen stellvertretend für bestimmte Ziele, Werte, Erwartungen und Handlungsmöglichkeiten. Diese stehen aber mitunter in einem Spannungsfeld zu den Bedürfnissen, Zielen, Werten, Präferenzen und Fähigkeiten des lernenden Individuums (vgl. Baumeister et al., 2006; Landmann et al., 2015; Kuhl & Fuhrmann, 1998; Ryan & Deci, 2020; Pekrun, 2017). Was hier wann wie im Vordergrund steht, die Außensicht des erzieherischen Kontexts oder die Innensicht des lernenden Individuums, darum geht es – auch zukünftig – bei Fragen der schulischen Motivation und Selbstregulation.

Fragen und Aufgaben zur Anregung und zur Überprüfung

- Welche Erwartungen haben Sie an die Veränderungsmöglichkeit Ihrer eigenen Motivation und der Motivation Ihrer Schüler*innen?
- Wieviel Freiheit möchten und können Sie Ihren Schüler*innen lassen?
- Was sind Chancen und Risiken einer größtmöglichen Freiheit für Schüler*innen in Bezug auf ihr Lernerleben und -verhalten?
- Welche Konsequenzen für die Unterrichtsgestaltung hat es, wenn wir Schulerfolg zu wesentlichen Teilen der Motivationsregulationskompetenz der Schüler*innen zuschreiben?
- Welche Ideen haben Sie, um Schüler*innen in ihrer Selbstreflektion zu stärken?
- Antwort auf die Frage, ob Krokodile Raubtiere sind: Raubtiere sind eine Ordnung der Säugetiere. Da Krokodile eine höhere Ordnung amniotischer Landwirbeltiere sind, sind sie keine Raubtiere, auch wenn sie sich „räuberisch" ernähren.

Weiterführende Literatur

Grund, A. (2019). *Motivation and self-regulation*. Bielefeld University.

Leutner, D., Barthel, A. & Schreiber, B. (2001). Studierende können lernen, sich selbst zum Lernen zu motivieren: Ein Trainingsexperiment. *Zeitschrift für Pädagogische Psychologie, 15*(3/4), 155–167.

Weiner, B. (2003). The classroom as a courtroom. *Social Psychology of Education*, 6(1), 3–15.

7. Abbildungsverzeichnis

8. Tabellenverzeichnis

9. Literaturverzeichnis

Achtziger, A., Gollwitzer, P. M. & Sheeran, P. (2008). Implementation intentions and shielding goal striving from unwanted thoughts and feelings. *Personality and Social Psychology Bulletin, 34*(3), 381–393. https://doi.org/10.1177/0146167207311201

Aleven, V. & Koedinger, K. R. (2002). An effective metacognitive strategy: Learning by doing and explaining with a computer-based cognitive tutor. *Cognitive Science, 26*(2), 147–179. https://doi.org/10.1016/S0364-0213(02)00061-7

Althof, W. (Hrsg.). (1999). *Fehlerwelten: Vom Fehlermachen und Lernen aus Fehlern*. VS Verlag für Sozialwissenschaften.

Ames, C. (1984). Achievement attributions and self-instructions under competitive and individualistic goal structures. *Journal of Educational Psychology, 76*(3), 478–487. https://doi.org/10.1037/0022-0663.76.3.478

Ames, C. (1992). Classrooms: Goals, structures, and student motivation. *Journal of Educational Psychology, 84*(3), 261–271. https://doi.org/10.1037/0022-0663.84.3.261

Anderman, E. M. (2021). *Sparking student motivation: The power of teachers to rekindle a love for learning*. Corwin.

Arnett, J. J., Žukauskienė, R. & Sugimura, K. (2014). The new life stage of emerging adulthood at ages 18–29 years: Implications for mental health. *The Lancet Psychiatry, 1*(7), 569–576. https://doi.org/10.1016/S2215-0366(14)00080-7

Arnett, J. J. (2000). Emerging adulthood: A theory of development from the late teens through the twenties. *American Psychologist, 55*(5), 469–480. https://doi.org/10.1037/0003-066x.55.5.469

Artelt, C., Demmrich, A. & Baumert, J. (2001). Selbstreguliertes Lernen. In Deutsches PISA-Konsortium (Hrsg.), *PISA 2000: Basiskompetenzen von Schülerinnen und Schülern im internationalen Vergleich* (S. 271–298). VS Verlag für Sozialwissenschaften.

Artelt, C. & Gräsel, C. (2009). Diagnostische Kompetenz von Lehrkräften. *Zeitschrift für Pädagogische Psychologie, 23*(34), 157–160. https://doi.org/10.1024/1010-0652.23.34.157

Atkinson, J. W. (1957). Motivational determinants of risk-taking behavior. *Psychological Review, 64*(6), 359–372. https://doi.org/10.1037/h0043445

Atkinson, J. W. & Birch, D. A. (1970). *The dynamics of action*. Wiley.

Babad, E. Y. (2007). Teachers' nonverbal behavior and its effects on students. In R. P. Perry & J. C. Smart (Hrsg.), *The scholarship of teaching and learning in higher education: An evidence-based perspective* (S. 201–261). Springer.

Baier, D., Pfeiffer, C., Simonson, J. & Rabold, S. (2009). *Jugendliche in Deutschland als Täter und Opfer von Gewalt. Erster Forschungsbericht zum gemeinsamen Forschungsprojekt des Bundesministeriums des Innern und des KFN*. Kriminologisches Forschungsinstitut Niedersachsen e.V.

Baltes, P. B. & Baltes, M. M. (1990). Psychological perspectives on successful aging: The model of selective optimization with compensation. In P. B. Baltes & M. M. Baltes (Hrsg.), *Successful aging: Perspectives from the behavioral sciences* (S. 1–34). Cambridge University Press. http://dx.doi.org/10.1017/CBO9780511665684.003

Bandalos, D. L., Finney, S. J. & Geske, J. A. (2003). A model of statistics performance based on achievement goal theory. *Journal of Educational Psychology, 95*(3), 604–616. https://doi.org/10.1037/0022-0663.95.3.604

Bandura, A. (1997). *Self-Efficacy: The Exercise of Control*. Freeman.

Baumeister, R. F. (2016). Toward a general theory of motivation: Problems, challenges, opportunities, and the big picture. *Motivation and Emotion, 40*(1), 1–10. https://doi.org/10.1007/s11031-015-9521-y

Baumeister, R. F., Gailliot, M., Dewall, C. N. & Oaten, M. (2006). Self-regulation and personality: How interventions increase regulatory success, and how depletion moderates the effects of traits on behavior. *Journal of Personality, 74*(6), 1773–1801. https://doi.org/10.1111/j.1467-6494.2006.00428.x

Baumert, J. (1993). Lernstrategien, motivationale Orientierung und Selbstwirksamkeitsüberzeugungen im Kontext schulischen Lernens. *Unterrichtswissenschaft, 21*(4), 327–354.

Baumert, J. & Köller, O. (1998). Interest research in secondary level I: An overview. In L. Hoffmann, A. Krapp, K. A. Renninger & J. Baumert (Hrsg.), *Interest and learning* (S. 241–256). IPN.

Baumert, J. & Kunter, M. (2006). Stichwort: Professionelle Kompetenz von Lehrkräften. *Zeitschrift für Erziehungswissenschaft, 9*(4), 469–520. https://doi.org/10.1007/s11618-006-0165-2

Beck, K. & Krapp, A. (2006). Wissenschaftstheoretische Grundfragen der Pädagogischen Psychologie. In A. Krapp & B. Weidemann (Hrsg.), *Pädagogische Psychologie* (5. Aufl., S. 33–73). Beltz.

Bembenutty, H. & Karabenick, S. A. (2004). Inherent association between academic delay of gratification, future time perspective, and self-regulated learning. *Educational Psychology Review, 16*(1), 35–57. https://doi.org/10.1023/B:EDPR.0000012344.34008.5c

Berliner, D. C. (2002). Educational research: The hardest science of all. *Educational Researcher, 31*(8), 18–20. https://doi.org/10.3102/0013189X031008018

Bieg, M., Götz, T. & Lipnevich, A. A. (2014). What students think they feel differs from what they really feel – Academic self-concept moderates the discrepancy between students' trait and state emotional self-reports. *PLoS One, 9*(3), e92563. https://doi.org/10.1371/journal.pone.0092563

Bieg, S., Steuer, G., Rosentritt-Brunn, G. & Dresel, M. (2019). Motivationales Klima in Reform- und Regelschulklassen: Unterschiede, Gemeinsamkeiten und Effekte auf Schülermotivation. *Unterrichtswissenschaft, 47*(4), 405–426. https://doi.org/10.1007/S42010-019-00044-9

Bjork, R. A., Dunlosky, J. & Kornell, N. (2013). Self-regulated learning: Beliefs, techniques, and illusions. *Annual Review of Psychology, 64*, 417–444. https://doi.org/10.1146/annurev-psych-113011-143823

Bjorklund, D. F., Miller, P. H., Coyle, T. R. & Slawinski, J. L. (1997). Instructing children to use memory strategies: Evidence of utilization deficiencies in memory training studies. *Developmental Review, 17*(4), 411–441. https://doi.org/10.1006/drev.1997.0440

Boekaerts, M. (1999). Self-regulated learning: Where we are today. *International Journal of Educational Research, 31*(6), 445–457. https://doi.org/10.1016/S0883-0355(99)00014-2

Boekaerts, M. (2011). Emotions, emotion regulation, and self-regulation of learning. In B. J. Zimmerman & D. H. Schunk (Hrsg.), *Handbook of self-regulation of learning and performance* (S. 408–425). Routledge.

Boekaerts, M. & Corno, L. (2005). Self-regulation in the classroom: A perspective on assessment and intervention. *Applied Psychology, 54*(2), 199–231. https://doi.org/10.1111/j.1464-0597.2005.00205.x

Boekaerts, M., de Koning, E. & Vedder, P. (2006). Goal-directed behavior and contextual factors in the classroom: An innovative approach to the study of multiple goals. *Educational Psychologist, 41*(1), 33–51. https://doi.org/10.1207/s15326985ep4101_5

Boekaerts, M. & Niemivirta, M. (2000). Self-regulated learning: Finding a balance between learning goals and ego-protective goals. In M. Boekaerts, P. R. Pintrich & M. Zeidner (Hrsg.), *Handbook of self-regulation* (S. 417–451). Academic press.

Brandstätter, V. & Schüler, J. (2013). Action crisis and cost–benefit thinking: A cognitive analysis of a goal-disengagement phase. *Journal of Experimental Social Psychology, 49*(3), 543–553. https://doi.org/10.1016/j.jesp.2012.10.004

Bromme, R. & Haag, L. (2008). Forschung zur Lehrerpersönlichkeit. In W. Helsper & J. Böhme (Hrsg.), *Handbuch der Schulforschung* (2. Aufl., S. 803–819). VS Verlag für Sozialwissenschaften.

Brunstein, J. C. (2018). Implicit and Explicit Motives. In J. Heckhausen & H. Heckhausen (Hrsg.), *Motivation and action* (S. 369–405). Springer. https://doi.org/10.1007/978-3-319-65094-4_9

Buff, A. (2001). Warum lernen Schülerinnen und Schüler? Eine explorative Studie zur Lernmotivation auf der Basis qualitativer Daten. *Zeitschrift für Entwicklungspsychologie und Pädagogische Psychologie, 33*(3), 157–164. https://doi.org/10.1026//0049-8637.33.3.157

Butler, R. (2007). Teachers' achievement goal orientations and associations with teachers' help seeking: Examination of a novel approach to teacher motivation. *Journal of Educational Psychology, 99*(2), 241–252. https://doi.org/10.1037/0022-0663.99.2.241

Cameron, J., Banko, K. M. & Pierce, W. D. (2001). Pervasive negative effects of rewards on intrinsic motivation: The myth continues. *The Behavior Analyst, 24*(1), 1–44. https://doi.org/10.1007/BF03392017

Carlson, E. N. (2013). Overcoming the barriers to self-knowledge: Mindfulness as a path to seeing yourself as you really are. *Perspectives on Psychological Science, 8*(2), 173–186. https://doi.org/10.1177/1745691612462584

CASEL. (2017). *Collaborative for Academic, Social, and Emotional Learning. SEL Policy.* https://casel.org/policy/

Casillas, A., Robbins, S., Allen, J., Kuo, Y.-L., Hanson, M. A. & Schmeiser, C. (2012). Predicting early academic failure in high school from prior academic achievement, psychosocial characteristics, and behavior. *Journal of Educational Psychology, 104*(2), 407–420. https://doi.org/10.1037/a0027180

Chen, X., Rubin, K. H. & Li, D. (1997). Relation between academic achievement and social adjustment: Evidence from Chinese children. *Developmental Psychology, 33*(3), 518–525. https://doi.org/10.1037/0012-1649.33.3.518

Clifford, M. M. (1988). Failure tolerance and academic risk-taking in ten- to twelve-year-old students. *British Journal of Educational Psychology, 58 (1)*, 15–27. https://doi.org/10.1111/j.2044-8279.1988.tb00875.x

Costa, A. & Faria, L. (2018). Implicit theories of intelligence and academic achievement: A meta-analytic review. *Frontiers in Psychology, 9*:829. https://doi:10.3389/fpsyg.2018.00829

Covington, M. V. (1992). *Making the grade: A self-worth perspective on motivation and school reform.* Cambridge University Press. https://doi.org/10.1017/CBO9781139173582

Covington, M. V. (2000). Goal theory, motivation, and school achievement : An integrative review. *Annual Review of Psychology, 51*(1), 171–200. https://doi.org/10.1146/annurev.psych.51.1.171

Cramer, C. & Binder, K. (2015). Zusammenhänge von Persönlichkeitsmerkmalen und Beanspruchungserleben im Lehramt. Ein internationales systematisches Review. *Zeitschrift für Erziehungswissenschaft, 18*(1), 101–123. https://doi.org/10.1007/s11618-014-0605-3

Credé, M. & Kuncel, N. R. (2008). Study habits, skills, and attitudes: The third pillar supporting collegiate academic performance. *Perspectives on Psychological Science, 3*(6), 425–453. https://doi.org/10.1111/j.1745-6924.2008.00089.x

Daniel, D. B. (2012). Promising principles: Translating the science of learning to educational practice. *Journal of Applied Research in Memory and Cognition, 1*(4), 251–253. https://doi.org/10.1016/j.jarmac.2012.10.004

Daumiller, M. & Dresel, M. (2020). Teaching and research: Specificity and congruence of university faculty achievement goals. *International Journal of Educational Research,* 99:101460. https://doi.org/10.1016/j.ijer.2019.08.002

De Bruin, A. B. H., Roelle, J., Carpenter, S. K., & Baars, M. (2020). Synthesizing cognitive load and self-regulation theory: A theoretical framework and research agenda. *Educational Psychology Review, 32*(4), 903–915. https://doi.org/10.1007/s10648-020-09576-4

Deci, E. L., Koestner, R. & Ryan, R. M. (1999). A meta-analytic review of experiments examining the effects of extrinsic rewards on intrinsic motivation. *Psychological Bulletin, 125*(6), 627–668. https://doi.org/10.1037/0033-2909.125.6.627

Deci, E. L., Koestner, R. & Ryan, R. M. (2001). Extrinsic rewards and intrinsic motivation in education: Reconsidered once again. *Review of Educational Research, 71*(1), 1–27. https://doi.org/10.3102/00346543071001001

Deci, E. L. & Ryan, R. M. (1985). *Intrinsic motivation and self-determination in human behavior.* Springer.

Deci, E. L. & Ryan, R. M. (2000). The "what" and "why" of goal pursuits: Human needs and the self-determination of behavior. *Psychological Inquiry, 11*(4), 227–268. https://doi.org/10.1207/s15327965pli1104_01

Denault, A.-S. & Guay, F. (2017). Motivation towards extracurricular activities and motivation at school: A test of the generalization effect hypothesis. *Journal of Adolescence, 54,* 94–103. https://doi.org/10.1016/j.adolescence.2016.11.013

Denissen, J. J. A., Zarrett, N. R. & Eccles, J. S. (2007). I like to do it, I'm able, and I know I am: Longitudinal couplings between domain-specific achievement, self-concept, and interest. *Child Development, 78*(2), 430–447. https://doi.org/10.1111/j.1467-8624.2007.01007.x

Dent, A. L. & Koenka, A. C. (2016). The relation between self-regulated learning and academic achievement across childhood and adolescence: A meta-analysis, *Educational Psychology Review, 28*(3),425–474. https://doi.org/10.1007/s10648-015-9320-8

Dickhäuser, O. & Rheinberg, F. (2003). Bezugsnormorientierung: Erfassung, Probleme, Perspektiven. In J. Stiensmeier-Pelster & F. Rheinberg (Hrsg.), *Diagnostik von Motivation und Selbstkonzept* (S. 41–55). Hogrefe.

Dignath, C. & Büttner, G. (2008). Components of fostering self-regulated learning among students. A meta-analysis on intervention studies at primary and secondary school level. *Metacognition and Learning, 3*(3), 231–264. https://doi.org/10.1007/s11409-008-9029-x

Dignath, C. & Büttner, G. (2018). Teachers' direct and indirect promotion of self-regulated learning in primary and secondary school mathematics classes – Insights from video-based classroom observations and teacher interviews. *Metacognition and Learning, 13*(2), 127–157. https://doi.org/10.1007/s11409-018-9181-x

Dignath, C. & Veenman, M. V. J. (2020). The role of direct strategy instruction and indirect activation of self-regulated learning – Evidence from classroom observation studies. *Educational Psychology Review, 33*(2), 489–533. https://doi.org/10.1007/s10648-020-09534-0

Dochy, F., Segers, M., Van den Bossche, P. & Gijbels, D. (2003). Effects of problem-based learning: A meta-analysis. *Learning and Instruction, 13*(5), 533–568. https://doi.org/10.1016/s0959-4752(02)00025-7

Drechsel, B., Prenzel, M. & Seidel, T. (2015). Nationale und internationale Schulleistungsstudien. In E. Wild & J. Möller (Hrsg.), *Pädagogische Psychologie* (2. Aufl., S. 343–368). Springer.

Dresel, M. & Lämmle, L. (2017). Motivation. In T. Götz (Hrsg.), *Emotion, Motivation und selbstreguliertes Lernen* (2. Aufl., S. 80–143). Schöningh.

Dresel, M., Schober, B. & Ziegler, A. (2005). Nothing more than dimensions? Evidence for a surplus meaning of specific attributions. *The Journal of Educational Research, 99*(1), 31–45. https://doi.org/10.3200/JOER.99.1.31-45

Dresel, M., Schober, B. & Ziegler, A. (2007). Golem und Pygmalion: Scheitert die Chancengleichheit von Mädchen im mathematisch-naturwissenschaftlichen Bereich am geschlechtsstereotypen Denken der Eltern? In P. H. Ludwig & H. Ludwig (Hrsg.), *Erwartungen in himmelblau und rosarot. Effekte, Determinanten und Konsequenzen von Geschlechterdifferenzen in der Schule* (S. 61–81). Juventa.

Dresel, M., Schober, B., Ziegler, A., Grassinger, R. & Steuer, G. (2013). Affektiv-motivational adaptive und handlungsadaptive Reaktionen auf Fehler im Lernprozess. *Zeitschrift für Pädagogische Psychologie, 27*(4), 255–271. https://doi.org/10.1024/1010-0652/a000111

Duckworth, A. L., Gendler, T. S. & Gross, J. J. (2016). Situational strategies for self-control. *Perspectives on Psychological Science, 11*(1), 35–55. https://doi.org/10.1177/1745691615623247

Duckworth, A. L., Taxer, J. L., Eskreis-Winkler, L., Galla, B. M. & Gross, J. J. (2019). Self-control and academic achievement. *Annual Review of Psychology, 70*, 373–399. https://doi.org/10.1146/annurev-psych-010418-103230

Dweck, C. S. (1986). Motivational processes affecting learning. *American Psychologist, 41*(10), 1040–1048. https://doi.org/10.1037/0003-066X.41.10.1040

Dweck, C. S. (1999). *Self-theories: Their role in motivation, personality, and development.* Psychology Press.

Dweck C. S. (2006). *Mindset: The new psychology of success.* Random House.

Dweck, C. S. & Leggett, E. L. (1988). A social-cognitive approach to motivation and personality. *Psychological Review, 95*(2), 256–273. https://doi.org/10.1037/0033-295X.95.2.256

Eccles, J. (2009). Who am I and what am I going to do with my life? Personal and collective identities as motivators of action. *Educational Psychologist, 44*(2), 78–89. https://doi.org/10.1080/00461520902832368

Eccles, J. S., Barber, B. L., Stone, M. & Hunt, J. (2003). Extracurricular activities and adolescent development. *Journal of Social Issues, 59*(4), 865–889. https://doi.org/10.1046/j.0022-4537.2003.00095.x

Eccles, J. S., Midgley, C., Wigfield, A., Buchanan, C. M., Reuman, D., Flanagan, C. & Mac Iver, D. (1993). Development during adolescence: The impact of stage-environment fit on young adolescents' experiences in schools and in families. *American Psychologist, 48*(2), 90–101. https://doi.org/10.1037/0003-066X.48.2.90

Eccles, J. S. & Roeser, R. W. (2009). Schools, academic motivation, and stage-environment fit. In R. M. Lerner & L. Steinberg (Hrsg.), *Handbook of adolescent psychology: Individual bases of adolescent development* (S. 404–434). John Wiley & Sons. https://doi.org/10.1002/9780470479193.adlpsy001013

Eccles, J. S. & Wigfield, A. (2002). Motivational beliefs, values, and goals. *Annual Review of Psychology, 53*(1), 109–132. https://doi.org/10.1146/annurev.psych.53.100901.135153

Eckerlein, N. (2020). *Motivationsregulation im Studium: Entwicklung und Evaluation eines Trainingsprogramms* [Dissertation, Universität Augsburg]. https://opus.bibliothek.uni augsburg.de/opus4/frontdoor/index/index/docId/81836

Edmondson, A. (1999). Psychological safety and learning behavior in work teams. *Administrative Science Quarterly, 44*(2), 350–383. https://doi.org/10.2307/2666999

Efklides, A. (2011). Interactions of metacognition with motivation and affect in self-regulated learning: The MASRL model. *Educational Psychologist, 46*(1), 6–25. https://doi.org/10.1080/00461520.2011.538645

Eisenberger, R., Pierce, W. D., & Cameron, J. (1999). Effects of reward on intrinsic motivation: Negative, neutral, and positive. *Psychological Bulletin, 125*(6), 677–691. https://doi.org/10.1037/0033-2909.125.6.677

Elliot, A. J. (1999). Approach and avoidance motivation and achievement goals. *Educational Psychologist, 34*(3), 169–189. https://doi.org/10.1207/s15326985ep3403_3

Elliot, A. J., McGregor, H. A. & Thrash, T. M. (2002). The need for competence. In E. L. Deci & R. M. Ryan (Hrsg.), *Handbook of self-determination research* (S. 361–387). University of Rochester Press.

Elliot, A. J. & Thrash, T. M. (2002). Approach-avoidance motivation in personality: Approach and avoidance temperaments and goals. *Journal of Personality and Social Psychology, 82*(5), 804–818. https://doi.org/10.1037/0022-3514.82.5.804

Engelschalk, T., Steuer, G. & Dresel, M. (2015). Wie spezifisch regulieren Studierende ihre Motivation bei unterschiedlichen Anlässen? Ergebnisse einer Interviewstudie. *Zeitschrift für Entwicklungspsychologie und Pädagogische Psychologie,* 47(1), 14–23. https:// doi:10.1026/0049-8637/a000120

Engelschalk, T., Steuer, G. & Dresel, M. (2016). Effectiveness of motivational regulation: Dependence on specific motivational problems. *Learning and Individual Differences, 52,* 72–78. https://doi.org/10.1016/j.lindif.2016.10.011

Engelschalk, T., Steuer, G. & Dresel, M. (2017). Quantity and quality of motivational regulation among university students. *Educational Psychology, 37*(9), 1154–1170. https://doi.org/10.1080/01443410.2017.1322177

Fasching, M. S. (2020). *Berufliche Ziele von Lehrkräften: Effekte auf das Unterrichtshandeln und die perzipierte Klassenzielstruktur* [Dissertation, Universität Augsburg]. https://opus.bibliothek.uni-augsburg.de/opus4/frontdoor/deliver/index/docId/83379/file/Fasching_Dissertation_2020.pdf

Filipp, S. H. (1984). Entwurf eines heuristischen Bezugsrahmens für Selbstkonzept-Forschung: Menschliche Informationsverarbeitung und naive Handlungstheorie. In S. H. Filipp (Hrsg.), *Selbstkonzept-Forschung: Probleme, Befunde, Perspektiven* (S. 129–170). Klett-Cotta.

Finsterwald, M., Ziegler, A. & Dresel, M. (2009). Individuelle Zielorientierung und wahrgenommene Klassenzielstruktur im Grundschulalter. *Zeitschrift Für Entwicklungspsychologie und Pädagogische Psychologie, 41*(3), 143–152. https://doi.org/10.1026/0049-8637.41.3.143

Flavell, J. H. (1970). Developmental studies of mediated memory. *Advances in Child Development and Behavior, 5,* 181–211. https://doi.org/10.1016/s0065-2407(08)60467-x

Frenzel, A. C., Götz, T., Lüdtke, O., Pekrun, R. & Sutton, R. E. (2009). Emotional transmission in the classroom: Exploring the relationship between teacher and student enjoyment. *Journal of Educational Psychology, 101*(3), 705–716. https://doi.org/10.1037/a0014695

Freund, A. M. & Baltes, P. B. (2002). Life-management strategies of selection, optimization and compensation: Measurement by self-report and construct validity. *Journal of Personality and Social Psychology, 82*(4), 642–662. https://doi.org/10.1037//0022-3514.82.4.642

Friedel, J. M., Cortina, K. S., Turner, J. C. & Midgley, C. (2007). Achievement goals, efficacy beliefs and coping strategies in mathematics: The roles of perceived parent and teacher goal emphases. *Contemporary Educational Psychology, 32*(3), 434–458. https://doi.org/10.1016/j.cedpsych.2006.10.009

Friedrich, H. F. & Mandl, H. (1992): Lern- und Denkstrategien – Ein Problemaufriss. In H. Mandl & H. F. Friedrich (Hrsg.), *Lern- und Denkstrategien: Analyse und Intervention* (S. 3–54). Hogrefe.

Fries, S. (2006). Zu Defiziten und möglichen Weiterentwicklungen aktueller Theorien der Lernmotivation. *Zeitschrift für Pädagogische Psychologie, 20*(1/2), 73–83. doi:10.1024/1010-0652.20.1.73

Frome, P. M. & Eccles, J. S. (1998). Parents' influence on children's achievement-related perceptions. *Journal of Personality and Social Psychology, 74*(2), 435–452. https://doi.org/10.1037/0022-3514.74.2.435

Fromm, M. (2017). *Lernen und Lehren: Psychologische Grundlagen für Lehramtsstudierende.* Waxmann.

Gerrig, R. J. & Zimbardo, P. G. (2008). *Psychologie* (18. Auflage). Pearson.

Götz, T. (2002). *Emotionales Erleben und selbstreguliertes Lernen bei Schülern im Fach Mathematik*. Herbert Utz Verlag.

Götz, T. & Nett, U. E. (2017). Selbstreguliertes Lernen. In T. Götz (Hrsg.), *Emotion, Motivation und selbstreguliertes Lernen* (2. Aufl., S. 144–185). Schöningh.

Gollwitzer, P. M. (1999). Implementation intentions: Strong effects of simple plans. *American Psychologist, 54*(7), 493–503. https://doi.org/10.1037/0003-066X.54.7.493

Gollwitzer, P. M. & Sheeran, P. (2006). Implementation intentions and goal achievement: A meta-analysis of effects and processes. In M. P. Zanna (Hrsg.), *Advances in experimental social psychology* (S. 69–119). Elsevier Academic Press. http://dx.doi.org/10.1016/S0065-2601(06)38002-1

Gogol, K., Brunner, M., Götz, T., Martin, R., Ugen, S., Keller, U., Fischbach, A. & Preckel, F. (2014). "My questionnaire is too long!" The assessments of motivational-affective constructs with three-item and single-item measures. *Contemporary Educational Psychology, 39*(3), 188–205. https://doi.org/10.1016/j.cedpsych.2014.04.002

Greene, J. A. (2018). *Self-regulation in education*. Routledge.

Gross, J. J. (Hrsg.). (2007). *Handbook of emotion regulation*. Guilford Press.

Grund, A. (2018). Soziales Lernen und informelles Lernen. In M. Harring, M. D. Witte & T. Burger (Hrsg.), *Handbuch informelles Lernen* (2. Aufl., S. 120–133). Juventa.

Grund, A. (2019). *Motivation and self-regulation* [Habilitation, Bielefeld]. Bielefeld University. https://pub.uni-bielefeld.de/record/2939237

Grund, A., Brassler, N. K. & Fries, S. (2014). Torn between study and leisure: How motivational conflicts relate to students' academic and social adaptation. *Journal of Educational Psychology, 106*(1), 242–257. https://doi.org/10.1037/a0034400

Grund, A., Brassler, N. K. & Fries, S. (2016). The long arm of work: A motivational conflict perspective on teacher strain. *Teaching and Teacher Education, 60*, 153–163. https://doi.org/10.1016/j.tate.2016.08.013

Grund, A. & Fries, S. (2012). Motivational interference in study-leisure conflicts: How opportunity costs affect the self-regulation of university students. *Educational Psychology, 32*(5), 589–612. https://doi.org/10.1080/01443410.2012.674005

Grund, A. & Fries, S. (2014). Study and leisure interference as mediators between students' self-control capacities and their domain-specific functioning and general well-being. *Learning and Instruction, 31*, 23–32. https://doi.org/10.1016/j.learninstruc.2013.12.005

Grund, A. & Fries, S. (2018). Understanding procrastination: A motivational approach. *Personality and Individual Differences, 121*, 120–130. https://doi.org/10.1016/j.paid.2017.09.035

Grund, A., Fries, S. & Rheinberg, F. (2018). Know your preferences: Self-regulation as need-congruent goal selection. *Review of General Psychology, 22*(4), 437–451. https://doi.org/10.1037/gpr0000159

Grund, A. & Senker, K. (2018). Motivational foundations of self-control and mindfulness and their role in study-leisure conflicts. *Learning and Individual Differences, 68*, 72–84. https://doi.org/10.1016/j.lindif.2018.10.007

Grunschel, C., Schwinger, M., Steinmayr, R. & Fries, S. (2016). Effects of using motivational regulation strategies on students' academic procrastination, academic performance, and well-being. *Learning and Individual Differences, 49,* 162–170. https://doi.org/10.1016/j.lindif.2016.06.008

Hanushek, E. A. & Woessmann, L. (2012). Do better schools lead to more growth? Cognitive skills, economic outcomes, and causation. *Journal of Economic Growth, 17*(4), 267–321. https://doi.org/10.1007/s10887-012-9081-x

Harteis, C., Bauer, J. & Heid, H. (2006). Der Umgang mit Fehlern als Merkmal betrieblicher Fehlerkultur und Voraussetzung für Professional Learning. *Schweizerische Zeitschrift für Bildungswissenschaften, 28*(1), 111–129. https://doi.org/10.25656/01:4141

Harter, S. (1999). *The construction of the self: A developmental perspective.* Guilford Press.

Hattie, J., Biggs, J. & Purdie, N. (1996). Effects of learning skills interventions on student learning: A meta-analysis. *Review of Educational Research, 66*(2), 99–136. https://doi.org/10.2307/1170605

Hattie, J., Hodis, F. A. & Kang, S. H. K. (2020). Theories of motivation: Integration and ways forward. *Contemporary Educational Psychology, 61,* 101865. https://doi.org/https://doi.org/10.1016/j.cedpsych.2020.101865

Häußler, P. & Hoffmann, L. (1995). Physikunterricht – an den Interessen von Mädchen und Jungen orientiert. *Unterrichtswissenschaft, 23*(2), 107–126.

Hasselhorn, M. & Gold, A. (2022). *Pädagogische Psychologie: Erfolgreiches Lernen und Lehren* (5. Aufl.). Kohlhammer.

Heckhausen, H. (1963). *Hoffnung und Furcht in der Leistungsmotivation.* Hain.

Heckhausen, H. (1975). Fear of failure as a self-reinforcing motive system. In I. G. Sarason & C. D. Spielberger (Hrsg.), *Stress and anxiety* (S. 117–128). Hemisphere.

Heckhausen, H. (1977). Achievement motivation and its constructs: A cognitive model. *Motivation and Emotion, 1*(4), 283–329. https://doi.org/10.1007/BF00992538

Heckhausen, J. & Heckhausen, H. (2010). Motivation und Entwicklung. In J. Heckhausen & H. Heckhausen (Hrsg.), *Motivation und Handeln* (4. Aufl., S. 427–488). Springer Berlin Heidelberg. https://doi.org/10.1007/978-3-642-12693-2_16

Heckman, J. J. & Rubinstein, Y. (2001). The importance of noncognitive skills: Lessons from the GED testing program. *American Economic Review, 91*(2), 145–149. https://doi.org/10.1257/aer.91.2.145

Heine, C. (2002). *HIS-Ergebnisspiegel: Bericht der Hochschul-Informations-Systems.* HIS.

Helmke, A. (1992). *Selbstvertrauen und schulische Leistungen.* Hogrefe.

Helmke, A. & van Aken, M. A. G. (1995). The causal ordering of academic achievement and self-concept of ability during elementary school: A longitudinal study. *Journal of Educational Psychology, 87*(4), 624–637. https://doi.org/10.1037/0022-0663.87.4.624

Hettmann, M., Nahrgang, R., Grund, A., Salle, A., Fries, S. & vom Hofe, R. (2019). »Kein Bock auf Mathe!« Motivationssteigerung durch individuelle mathematische Förderung. Entwicklung eines Veranstaltungskonzeptes zum Erwerb professioneller Kompetenzen zur Motivationsförderung für den Mathematikunterricht in inklusiven Settings. *Herausforderung Lehrer_innenbildung, 2*(3), 165–192. https://doi.org/10.4119/hlz-2480

Hidi, S. & Renninger, K. A. (2006). The four-phase model of interest development. *Educational Psychologist, 41*(2), 111–127. https://doi.org/10.1207/s15326985ep4102_4

Hofer, M. (2007). Goal conflicts and self-regulation: A new look at pupils' off-task behaviour in the classroom. *Educational Research Review, 2*(1), 28–38. https://doi.org/10.1016/j.edurev.2007.02.002

Hofer, M. (2010). Adolescents' development of individual interests: A product of multiple goal regulation? *Educational Psychologist, 45*(3), 149–166. https://doi.org/10.1080/00461520.2010.493469

Hofer, M., Fries, S. & Grund, A. (2017). Multiple Ziele und Lernmotivation: Das Forschungsprogramm "Theorie motivationaler Handlungskonflikte". *Zeitschrift für Pädagogische Psychologie, 31*(1), 69–85. https://doi.org/10.1024/1010-0652/a000197

Hofer, M., Fries, S. & Grund, A. (2022). Zielkonflikte zwischen Lernen und Freizeit. In H. Reinders, D. Bergs-Winkels, A. Prochnow & I. Post (Hrsg.), *Empirische Bildungsforschung* (S.769–787). Springer Fachmedien Wiesbaden. https://doi.org/10.1007/978-3-658-27277-7_42

Hofer, M., Schmid, S. & Živković, I. (2008). Schule-Freizeit-Konflikte, Wertorientierungen und motivationale Interferenz in der Freizeit. *Zeitschrift für Entwicklungspsychologie und Pädagogische Psychologie, 40*(2), 55–68. https://doi.org/10.1026/0049-8637.40.2.55

Holodynski, M. & Oerter, R. (2008). Tätigkeitsregulation und die Entwicklung von Motivation, Emotion, Volition. In R. Oerter & L. Montada (Hrsg.), *Entwicklungspsychologie* (6. Aufl., S. 535–571). Psychologie Verlags Union.

Howard, J. L., Bureau, J., Guay, F., Chong, J. X. Y. & Ryan, R. M. (2021). Student motivation and associated outcomes: A meta-analysis from self-determination theory. *Perspectives on Psychological Science, 16*(6), 1300–1323. https://doi.org/10.1177/1745691620966789

Hulleman, C. S. & Barron, K. E. (2016). Motivation interventions in education: Bridging theory, research, and practice. In L. Corno & E. M. Anderman (Hrsg.), *Handbook of educational psychology* (3. Aufl., S. 160–171). Routledge.

Hulleman, C. S., Godes, O., Hendricks, B. L. & Harackiewicz, J. M. (2010). Enhancing interest and performance with a utility value intervention. *Journal of Educational Psychology, 102*(4), 880–895. https://doi.org/10.1037/a0019506

Hulleman, C. S. & Harackiewicz, J. M. (2009). Promoting interest and performance in high school science classes. *Science, 326*(5958), 1410–1412. https://doi.org/10.1126/science.1177067

Hussy, W. (2018). Einführung. In A. Fritz, W. Hussy & D. Tobinski (Hrsg.), *Pädagogische Psychologie* (3. Aufl., S. 12–39). Reinhardt.

Imhof, M. (2020). *Psychologie für Lehramtsstudierende* (5. Aufl.). Springer.

Inglehart, R. (1998). *Modernisierung und Postmodernisierung: Kultureller, wirtschaftlicher und politischer Wandel in 43 Gesellschaften*. Campus.

Jacobs, J. E., Lanza, S., Osgood, D. W., Eccles, J. S. & Wigfield, A. (2002). Changes in children's self-competence and values: Gender and domain differences across grades one through twelve. *Child Development, 73*(2), 509–527. https://doi.org/10.1111/1467-8624.00421

Jang, H., Reeve, J., Ryan, R. M. & Kim, A. (2009). Can self-determination theory explain what underlies the productive, satisfying learning experiences of collectivistically oriented Korean students? *Journal of Educational Psychology, 101*(3), 644–661. https://doi.org/10.1037/a0014241

Jenkins, L. L. (2015). *Optimize your school.* Corwin.

Job, V. & Brandstätter, V. (2009). Get a taste of your goals: Promoting motive-goal congruence through affect-focus goal fantasy. *Journal of Personality, 77*(5), 1527–1560. https://doi.org/10.1111/j.1467-6494.2009.00591.x

Kaplan, A., Middleton, M. J., Urdan, T. & Midgley, C. (2002). Achievement goals and goal structures. In C. Midgley (Hrsg.), *Goals, goal structures, and patterns of adaptive learning* (S. 21–53). Erlbaum.

Karlen, Y., Hertel, S. & Hirt, C. N. (2020). Teachers' professional competences in self-regulated learning: An approach to integrate teachers' competences as self-regulated learners and as agents of self-regulated learning in a holistic manner. *Frontiers in Education, 5:159.* https://doi.org/10.3389/feduc.2020.00159

Kelley, H. H. (1971). *Attribution in social interaction.* General Learning Press.

Kessels, U. & Hannover, B. (2015). Gleichaltrige. In E. Wild & J. Möller (Hrsg.), *Pädagogische Psychologie* (2. Aufl., S. 283–300). Springer.

Kessels, U., Warner, L. M., Holle, J. & Hannover, B. (2008). Identitätsbedrohung durch positives schulisches Leistungsfeedback. *Zeitschrift für Entwicklungspsychologie und Pädagogische Psychologie, 40*(1), 22–31. https://doi.org/10.1026/0049-8637.40.1.22

Kilian, B., Hofer, M., Fries, S. & Kuhnle, C. (2010). The conflict between on-task and off-task actions in the classroom and its consequences for motivation and achievement. *European Journal of Psychology of Education, 25*(1), 67–85. https://doi.org/10.1007/s10212-009-0007-8

Kirschner, P. A., & Stoyanov, S. (2020). Educating youth for nonexistent/not yet existing professions. *Educational Policy, 34*(3), 477–517. https://doi.org/10.1177/0895904818802086

Klusmann, U., Kunter, M., Trautwein, U., Lüdtke, O. & Baumert, J. (2008a). Engagement and emotional exhaustion in teachers: Does the school context make a difference? *Applied Psychology, 57,* 127–151. https://doi: 10.1111/j.1464-0597.2008.00358.x

Klusmann, U., Kunter, M., Trautwein, U., Lüdtke, O. & Baumert, J. (2008b). Teachers' occupational well-being and quality of instruction: The important role of self-regulatory patterns. *Journal of Educational Psychology, 100*(3), 702–715. https://doi.org/10.1037/0022-0663.100.3.702

Koenka, A. C. (2020). Academic motivation theories revisited: An interactive dialog between motivation scholars on recent contributions, underexplored issues, and future directions. *Contemporary Educational Psychology, 61,* 101831. https://doi.org/10.1016/j.cedpsych.2019.101831

Köller, O. (2004). *Konsequenzen von Leistungsgruppierungen.* Waxmann.

Köller, O., Baumert, J. & Schnabel, K. (2001). Does interest matter? The relationship between academic interest and achievement in mathematics. *Journal for Research in Mathematics Education, 32*(5), 448–470. https://doi.org/10.2307/749801

Kornell, N. & Bjork, R. A. (2007). The promise and perils of self-regulated study. *Psychonomic Bulletin & Review, 14*(2), 219–224. https://doi.org/10.3758/BF03194055

Kramarski, B. & Kohen, Z. (2017). Promoting preservice teachers' dual self-regulation roles as learners and as teachers: Effects of generic vs. specific prompts. *Metacognition and Learning, 12*(2), 157–191. https://doi.org/10.1007/s11409-016-9164-8

Krapp, A. (2002). Structural and dynamic aspects of interest development: Theoretical considerations from an ontogenetic perspective. *Learning and Instruction, 12*(4), 383–409. https://doi.org/10.1016/S0959-4752(01)00011-1

Krapp, A. (2018). Interesse. In D. H. Rost, J. R. Sparfeldt & S. R. Buch (Hrsg.), *Handwörterbuch Pädagogische Psychologie* (5. Aufl. S. 286–296). Beltz.

Kreutzmann, M., Zander, L. & Hannover, B. (2014). Versuch macht kluch g?! Der Umgang mit Fehlern auf Klassen- und Individualebene. Zusammenhänge mit Selbstwirksamkeit, Anstrengungsbereitschaft und Lernfreude von Schülerinnen und Schülern. *Zeitschrift für Entwicklungspsychologie und Pädagogische Psychologie, 46*(2), 101–113. https://doi.org/10.1026/0049-8637/a000103

Krug, S. & Lecybyl, R. (2005). Die Veränderung von Einstellung, Mitarbeit und Lernleistung im Verlauf einer bezugsnormspezifischen Motivationsintervention. In F. Rheinberg & S. Krug (Hrsg.), *Motivationsförderung im Schulalltag* (3. Aufl. S. 95–114). Hogrefe.

Kuhl, J. & Fuhrmann, A. (1998). Decomposing self-regulation and self-control: The Volitional Components Inventory. In J. Heckhausen & C. S. Dweck (Hrsg.), *Motivation and self-regulation across the life span* (S. 15–49). Cambridge University Press. https://doi.org/10.1017/CBO9780511527869.003

Kuhl, J. & Kaschel, R. (2004). Entfremdung als Krankheitsursache: Selbstregulation von Affekten und integrative Kompetenz. *Psychologische Rundschau, 55*(2), 61–71. https://doi.org/10.1026/0033-3042.55.2.61

Kukla, A. (1972). Attributional determinants of achievement-related behavior. *Journal of Personality and Social Psychology, 21*(2), 166–174. https://doi.org/10.1037/h0032244

Kunter, M. & Holzberger, D. (2014). Loving teaching: Research on teachers' intrinsic orientations. In P. W. Richardson, S. Karabenick & H. M. G. Watt (Hrsg.), *Teacher motivation: Theory and practice* (S. 83–99). Routledge. https://doi.org/10.4324/9780203119273-6

Kunter, M., Klusmann, U., Dubberke, T., Baumert, J., Blum, W., Brunner, M., Jordan, A., Krauss, S., Löwen, K., Neubrand, M. & Tsai, Y. M. (2007). Linking aspects of teacher competence to their instruction: Results from the COACTIV project. In M. Prenzel (Hrsg.), *Studies on the educational quality of schools: The final report on the DFG priority programme* (S. 39–59). Waxmann.

Kunter, M. & Pohlmann, B. (2015). Lehrer. In E. Wild & J. Möller (Hrsg.), *Pädagogische Psychologie* (2. Aufl. S. 261–281). Springer. https://doi.org/10.1007/978-3-642-41291-2_11

Kunter, M. & Trautwein, U. (2013). *Psychologie des Unterrichts.* Schöningh.

Ladd, G. W., Kochenderfer, B. J. & Coleman, C. C. (1997). Classroom peer acceptance, friendship, and victimization. Distinct relational systems that contribute uniquely to children's school adjustment? *Child Development, 68*(6), 1181–1197. https://doi.org/10.1111/j.1467-8624.1997.tb01993.x

Landmann, M., Perels, F., Otto, B., Schnick-Vollmer, K. & Schmitz, B. (2015). Selbstregulation und selbstreguliertes Lernen. In. E. Wild & J. Möller (Hrsg.), *Pädagogische Psychologie* (2. Aufl., S. 45–65). Springer.

Lang, F. R., Rohr, M. K. & Willinger, B. (2011). Modeling success in life-span psychology: The principles of selection, optimization, and compensation. In K. L. Fingerman, C. Berg, J. Smith & T. C. Antonucci (Hrsg.), *Handbook of life-span development* (S. 57–85). Springer.

Lazowski, R. A. & Hulleman, C. S. (2016). Motivation interventions in education: A meta-analytic review. *Review of Educational Research, 86*(2), 602–640. https://doi.org/10.3102/0034654315617832

Lepper, M. R., Greene, D. & Nisbett, R. E. (1973). Undermining children's intrinsic interest with extrinsic reward: A test of the "overjustification" hypothesis. *Journal of Personality and Social Psychology, 28*(1), 129–137. https://doi.org/10.1037/h0035519

Leutner, D., Barthel, A. & Schreiber, B. (2001). Studierende können lernen, sich selbst zum Lernen zu motivieren: Ein Trainingsexperiment. *Zeitschrift für Pädagogische Psychologie, 15*(3/4), 155–167. https://doi.org/10.1024//1010-0652.15.34.155

Linnenbrink-Garcia, L. & Patall, E. A. (2016). Motivation. In L. Corno & E. M. Anderman (Hrsg.), *Handbook of educational psychology* (3. Aufl., S. 91–103). Taylor & Francis.

Lockl, K. (2010). Entwicklung des Metagedächtnisses bei Kindern und Jugendlichen. In H. P. Trolldenier, W. Lenhard & P. Marx (Hrsg.), *Brennpunkte der Gedächtnisforschung: Entwicklungs- und pädagogisch-psychologische Perspektiven* (S. 191–212). Hogrefe.

Lohaus, A. & Vierhaus, M. (2015). Selbstkonzept. In A. Lohaus & M. Vierhaus (Hrsg.), *Entwicklungspsychologie des Kindes- und Jugendalters für Bachelor* (3. Aufl. S. 180–194). Springer. https://doi.org/10.1007/978-3-662-45529-6_13

Mandl, H. & Friedrich, H. F. (2006). *Handbuch Lernstrategien*. Hogrefe.

Marsh, H. W. (1986). Verbal and math self-concepts: An internal/external frame of reference model. *American Educational Research Journal, 23*(1), 129–149. https://doi.org/10.3102/00028312023001129

Marsh, H. W. (1987). The big fish little pond effect on academic self-concept. *Journal of Educational Psychology, 79*(3), 280–295. https://doi.org/10.1037/0022-0663.79.3.280

Marsh, H. W., Byrne, B. M. & Shavelson, R. J. (1988). A multifaceted academic self-concept: Its hierarchical structure and its relation to academic achievement. *Journal of Educational Psychology, 80*(3), 366–380. https://doi.org/10.1037/0022-0663.80.3.366

Marsh, H. W. & Craven, R. G. (2006). Reciprocal effects of self-concept and performance from a multidimensional perspective: Beyond seductive pleasure and unidimensional perspectives. *Perspectives on Psychological Science, 1*(2), 133–163. https://doi.org/10.1111/j.1745-6916.2006.00010.x

Marsh, H. W. & O'Mara, A. (2008). Reciprocal effects between academic self-concept, self-esteem, achievement, and attainment over seven adolescent years: Unidimensional and multidimensional perspectives of self-concept. *Personality and Social Psychology Bulletin, 34*(4), 542–552. https://doi.org/10.1177/0146167207312313

Martin, R., Ugen, S. & Fischbach, A. (2015). *Épreuves Standardisées: Bildungsmonitoring für Luxemburg. Nationaler Bericht 2011 bis 2013*. https://men.public.lu/dam-assets/catalogue-publications/statistiques-etudes/statistiques-globales/epreuves-standardisees.pdf

Maslow, A. H. (1954). *Motivation and personality*. Harper.

Mason, A. & Singh, C. (2010). Do advanced physics students learn from their mistakes without explicit intervention? *American Journal of Physics, 78*(7), 760–767. https://doi.org/10.1119/1.3318805

Mattern, J. (2012). Selbstregulation im Lehrerberuf: Entwicklung eines Trainings für angehende Lehrkräfte. *Unterrichtswissenschaft, 40*(2), 156–173.

Mattern, J. & Bauer, J. (2014). Does teachers' cognitive self-regulation increase their occupational well-being? The structure and role of self-regulation in the teaching context. *Teaching and Teacher Education, 43*, 58–68. https://doi.org/10.1016/j.tate.2014.05.004

Matteucci, M. C., Tomasetto, C., Selleri, P. & Carugati, F. (2008). Teacher judgments and pupils' causal explanations: Social valorization of effort-based explanations in school context. *European Journal of Psychology of Education, 23*(4), 421–432. https://doi.org/10.1007/BF03172750

McClelland, D. C. (1985). How motives, skills, and values determine what people do. *American Psychologist, 40*(7), 812–825. https://doi.org/10.1037/0003-066X.40.7.812

McClelland, D. C. (2020). *The achievement motive*. Barakaldo Books.

McClelland, D. C., Atkinson, J. W., Clark, R. A. & Lowell, E. L. (1953). *The achievement motive*. Appleton-Century-Crofts.

McClelland, D. C., Koestner, R. & Weinberger, J. (1989). How do self-attributed and implicit motives differ? *Psychological Review, 96*(4), 690–702. https://doi.org/10.1037/0033-295X.96.4.690

Meece, J. L., Glienke, B. B. & Burg, S. (2006). Gender and motivation. *Journal of School Psychology, 44*(5), 351–373. https://doi.org/10.1016/j.jsp.2006.04.004

Melzer, W., Schubarth, W. & Ehninger, F. (2004). *Gewaltprävention und Schulentwicklung: Analysen und Handlungskonzepte*. Klinkhardt.

Meyer, L., Seidel, T. & Prenzel, M. (2006). Wenn Lernsituationen zu Leistungssituationen werden: Untersuchung zur Fehlerkultur in einer Videostudie. *Schweizerische Zeitschrift für Bildungswissenschaften, 28*(1), 21–41. https://doi.org/10.25656/01:4137

Midgley, C., Kaplan, A., Middleton, M., Maehr, M. L., Urdan, T., Anderman, L. H., Anderman, E. & Roeser,R. (1998). The development and validation of scales assessing students' achievement goal orientations. *Contemporary Educational Psychology, 23*(2), 113–131. https://doi.org/10.1006/ceps.1998.0965

Miller, G. A., Galanter, E. & Pribram, K. H. (1960). *Plans and the structure of behavior*. Henry Holt.

Mischel, W. (2013). *Personality and assessment*. Taylor and Francis.

Mittag, W., Bieg, S., Hiller, F., Metz, K. & Melenk, H. (2009). Förderung selbstbestimmter Lernmotivation im Deutschunterricht. *Psychologie in Erziehung und Unterricht, 56*(4), 271–286.

Möller, J. & Marsh, H. W. (2013). Dimensional comparison theory. *Psychological Review, 120*(3), 544–560. https://doi.org/10.1037/a0032459

Möller, J., Pohlmann, B., Köller, O. & Marsh, H. W. (2009). A meta-analytic path analysis of the Internal/External Frame of Reference Model of academic achievement and academic self-concept. *Review of Educational Research, 79*(3), 1129–1167. https://doi.org/10.3102/0034654309337522

Möller, J. & Trautwein, U. (2015). Selbstkonzept. In E. Wild & J. Möller (Hrsg.), *Pädagogische Psychologie* (2. Aufl., S. 177–199). Springer.

Mortensen, C. R. & Cialdini, R. B. (2010). Full-cycle social psychology for theory and application. *Social and Personality Psychology Compass, 4*(1), 53–63. https://doi.org/10.1111/j.1751-9004.2009.00239.x

Mötteli, C., Grob, U., Pauli, C., Reusser, K. & Stebler, R. (2021). „Choice and voice" in Schulen mit personalisierten Lernkonzepten aus Sicht der Schülerinnen und Schüler. *Unterrichtswissenschaften, 50*, 287–308. https://doi.org/10.1007/s42010-021-00122-x

Murayama, K. & Elliot, A. J. (2009). The joint influence of personal achievement goals and classroom goal structures on achievement-relevant outcomes. *Journal of Educational Psychology, 101*(2), 432–447. https://doi.org/10.1037/a0014221

Muraven, M. (2008). Autonomous self-control is less depleting. *Journal of Research in Personality, 42*(3), 763–770. https://doi.org/10.1016/j.jrp.2007.08.002

Murray, H. A. (1938). *Explorations in personality*. Oxford University Press.

Nahrgang, R., Hettmann, M., Fries, S., vom Hofe, R., Grund, A. & Salle, A. (2019, September). *Erfolgserlebnisse für alle in Mathematik: Selbstwirksamkeitssteigerung in inklusiven Settings* [Konferenzbeitrag]. Vortrag gehalten im Rahmen der PaEpsy, Leipzig.

Nicholls, J. G. (1984). Achievement motivation: Conceptions of ability, subjective experience, task choice, and performance. *Psychological Review, 91*(3), 328–346. https://doi.org/10.1037/0033-295X.91.3.328

Nitsche, S., Dickhäuser, O., Fasching, M. S. & Dresel, M. (2011). Rethinking teachers' goal orientations: Conceptual and methodological enhancements. *Learning and Instruction, 21*(4), 574–586. https://doi.org/10.1016/j.learninstruc.2010.12.001

Nitsche, S., Praetorius, A.-K., Janke, S., Drexler, K., Fasching, M. S., Dresel, M. & Dickhäuser, O. (2017). Berufliche Zielorientierungen von Lehrkräften. In C. Gräsel & K. Trempler (Hrsg.), *Entwicklung von Professionalität pädagogischen Personals: Interdisziplinäre Betrachtungen, Befunde und Perspektiven* (S. 17–35). Springer. https://doi.org/10.1007/978-3-658-07274-2_2

OECD (2016). *Education at a Glance 2016: OECD Indicators*. OECD Publishing. https://doi.org/10.1787/eag-2016-en

OECD (2020). *Education at a Glance 2020: OECD Indicators*. OECD Publishing. https://doi.org/10.1787/69096873-en

OECD (2021). *Deutschlands PISA-Schock*. https://www.oecd.org/ueber-uns/erfolge/deutschlands-pisa-schock.htm

Oser, F., Hascher, T. & Spychiger, M. (1999). Lernen aus Fehlern: Zur Psychologie des „negativen "Wissens. In W. Althof (Hrsg.), *Fehlerwelten: Vom Fehlermachen und Lernen aus Fehlern* (S. 11–41). VS Verlag für Sozialwissenschaften. https://doi.org/10.1007/978-3-663-07878-4_1

Oser, F. & Spychiger, M. (2005). *Lernen ist schmerzhaft: Zur Theorie des Negativen Wissens und zur Praxis der Fehlerkultur*. Beltz.

Otto, B., Kistner, S., Perels, F., Schmitz, B. & Büttner, G. (2009). Effekte direkter und indirekter Interventionen auf die Lernmotivation von Schülern. *Psychologie in Erziehung und Unterricht, 56*(4), 287–302.

Panadero, E. (2017). A review of self-regulated learning: Six models and four directions for research. *Frontiers of Psychology, 8*:422. https://doi.org/doi: 10.3389/fpsyg.2017.00422

Panadero, E., Klug, J. & Järvelä, S. (2016). Third wave of measurement in the self-regulated learning field: When measurement and intervention come hand in hand. *Scandinavian Journal of Educational Research, 60*(6), 723–735. https://doi.org/10.1080/00313831.2015.1066436

Parkinson, B. & Totterdell, P. (1999). Classifying affect-regulation strategies. *Cognition and Emotion, 13*(3), 277–303. https://doi.org/10.1080/026999399379285

Parks-Stamm, E. J., Gollwitzer, P. M. & Oettingen, G. (2010). Implementation intentions and test anxiety: Shielding academic performance from distraction. *Learning and Individual Differences, 20*(1), 30–33. https://doi.org/10.1016/j.lindif.2009.09.001

Pekrun, R. (2017). Emotion, Motivation, Selbstregulation: Gemeinsame Prinzipien und offene Fragen. In T. Götz (Hrsg.), *Emotion, Motivation, und selbstreguliertes Lernen* (2. Aufl., S. 186–207). Schöningh.

Perels, F., Schmitz, B. & van de Loo, K. (2007). *Training für Unterricht-Training im Unterricht: Moderne Methoden machen Schule.* Vandenhoeck & Ruprecht.

Perls, F. (1973). *The Gestalt approach & eye witness to therapy.* Science & Behavior Books.

Petillon, H. (1982). *Soziale Beziehungen zwischen Lehrern, Schülern und Schülergruppen: Überlegungen und Untersuchungen zu Aspekten der sozialen Interaktion in vierten Grundschulklassen.* Beltz.

Philipp, A. & Kunter, M. (2013). How do teachers spend their time? A study on teachers' strategies of selection, optimisation, and compensation over their career cycle. *Teaching and Teacher Education, 35,* 1–12. https://doi.org/10.1016/j.tate.2013.04.014

Pintrich, P. R. (2000). Multiple goals, multiple pathways: The role of goal orientation in learning and achievement. *Journal of Educational Psychology, 92*(3), 544–555. https://doi.org/10.1037/0022-0663.92.3.544

Pintrich, P. R. (2003). A motivational science perspective on the role of student motivation in learning and teaching contexts. *Journal of Educational Psychology, 95*(4), 667–686. https://doi.org/10.1037/0022-0663.95.4.667

Pohlmann, B. & Möller, J. (2010). Fragebogen zur Erfassung der Motivation für die Wahl des Lehramtsstudiums (FEMOLA). *Zeitschrift für Pädagogische Psychologie, 24*(1), 73–84. https://doi.org/10.1024/1010-0652/a000005

Raufelder, D. & Kulakow, S. (2021). The role of the learning environment in adolescents' motivational development. *Motivation and Emotion, 45*(3), 299–311. https://doi.org/10.1007/s11031-021-09879-1

Rausch, A. (2012). Errors, emotions, and learning in the workplace - Findings from a diary study within VET. In E. Wuttke & J. Seifried (Hrsg.), *Learning from errors at school and at work* (S. 111–126). Verlag Barbara Budrich.

Reese, H. W. (1962). Verbal mediation as a function of age level. *Psychological Bulletin, 59*(6), 502–509. https://doi.org/10.1037/h0040739

Reinhard, M.-A. & Dickhäuser, O. (2009). Need for cognition, task difficulty, and the formation of performance expectancies. *Journal of Personality and Social Psychology, 96*(5), 1062–1076. https://doi.org/10.1037/a0014927

Renger, S., Köller, M. M. & Möller, J. (2022). Was motiviert Schülerinnen und Schüler für das Lehramt? Fragebogen zur Erfassung der Motivationen für die Berufswahl Lehramt bei Schülerinnen und Schülern (FEMOLA-S). *Zeitschrift für pädagogische Psychologie.* https://doi.org/10.1024/1010-0652/a000338

Retelsdorf, J., Butler, R., Streblow, L. & Schiefele, U. (2010). Teachers' goal orientations for teaching: Associations with instructional practices, interest in teaching, and burnout.

Learning and Instruction, 20(1), 30–46. https://doi.org/10.1016/j.learninstruc.2009.01.001

Retelsdorf, J. & Möller, J. (2012). Grundschule oder Gymnasium? Zur Motivation ein Lehramt zu studieren. *Zeitschrift für Pädagogische Psychologie, 26*(1), 05–17. https://doi.org/10.1024/1010-0652/a000056

Reyna, C. (2008). Ian is intelligent but Leshaun is lazy: Antecedents and consequences of attributional stereotypes in the classroom. *European Journal of Psychology of Education, 23*(4), 439–458. https://doi.org/10.1007/BF03172752

Rheinberg, F. (1980). *Leistungsbewertung und Lernmotivation*. Hogrefe.

Rheinberg, F. (2001). Bezugsnormen und schulische Leistungsbeurteilung. In F. E. Weinert (Hrsg.), *Leistungsmessung in Schulen* (S. 59–71). Beltz.

Rheinberg, F. (2004). *Motivationsdiagnostik*. Hogrefe.

Rheinberg, F. & Engeser, S. (2010). Motive training and motivational competence. In O. C. Schultheiss & J. C. Brunstein (Hrsg.), *Implicit motives* (S. 510–548). Oxford University Press. https://doi.org/10.1093/acprof:oso/9780195335156.003.0018

Rheinberg, F. & Fries, S. (1998). Förderung der Lernmotivation: Ansatzpunkte, Strategien und Effekte. *Psychologie in Erziehung und Unterricht, 45*(3), 168–184.

Rheinberg, F. & Fries, S. (2018). Motivationstraining und Motivierung. In D. H. Rost, J. R. Sparfeldt & S. R. Buch (Hrsg.), *Handwörterbuch Pädagogische Psychologie* (5. Aufl., S. 559–574). Beltz.

Rheinberg, F. & Krug, S. (2017). *Motivationsförderung im Schulalltag: Psychologische Grundlagen und praktische Durchführung* (4. Aufl.). Hogrefe.

Rheinberg, F. & Vollmeyer, R. (2018). Paradoxe Effekte von Lob und Tadel. In D. H. Rost, J. R. Sparfeldt & S. R. Buch (Hrsg.), *Handwörterbuch Pädagogische Psychologie* (5. Aufl., S. 631–636). Beltz.

Rheinberg, F. & Vollmeyer, R. (2019). *Motivation* (9. Aufl.). Kohlhammer.

Richardson, P. W., Karabenick, S. A. & Watt, H. M. G. (Hrsg.). (2014). *Teacher motivation: Theory and practice*. Routledge.

Robbins, S. B., Lauver, K., Le, H., Davis, D., Langley, R. & Carlstrom, A. (2004). Do psychosocial and study skill factors predict college outcomes? A meta-analysis. *Psychological Bulletin, 130*(2), 261–288. https://doi.org/10.1037/0033-2909.130.2.261

Roeser, R. W. & Peck, S. C. (2009). An education in awareness: Self, motivation, and self-regulated learning in contemplative perspective. *Educational Psychologist, 44*(2), 119–136. https://doi.org/10.1080/00461520902832376

Römer, J., Drews, F., Rauin, U. & Fabricius, D. (2013). Riskante Studien- und berufsrelevante Merkmale von Studierenden: Ein Vergleich von Lehramts- und Jurastudierenden. *Zeitschrift für Bildungsforschung, 3*(2), 153–173. https://doi.org/10.1007/s35834-013-0063-7

Ross, L. (2018). From the fundamental attribution error to the truly fundamental attribution error and beyond: My research journey. *Perspectives on Psychological Science, 13*(6), 750–769. https://doi.org/10.1177/1745691618769855

Roth, G., Assor, A., Kanat-Maymon, Y. & Kaplan, H. (2007). Autonomous motivation for teaching: How self-determined teaching may lead to self-determined learning. *Journal of Educational Psychology, 99*(4), 761–774. https://doi.org/10.1037/0022-0663.99.4.761

Rudolph, U. (2013). *Motivationspsychologie kompakt* (3. Aufl.). Beltz.

Ruf, U. F. N. & Zimmermann, T. (2004). Wie Schüler aus ihren Fehlern lernen. Von der persönlichen Grammatik zur Klassengrammatik. *Friedrich Jahresheft, 22,* 98–101.

Ryan, R. M. & Deci, E. L. (2020). Intrinsic and extrinsic motivation from a self-determination theory perspective: Definitions, theory, practices, and future directions. *Contemporary Educational Psychology, 61,* 101860. https://doi.org/10.1016/j.cedpsych.2020.101860

Ryan, R. M., Koestner, R. & Deci, E. L. (1991). Ego-involved persistence: When free-choice behavior is not intrinsically motivated. *Motivation and Emotion, 15*(3), 185–205. https://doi.org/10.1007/bf00995170

Sansone, C. & Thoman, D. B. (2005). Interest as the missing motivator in self-regulation. *European Psychologist, 10*(3), 175–186. https://doi.org/10.1027/1016-9040.10.3.175

Sansone, C., Weir, C., Harpster, L. & Morgan, C. (1992). Once a boring task always a boring task? Interest as a self-regulatory mechanism. *Journal of Personality and Social Psychology, 63*(3), 379–390. https://doi.org/10.1037/0022-3514.63.3.379

Schaarschmidt, U. (2005). *Halbtagsjobber? Psychische Gesundheit im Lehrerberuf – Analyse eines veränderungsbedürftigen Zustandes* (2. Aufl.). Beltz.

Schaarschmidt, U. & Fischer, A. W. (2013). *Lehrergesundheit fördern – Schulen stärken: Ein Unterstützungsprogramm für Kollegium und Leitung.* Beltz.

Schaarschmidt, U. & Fischer, A. W. (1997). AVEM - Ein diagnostisches Instrument zur Differenzierung von Typen gesundheitsrelevanten Verhaltens und Erlebens gegenüber der Arbeit. *Zeitschrift für Differentielle und Diagnostische Psychologie, 18*(3), 151–163.

Schaffner, E. & Schiefele, U. (2007). The effect of experimental manipulation of student motivation on the situational representation of text. *Learning and Instruction, 17*(6), 755–772. https://doi.org/10.1016/j.learninstruc.2007.09.015

Schaufeli, W. B. & Bakker, A. B. (2004). Job demands, job resources, and their relationship with burnout and engagement: A multi-sample study. *Journal of Organizational Behavior, 25*(3), 293–315. https://doi.org/10.1002/job.248

Scherrer, V. & Preckel, F. (2019). Development of motivational variables and self-esteem during the school career: A meta-analysis of longitudinal studies. *Review of Educational Research, 89*(2), 211–258. https://doi.org/10.3102/0034654318819127

Schiefele, U. (1996). *Motivation und Lernen mit Texten.* Hogrefe.

Schiefele, U. (2009). Situational and individual interest. In K. R. Wentzel & A. Wigfield (Hrsg.), *Handbook of motivation at school* (S. 197–222). Routledge.

Schiefele, U. & Schaffner, E. (2015). Motivation. In E. Wild & J. Möller (Hrsg.), *Pädagogische Psychologie* (2. Aufl., S. 153–171). Springer.

Schiefele, U. & Streblow, L. (2006). Motivation aktivieren. In H. Mandl & H. F. Friedrich (Hrsg.), *Handbuch Lernstrategien* (S. 232–247). Hogrefe.

Schmid, S., Hofer, M., Dietz, F., Reinders, H. & Fries, S. (2005). Value orientations and action conflicts in students' everyday life: An interview study. *European Journal of Psychology of Education, 20*(3), 243–257. https://doi.org/10.1007/BF03173555

Schmitz, B. (2001). Self-Monitoring zur Unterstützung des Transfers einer Schulung in Selbstregulation für Studierende. Eine prozessanalytische Untersuchung. *Zeitschrift für Pädagogische Psychologie, 15*(3/4), 181–197. https://doi.org/10.1024/1010-0652.15.34.181

Schmitz, B. & Wiese, B. S. (2006). New perspectives for the evaluation of training sessions in self-regulated learning: Time-series analyses of diary data. *Contemporary Educational Psychology, 31*(1), 64–96. https://doi.org/10.1016/j.cedpsych.2005.02.002

Schnotz, W., Fries, S. & Horz, H. (2009). Some motivational aspects of cognitive load theory. In M. Wosnitza, S. A. Karabenick, A. Efklides, & P. Nenninger (Hrsg.), *Contemporary motivation research: From global to local perspectives* (S. 86–113). Hogrefe.

Schultheiss, O. C. (2008). Implicit motives. In O. C. John, R. W. Robins & L. A. Pervin (Hrsg.), *Handbook of personality: Theory and research* (3. Aufl., S. 603–633). Guilford.

Schunk, D. H., Meece, J. R. & Pintrich, P. R. (2014). *Motivation in education: Theory, research, and applications* (4. Aufl.). Pearson.

Schuster, C., Stebner, F., Lerutner, D. & Wirth, J. (2020): Transfer of metacognitive skills in self-regulated learning: an experimental training study. *Metacognition and Learning, 15*(2), 455–477. https://doi.org/10.1007/s11409-020-09237-5

Schütz, A. (2005). *Je selbstsicherer, desto besser? Licht und Schatten positiver Selbstbewertung.* Beltz.

Schwinger, M. & Otterpohl, N. (2017). Which one works best? Considering the relative importance of motivational regulation strategies. *Learning and Individual Differences, 53*, 122–132. https://doi.org/10.1016/j.lindif.2016.12.003

Schwinger, M., Steinmayr, R. & Spinath, B. (2009). How do motivational regulation strategies affect achievement: Mediated by effort management and moderated by intelligence. *Learning and Individual Differences, 19*(4), 621–627. https://doi.org/10.1016/j.lindif.2009.08.006

Schwinger, M., Steinmayr, R. & Spinath, B. (2012). Not all roads lead to Rome – Comparing different types of motivational regulation profiles. *Learning and Individual Differences, 22*(3), 269–279. https://doi.org/10.1016/j.lindif.2011.12.006

Schwinger, M. & Stiensmeier-Pelster, J. (2012). Effects of motivational regulation on effort and achievement: A mediation model. *International Journal of Educational Research, 56*, 35–47. https://doi.org/10.1016/j.ijer.2012.07.005

Schwinger, M., von der Laden, T. & Spinath, B. (2007). Strategien zur Motivationsregulation und ihre Erfassung. *Zeitschrift für Entwicklungspsychologie und Pädagogische Psychologie, 39*(2), 57–69. https://doi.org/10.1026/0049-8637.39.2.57

Senders, J. W. & Moray, N. P. (1991). *Human error: Cause, prediction, and reduction.* Lawrence Erlbaum Associates.

Shapiro, S. L., Lyons, K. E., Miller, R. C., Butler, B., Vieten, C. & Zelazo, P. D. (2015). Contemplation in the classroom: A new direction for improving childhood education. *Educational Psychology Review, 27*(1), 1–30. https://doi.org/10.1007/s10648-014-9265-3

Shavelson, R. J., Hubner, J. J. & Stanton, G. C. (1976). Self-concept: Validation of construct interpretations. *Review of Educational Research, 46*(3), 407–441. https://doi.org/10.3102/00346543046003407

Sheldon, K. M. (2014). Becoming oneself: The central role of self-concordant goal selection. *Personality and Social Psychology Review, 18*(4), 349–365. https://doi.org/10.1177/1088868314538549

Sheldon, K. M. & Schüler, J. (2011). Wanting, having, and needing: Integrating motive disposition theory and self-determination theory. *Journal of Personality and Social Psychology, 101*(5), 1106–1123. https://doi.org/10.1037/a0024952

Sisk, V. F., Burgoyne, A. P., Sun, J., Butler, J. L. & Macnamara, B. N. (2018). To what extent and under which circumstances are growth mind-sets important to academic achievement? Two meta-analyses. *Psychological Science, 29*(4), 549–571. https://doi.org/10.1177/0956797617739704

Sokolowski, K. (1997). Sequentielle und imperative Konzepte des Willens. *Psychologische Beiträge, 39*(4), 346–369.

Spiel, C., Lüftenegger, M., Wagner, P., Schober, B. & Finsterwald, M. (2011). Förderung von Lebenslangem Lernen – eine Aufgabe der Schule. In O. Zlatkin-Troitschanskaia (Hrsg.), *Stationen empirischer Bildungsforschung: Traditionslinien und Perspektiven* (S. 305–319). VS Verlag für Sozialwissenschaften. https://doi.org/10.1007/978-3-531-94025-0_22

Spinath, B., van Ophuysen, S. & Heise, E. (2005). Individuelle Voraussetzungen von Studierenden zu Studienbeginn: Sind Lehramtsstudierende so schlecht wie ihr Ruf? *Psychologie in Erziehung und Unterricht, 52*(3), 186–197.

Spörer, N. & Glaser, C. (2010). Förderung selbstregulierten Lernens im schulischen Kontext. *Zeitschrift für Pädagogische Psychologie, 24*(3/4), 171–175. https://doi.org/10.1024/1010-0652/a000014

Stebner, F., Schiffauer, S., Schmeck, A., Schuster, C., Leutner, D. & Wirth, J. (2015). *Selbstreguliertes Lernen in den Naturwissenschaften: Praxismaterial für die 5. und 6. Jahrgangsstufe.* Waxmann.

Stebner, F., Schuster, C., Weber, X.-L., Roelle, J. & Wirth, J. (2020). Indirekte Förderung des selbstregulierten Lernens – Praxistipps für den Fachunterricht. In H. van Vorst & E. Sumfleth (Hrsg.), *Von Sprosse zu Sprosse: Innovative Erarbeitung des Bohr'schen Atomkonzepts mit der Lernleiter* (S. 28–41). Waxmann.

Steuer, G. (2014). *Fehlerklima in der Klasse: Zum Umgang mit Fehlern im Mathematikunterricht.* Springer.

Steuer, G. & Dresel, M. (2019). Umgang mit Fehlern im Unterricht: zur Rolle von Feedback in einem konstruktiven Fehlerklima. In M.-C. Vierbuchen & F. Bartels (Hrsg.), *Feedback in der Unterrichtspraxis. Schülerinnen und Schüler beim Lernen wirksam unterstützen* (S. 111–124). Kohlhammer.

Steuer, G., Eckerlein, N. & Dresel, M. (eingereicht). *Fostering University Students' Motivational Regulation: Evidence from Two Consecutive Quasi-Experimental Training Studies.*

Steuer, G., Engelschalk, T., Eckerlein, N. & Dresel, M. (2019). Assessment and relationships of conditional motivational regulation strategy knowledge as an aspect of undergraduates' self-regulated learning competencies. *Zeitschrift für Pädagogische Psychologie, 33*(2), 95–104. https://doi.org/10.1024/1010-0652/a000237

Steuer, G., Rosentritt-Brunn, G. & Dresel, M. (2013). Dealing with errors in mathematics classrooms: Structure and relevance of perceived error climate. *Contemporary Educational Psychology, 38*(3), 196–210. https://doi.org/10.1016/j.cedpsych.2013.03.002

Stiensmeier-Pelster, J. & Schöne, B. (2008). Fähigkeitsselbstkonzept. In W. Schneider & M. Hasselhorn (Hrsg.), *Handbuch der Pädagogischen Psychologie* (S. 62–73). Hogrefe.

Stöger, H., Sontag, C. & Ziegler, A. (2009). Selbstreguliertes Lernen in der Grundschule. In F. Hellmich & S. Wernke (Hrsg.), *Lernstrategien im Grundschulalter. Konzepte, Befunde und praktische Implikationen* (S. 91–105). Kohlhammer.

Suldo, S. M., Friedrich, A. A., White, T., Farmer, J., Minch, D. & Michalowski, J. (2019). Teacher support and adolescents' subjective well-being: A mixed-methods investigation. *School Psychology Review, 38*(1), 67–85. https://doi.org/10.1080/02796015.2009.12087850

Theobald, M. (2021). Self-regulated learning training programs enhance university students' academic performance, self-regulated learning strategies, and motivation: A meta-analysis. *Contemporary Educational Psychology, 66*, 101976. https://doi.org/10.1016/j.cedpsych.2021.101976

Tönjes, B., Dickhäuser, O. & Kröner, S. (2008). Berufliche Zielorientierungen und wahrgenommener Leistungsmangel bei Lehrkräften. *Zeitschrift für Pädagogische Psychologie, 22*(2), 151–160. https://doi.org/10.1024/1010-0652.22.2.151

Trull, T. J. & Ebner-Priemer, U. (2013). Ambulatory Assessment. *Annual Review of Clinical Psychology, 9*(1), 151–176. https://doi.org/10.1146/annurev-clinpsy-050212-185510

Tulis, M. & Dresel, M. (2012, August). *Motivational and emotional regulation strategies as predictors for adaptive responses to errors.* Vortrag gehalten auf der International Conference on Motivation (ICM), Frankfurt am Main.

Tulis, M. & Dresel M. (2018). Emotionales Erleben und dessen Bedeutung für das Lernen aus Fehlern. In G. Hagenauer & T. Hascher (Hrsg.), *Emotionen und Emotionsregulation in Schule und Hochschule* (S. 73–86). Waxmann.

Tulis, M., Steuer, G. & Dresel, M. (2015). Learning from errors: Process and contextual conditions. Towards a model of individual processes within contexts. In M. Gartmeier, H. Gruber, T. Hascher & H. Heid (Hrsg.), *Fehler: Ihre Funktionen im Kontext individueller und gesellschaftlicher Entwicklung* (S. 53–70). Waxmann.

Tulis, M., Steuer, G. & Dresel, M. (2017). Positive beliefs about errors as an important element of adaptive individual dealing with errors during academic learning. *Educational Psychology, 38*(2), 139–158. https://doi.org/10.1080/01443410.2017.1384536

Urdan, T. (2004). Predictors of academic self-handicapping and achievement: Examining achievement goals, classroom goal structures, and culture. *Journal of Educational Psychology*, 96(2), 251–264. https://doi.org/10.1037/0022-0663.96.2.251

Valentine, J. C., DuBois, D. L. & Cooper, H. (2004). The relation between self-beliefs and academic achievement: A meta-analytic review. *Educational Psychologist, 39*(2), 111–133. https://doi.org/10.1207/s15326985ep3902_3

Vallerand, R. J., Pelletier, L. G., Blais, M. R., Briere, N. M., Senecal, C. & Vallieres, E. F. (1992). The Academic Motivation Scale: A measure of intrinsic, extrinsic, and amotivation in education. *Educational and Psychological Measurement, 52*(4), 1003–1017. https://doi.org/10.1177/0013164492052004025

Vansteenkiste, M., Simons, J., Lens, W., Sheldon, K. M. & Deci, E. L. (2004). Motivating learning, performance, and persistence: The synergistic effects of intrinsic goal contents and autonomy-supportive contexts. *Journal of Personality and Social Psychology, 87*(2), 246–260. https://doi.org/10.1037/0022-3514.87.2.246

Vansteenkiste, M., Simons, J., Lens, W., Soenens, B. & Matos, L. (2005). Examining the motivational impact of intrinsic versus extrinsic goal framing and autonomy-supportive versus internally controlling communication style on early adolescents' academic achievement. *Child Development, 76*(2), 483–501. https://doi.org/10.1111/j.1467-8624.2005.00858.x

Vansteenkiste, M., Zhou, M., Lens, W. & Soenens, B. (2005). Experiences of autonomy and control among Chinese learners: Vitalizing or immobilizing? *Journal of Educational Psychology, 97*(3), 468–483. https://doi.org/10.1037/0022-0663.97.3.468

Veenman, M. V. J. (2016). Learning to self-monitor and self-regulate. In R. E. Mayer & P. A. Alexander (Hrsg.), *Handbook of research on learning and instruction* (2. Aufl., S. 249–273). Routledge.

Watt, H. M. G., Richardson, P. W., Klusmann, U., Kunter, M., Beyer, B., Trautwein, U. & Baumert, J. (2012). Motivations for choosing teaching as a career: An international comparison using the FIT-Choice scale. *Teaching and Teacher Education, 28*(6), 791–805. https://doi.org/10.1016/j.tate.2012.03.003

Weiner, B. (1985). An attributional theory of achievement motivation and emotion. *Psychological Review, 92*(4), 548–573. https://doi.org/10.1037/0033-295X.92.4.548

Weiner, B. (1995). *Judgement of responsibility: A foundation for a theory of social conduct.* Guilford.

Weiner, B. (2003). The classroom as a courtroom. *Social Psychology of Education, 6*(1), 3–15. https://doi.org/10.1023/A:1021736217048

Weiner, B. (2005). Motivation from an attributional perspective and the social psychology of perceived competence. In A. J. Elliot & C. S. Dweck (Hrsg.), *Handbook of competence and motivation.* (S. 73–84). Guilford Publications.

Weiner, B. (2006). *Social motivation, justice, and the moral emotions: An attributional approach.* Erlbaum.

Weinert, F. E. (1999). Aus Fehlern lernen und Fehler vermeiden lernen. In W. Althof (Hrsg.), *Fehlerwelten: Vom Fehlermachen und Lernen aus Fehlern.* (S. 101–110). VS Verlag für Sozialwissenschaften.

Wentzel, K. R. (1989). Adolescent classroom goals, standards for performance, and academic achievement: An interactionist perspective. *Journal of Educational Psychology, 81*(2), 131–142. https://doi.org/10.1037/0022-0663.81.2.131

Wentzel, K. R. & Brophy, J. E. (2014). *Motivating students to learn* (4. Auflage). Taylor & Francis.

Wild, E. & Möller, J. (Hrsg.). (2015). *Pädagogische Psychologie* (2. Aufl.). Springer.

Wild, T. C., Enzle, M. E. & Hawkins, W. L. (1992). Effects of perceived extrinsic versus intrinsic teacher motivation on student reactions to skill acquisition. *Personality and Social Psychology Bulletin, 18*(2), 245–251. https://doi.org/10.1177/0146167292182017

Wilson, T. D. (2009). Know Thyself. *Perspectives on Psychological Science, 4*(4), 384–389. https://doi.org/10.1111/j.1745-6924.2009.01143.x

Winne, P. H. (1996). A metacognitive view of individual differences in self-regulated learning. *Learning and Individual Differences, 8*(4), 327–353. https://doi.org/10.1016/S1041-6080(96)90022-9

Winne, P. H. & Hadwin, A. E. (1998). Studying as self-regulated learning. In D. J. Hacker, J. Dunlosky & A. C. Graesser (Hrsg.), *The educational psychology series: Metacognition in educational theory and practice* (S. 277–304). Erlbaum.

Wirth, J. & Leutner, D. (2008). Self-regulated learning as a competence: Implications of theoretical models for assessment methods. *Zeitschrift für Psychologie, 216*(2), 102–110. https://doi.org/10.1027/0044-3409.216.2.102

Wirth, J., Stebner, F., Trypke, M., Schuster, C. & Leutner, D. (2020). An interactive layers model of self-regulated learning and cognitive load. *Educational Psychology Review, 32*(4), 1127–1149. https://doi.org/10.1007/s10648-020-09568-4

Wisniewski, B. (2019). *Psychologie für die Lehrerbildung* (3. Aufl.). Klinkhardt.

Wolters, C. A. (1998). Self-regulated learning and college students' regulation of motivation. *Journal of Educational Psychology, 90*(2), 224–235. https://doi.org/10.1037/0022-0663.90.2.224

Wolters, C. A. (2003). Regulation of motivation: Evaluating an underemphasized aspect of self-regulated learning. *Educational Psychologist, 38*(4), 189–205. https://doi.org/10.1207/S15326985EP3804_1

Wrosch, C., Scheier, M. F., Carver, C. S. & Schulz, R. (2003). The importance of goal disengagement in adaptive self-regulation: When giving up is beneficial. *Self and Identity, 2*(1), 1–20. https://doi.org/10.1080/15298860309021

Yeager, D. S. & Dweck, C. S. (2020). What can be learned from growth mindset controversies? *American Psychologist, 75*(9), 1269–1284. https://doi.org/10.1037/amp0000794

Yerushalmi, E., Cohen, E., Mason, A. & Singh, C. (2012). What do students do when asked to diagnose their mistakes? Does it help them? II. A more typical quiz context. *Physical Review Physics Education Research, 8*(2), 020110. https://doi.org/10.1103/PhysRevSTPER.8.020110

Zamora, Á., Suárez, J. M. & Ardura, D. (2018). Error detection and self-assessment as mechanisms to promote self-regulation of learning among secondary education students. *The Journal of Educational Research, 111*(2), 175–185. https://doi.org/10.1080/00220671.2016.1225657

Ziegler, A. & Finsterwald, M. (2008). Attributionstraining. In W. Schneider & M. Hasselhorn (Hrsg.), *Handbuch der Pädagogischen Psychologie* (S. 416–427). Hogrefe.

Ziegler, A. & Heller, K. A. (1998). Motivationsförderung mit Hilfe eines Reattributionstrainings. *Psychologie in Erziehung und Unterricht, 45*(3), 216–229.

Ziegler, A. & Schober, B. (2001). *Theoretische Grundlagen und praktische Anwendungen von Reattributionstrainings.* Roderer Verlag.

Zimmerman, B. J. (2000). Attaining self-regulation: A social cognitive perspective. In M. Boekaerts, P. R. Pintrich & M. Zeidner (Hrsg.), *Handbook of self-regulation* (S. 13–39). Academic Press.

Zimmerman, B. J. & Cleary, T. J. (2009). Motives to self-regulate learning: A social cognitive account. In K. R. Wentzel & D. B. Miele (Hrsg.), *Handbook of motivation at school* (S. 261–278). Routledge.

Zimmerman, B. J. & Moylan, A. R. (2009). Self-regulation: Where metacognition and motivation intersect. In D. J. Hacker, J. Dunlosky & A. C. Graesser (Hrsg.), *Handbook of metacognition in education* (S. 299–315). Routledge.

Zimmerman, B. J. & Schunk, D. H. (Hrsg.). (2011). *Handbook of self-regulation of learning and performance*. Routledge.

Zumhasch, C. (2010). *Schulleistungen, Selbstkonzepte sowie unterrichtsklimatische Einstellungen deutscher und italienischer Schüler: Quer- und Längsschnittbefunde zu einem bilingualen Schulversuch*. Klinkhardt.